# coerência

F965c Fullan, Michael.
    Coerência : os direcionadores corretos para transformar a educação / Michael Fullan, Joanne Quinn ; tradução: Gisele Klein, Marcos Vinícius Martim da Silva ; revisão técnica: Gustavo Severo de Borba. – Porto Alegre : Penso, 2022.
    xviii, 190 p. ; 23 cm.

    ISBN 978-65-5976-012-1

    1. Educação. I. Quinn, Joanne. II. Título.

CDU 37

Catalogação na publicação: Karin Lorien Menoncin – CRB 10/2147

**Michael Fullan • Joanne Quinn**

# coerência
## Os direcionadores corretos para transformar a educação

Tradução
**Gisele Klein**
**Marcos Vinícius Martim da Silva**

Revisão técnica
**Gustavo Severo de Borba**
Decano da Escola da Indústria Criativa da Universidade do Vale do Rio dos Sinos (Unisinos).
Mestre e Doutor em Engenharia de Produção pela Universidade
Federal do Rio Grande do Sul (UFRGS).
Visiting scholar *na Escola de Educação do Boston College,
EUA, e na University of Ottawa, Canadá.*

Porto Alegre
2022

Obra originalmente publicada sob o título
*Coherence - The right drivers in action for schools, districts, and systems*
ISBN 9781483364957
Copyright © 2016 by Corwin Press, Inc., a SAGE Publications, Inc., company. SAGE Publications is the original publisher in the United States, United Kingdom, and New Delhi. All rights reserved. This translation is published by arrangement with SAGE Publications.

Apêndice *The right drivers for whole system success*, Michael Fullan
© 2021 CSE – Centre for Strategic Education, Melbourne, Australia

Gerente editorial
*Letícia Bispo de Lima*

**Colaboraram nesta edição:**
Coordenadora editorial
*Cláudia Bittencourt*

Capa sobre arte original
*Kaéle Finalizando Ideias*

Preparação de originais
*Giovana Silva da Roza*

Leitura final
*Paola Araújo de Oliveira*

Editoração
*Ledur Serviços Editoriais Ltda.*

Reservados todos os direitos de publicação, em língua portuguesa, ao
GRUPO A EDUCAÇÃO S.A.
(Penso é um selo editorial do GRUPO A EDUCAÇÃO S.A.)
Rua Ernesto Alves, 150 – Bairro Floresta
90220-190 – Porto Alegre – RS
Fone: (51) 3027-7000

SAC 0800 703-3444 – www.grupoa.com.br

É proibida a duplicação ou reprodução deste volume, no todo ou em parte, sob quaisquer formas ou por quaisquer meios (eletrônico, mecânico, gravação, fotocópia, distribuição na Web e outros), sem permissão expressa da Editora.

IMPRESSO NO BRASIL
*PRINTED IN BRAZIL*

# Autores

**Michael Fullan**, da Ordem do Canadá, é professor emérito do Ontario Institute for Studies in Education, da University of Toronto. Atuou como conselheiro especial em educação para o ex-primeiro ministro de Ontário, Dalton McGuinty, de 2003 a 2013, e agora é um dos quatro conselheiros da *premier* Kathleen Wynne. Michael é Doutor *Honoris Causa* da University of Edinburgh, University of Leicester, Nipissing University, Duquesne University e do Hong Kong Institute of Education. Ele é consultor de governos e sistemas escolares em vários países.

Fullan conquistou diversos prêmios por seus mais de 30 livros, incluindo o Prêmio Grawemeyer em Educação, de 2015, com Andy Hargreaves, por *Professional capital*. Suas obras incluem os *best-sellers Leading in a culture of change, The six secrets of change, Change leader, All systems go, Motion leadership* e *The principal: three keys to maximizing impact*. Seus livros mais recentes são *Evaluating and assessing tools in the digital swamp* (com Katelyn Donnelly), *Leadership: key competencies for whole-system change* (com Lyle Kirtman), *The new meaning of educational change* (5ª edição)[1] e *Freedom to change*. Para saber mais, visite seu *website* www.michaelfullan.ca.

---

[1] N. de T. A 4ª edição deste livro foi publicada no Brasil, pela Penso, sob o título *O significado da mudança educacional*.

**Joanne Quinn** é diretora da área de mudança de sistema e de formação e capacitação na Michael Fullan Enterprises, onde lidera o projeto de construção de capacitação de todo o sistema estratégico em nível global, nacional e distrital. Atua como diretora de construção de capacitação global da New Pedagogies for Deep Learning: A Global Partnership (NPDL), com foco em aprendizagem transformadora. Anteriormente, ela exerceu papel de liderança em todos os níveis de educação como superintendente, conselheira de implementação do Ministério da Educação de Ontário, diretora de educação continuada da University of Toronto e conselheira especial em projetos internacionais. É consultora internacional sobre mudança de sistemas completos, construção de capacitação, liderança e aprendizagem profissional, e atua com organizações e instituições profissionais como consultora, conselheira e palestrante. Essas diversas funções de liderança e sua paixão por melhorar a aprendizagem para todos conferem a ela uma perspectiva única sobre como influenciar mudanças positivas.

# Agradecimentos

Estamos engajados em projetos de mudança estimulantes em todo o mundo e temos o privilégio de aprender com líderes eficazes que estão conduzindo suas organizações na jornada rumo à coerência. Este livro é o produto de muitas influências, e temos uma dívida de gratidão para com a comunidade em crescimento que compartilha voluntariamente suas jornadas em direção à coerência, incluindo todos os educadores de Ontário, a equipe Idaho Leads e o pessoal da Califórnia, incluindo uma série de líderes em todos os níveis estaduais, de escolas e distritos a organizações sem fins lucrativos, associações profissionais, sindicatos, associações de administradores e conselhos escolares, o superintendente estadual e o governador. Agradecemos aos muitos países ao redor do mundo com os quais estamos trabalhando na agenda da coerência; especialmente à Stuart Foundation, que apoia grande parte do nosso trabalho na Califórnia.

Somos profundamente gratos aos colegas com os quais iniciamos a jornada para cristalizar as ideias de mudança de todo o sistema na área: Eleanor Adam, Al Bertani, Gayle Gregory, Bill Hogarth, Carol Rolheiser e Nancy Watson. Da mesma forma, nossos agradecimentos vão para os colegas e líderes que desafiam e aprofundam o pensamento: Kathleen Budge, Greg Butler (*in memoriam*), Davis Campbell, MaryJean Gallagher, Andy Hargreaves, Lisa Kinnamon, Ken Leithwood, John Malloy, Gabriella Mafi, Joanne McEachen, Bill Parrett, Christy Pitchel e Laura Schwalm. Também agradecemos aos nossos parceiros globais da New Pedagogies for Deep Learning: A Global Partnership (NPDL) que contribuem para a evolução do nosso pensamento à medida que criam um movimento social para transformar a aprendizagem na Austrália, Canadá, Finlândia, Holanda, Nova Zelândia, Estados Unidos e

Uruguai. Um agradecimento especial à Eleanor Adam por seus *insights* e contribuição para os conceitos, seu valioso *feedback* sobre o manuscrito e por ser uma importante construtora de capacitação em nossa equipe.

Este livro não seria possível sem a nossa equipe de apoio profissional: Claudia Cuttress, que orientou a infraestrutura e auxiliou na coerência do conteúdo; Taryn Hauritz, por seus resumos infográficos inspiradores que capturam a essência dos conceitos; e Arnis Burvikovs, Melanie Birdsall, Megan Markanich e os demais colegas da grande equipe de publicação da Editora Corwin, que combinam qualidade com inovação.

Por fim, somos gratos às nossas famílias que fornecem apoio e inspiração em todos os nossos empreendimentos.

Gostamos de muitas expressões irlandesas e uma de nossas favoritas é "se você não está confuso, provavelmente não entende a situação". Neste livro, esperamos ter contribuído para um grau de coerência crescente para a agenda crítica da sociedade que temos diante de nós. Esta obra é dedicada a todos os construtores de coerência que inspiraram este trabalho e aos líderes que guiarão o futuro. É hora de fazer a diferença!

# Apresentação à edição brasileira

Ao longo do tempo, o consenso sobre a importância de mudanças significativas no paradigma de educação vigente em nossas escolas tem crescido, especialmente entre os próprios educadores. A perspectiva dessa mudança, embora passe por espaços de sala de aula, amplia-se para uma compreensão sistêmica: precisamos considerar direcionadores que impactam nas ações, na construção de políticas e estratégias, e, a partir disso, mudar o sistema de maneira integral. É a partir dessa premissa que Michael Fullan e Joanne Quinn apresentam seus argumentos para a construção da mudança.

Assim como em outras obras que envolvem o professor Fullan, o livro é recheado de exemplos e de referências que nos conectam para além de suas páginas. A proposta, de relação com a prática e a ação, nos leva para a análise de escolas específicas, que servem como modelos, e de sistemas integrados que podem ser compreendidos de maneira mais ampla, nos quais mudanças relevantes ocorreram e foram sustentáveis.

O conceito central, já presente no título, é abrangente e permite o debate para qualquer tipo de organização: coerência. Para os autores, a coerência se desenvolve no dia a dia, por meio da interação, nas construções social e coletiva.

Nessa perspectiva, destaca-se o papel da liderança como elemento central do modelo proposto e articulador de elementos como a importância de construirmos, em educação, foco e direção, a necessidade de desenvolvermos uma cultura de colaboração, implementar o importante conceito de aprendizagem profunda e garantir a relação com a responsabilização.

Porém, como essa proposta se conecta com o nosso país e com o que vivemos neste momento a partir da pandemia de covid-19? Essa abordagem que enfatiza a integração dos esforços que compõem a política educacional vai ser particularmente útil na reconstrução da educação agora que as aulas presenciais estão sendo retomadas, em um contexto de desaceleração da pandemia de covid-19. Afinal, não teremos apenas que resgatar as aprendizagens perdidas com quase dois anos letivos inteiros de escolas fechadas, mas assegurar que voltemos não para a educação de 2019, com suas limitações e desigualdades profundas, em busca de uma educação transformada, que permita realizar o projeto da Educação 2030, expresso no Objetivo de Desenvolvimento Sustentável 4 da ONU: educação de qualidade para todos, sem exclusões.

Para isso, teremos que ter, como preconizam os autores do livro, foco e direção, com ênfase na aprendizagem dos estudantes; criação, dentro de cada escola e entre escolas, de uma cultura de colaboração (daí o importante papel do gestor escolar, segundo Michael Fullan estabelece em seu livro *The Principal*); aprendizagem profunda, que, de fato, ensine o aluno a pensar e a aplicar os conceitos aprendidos em situações da realidade; e, finalmente, responsabilização de todos pelo alcance de metas associadas à transformação em curso.

Não será fácil recompor as aprendizagens perdidas e, ao mesmo tempo, transformar a educação básica brasileira, preparando-a para os desafios de um futuro incerto, mas a 12ª economia mundial em termos de produto interno bruto (PIB) não tem o direito de pensar pequeno.

Vivemos tempos de acelerada substituição de postos de trabalho por máquinas, incluindo inteligência artificial e alta volatilidade do cenário global. Preparar jovens apenas formando-os com competências básicas não será mais suficiente.

O que Fullan e Quinn nos oferecem aqui pode se constituir em um roteiro para nos apoiar nessa desafiadora transformação. E esse roteiro, traduzido para a realidade brasileira, deve incorporar medidas como o desenho e a implementação de um sistema sólido de recuperação de aprendizagem em todos os níveis de educação, a criação de um instrumento aberto de aprendizagem adaptativa que possa avaliar as perdas e identificar as necessidades de todos os educandos, assim como a formulação de um plano de transformação digital que enderece as limitações de infraestrutura vigentes e, ao mesmo tempo, utilize a tecnologia digital para acelerar o desenvolvimento de habilidades de leitura e raciocínio matemático.

Evidentemente, tais medidas, junto com um investimento forte em formação dos professores para uma prática que incorpore as lições aprendidas da pandemia, inclusive para diminuir as desigualdades educacionais agravadas no período, devem integrar o conjunto de ações que os sistemas educativos precisarão adotar.

Contudo, há muito mais a ser feito. Afinal, crises não são apenas períodos de sofrimento, mas oportunidades para sairmos da zona de conforto e inovarmos.

O incipiente trabalho das escolas com competências socioemocionais pode ajudar muito no esforço para lidar com problemas de saúde mental decorrentes do isolamento social e para preparar os estudantes para o mundo instável em que viverão sua vida adulta.

Além disso, o papel do professor deverá ser profundamente modificado no Brasil nos próximos anos e, também nesse sentido, a aprendizagem remota serviu como uma aceleradora de tendências. O ensino tradicional, com o professor como um mero fornecedor de aulas expositivas, já não fazia sentido antes do que vivemos. A transformação de seu papel para se tornar um assegurador de aprendizagens vai demandar dos mestres tarefas mais complexas – e a necessária formação profissional para tanto –, como a de desenvolver seus alunos para serem pensadores autônomos e aprendizes ao longo da vida, conforme sugerem os autores com a proposta da aprendizagem profunda.

Para tanto, será urgente, nos próximos anos, que a profissão se torne mais atrativa, com a valorização dos professores e a garantia da possibilidade de trabalho colaborativo entre pares dentro de cada escola, mediante contratos que lhes permitam dar aulas em um só estabelecimento – o que certamente também beneficiará os estudantes.

Sem essas medidas, dificilmente se construirá coerência e certamente não haverá no Brasil um desenvolvimento sustentável e inclusivo. Daí a importância de uma obra basilar como esta para nos guiar.

**Claudia Costin**
*Diretora do Centro de Políticas Educacionais da Fundação Getúlio Vargas
e ex-diretora global de Educação do Banco Mundial.*

**Gustavo Severo de Borba**
*Diretor do Instituto para Inovação em Educação e
Decano da Escola da Indústria Criativa da Unisinos.*

# Nota dos autores:
## A hora é agora!

Como transformar sobrecarga e fragmentação em foco e coerência? É disso que trata este livro.

Temos estado envolvidos no desenvolvimento da coerência para a aprendizagem dos alunos em distritos e sistemas (províncias/estados) desde 1988. Ajudamos os profissionais a fazer isso, mas fomos além: eles nos ajudaram a entender os detalhes desse processo. Esse trabalho – realizar mudanças no sistema dentro de prazos razoavelmente curtos – tornou-se cada vez mais claro. É difícil de fazer, mas não é impossível. E, uma vez que você aprende, o processo de mudança se move mais rápida e profundamente (ver FULLAN, 2015b).

O subtítulo deste livro é "Os direcionadores corretos para transformar a educação". Um de nós, Michael Fullan, escreveu um artigo sobre políticas intitulado "Choosing the wrong drivers for whole system reform" (FULLAN, 2011a). Os direcionadores incorretos eram fatores externos, individualismo, tecnologia e políticas *ad hoc*. Os direcionadores corretos correspondentes eram capacitação com foco em resultados, colaboração, pedagogia e perspectiva de sistema (políticas coordenadas).

O papel dos direcionadores incorretos imediatamente atingiu um ponto sensível, especialmente nos níveis médio (distritos e regiões) e escolar. Muitos líderes abraçaram a distinção e foram rápidos em denunciar as tendências incorretas dos formuladores de políticas. Porém, o "papel dos nossos direcionadores" não era um plano de ação (se você preferir, ele era melhor para descrever o que não fazer do que descobrir o que realmente fazer). Assim, *Coerência* representa entrar em ação com os direcionadores corretos como base.

A Estrutura da Coerência tem quatro componentes: construir direção e foco, cultivar culturas colaborativas, aprofundar a aprendizagem e garantir responsabilização[1]. Cada um desses temas será aprofundado em um capítulo específico. Também mostraremos como os quatro elementos se cruzam para formar um todo dinâmico e como a liderança em todos os níveis é essencial para integrar as ideias centrais. A estrutura de ação que desenvolvemos se alinha aos quatro direcionadores corretos da seguinte maneira:

| Direcionadores corretos originais | Direcionadores corretos em ação |
|---|---|
| Sistematicidade[2] | Construindo direção e foco |
| Colaboração | Cultivando culturas colaborativas |
| Pedagogia | Aprofundando a aprendizagem |
| Capacitação para resultados | Garantia de responsabilização |

- *Construindo direção e foco* está relacionado à compreensão do sistema (a necessidade de integrar o que o sistema está fazendo).
- *Cultivando culturas colaborativas* desencoraja o individualismo ao produzir grupos e indivíduos fortes.
- *Aprofundando a aprendizagem,* que é alicerçado em novas parcerias pedagógicas, é o direcionador para melhores resultados utilizando a tecnologia como acelerador.
- A *capacitação para resultados* baseia-se no desenvolvimento de habilidades e competências dentro do grupo que, por sua vez, serve de base para ser autorresponsável e responsável para com o exterior. O caminho para a *garantia de responsabilização* ocorre por meio do desenvolvimento de capacitação dentro do grupo, interagindo, assim, com o sistema de *responsabilidade* externo.

No centro da estrutura está a liderança. Os líderes devem encontrar a combinação certa desses quatro componentes para atender às diversas necessidades de seu contexto. Um último ponto que deve ser reforçado: não temos o desenvolvimento

---

[1] N. de R. T. O termo *accountability* não tem uma tradução precisa para a língua portuguesa, mas pode ser entendido como algo que é requerido ou esperado de uma pessoa para justificar suas ações ou decisões, ou seja, tem a ver com responsabilidade, prestação de contas. Neste livro, ambas as traduções serão utilizadas, de acordo com sua adequação ao contexto.

[2] N. de R. T. Do inglês *systemness*. Este termo aponta para uma perspectiva de consciência de papéis individuais e coletivos, inter-relações e dependências. Para os autores, diz respeito à forma como as pessoas pensam, agem e se sentem em relação ao sistema.

de capacidades como um componente separado na Estrutura da Coerência porque capacidades específicas estão contidas e são necessárias em cada um dos quatro componentes. A liderança, portanto, infunde o desenvolvimento de capacidades em todos os níveis e trabalhos do sistema, pois combina os quatro componentes.

O público deste livro inclui líderes em todos os níveis do sistema educacional – escola e comunidade, distrito e região e nível estadual. Para aqueles que estão nos níveis escolar e distrital/regional, pode-se agir usando a Estrutura da Coerência diretamente. As pessoas no nível estadual têm uma agenda dupla: usar a estrutura em suas próprias ações, mas também criar a infraestrutura de política, orçamento e parcerias nos níveis médio e local para que a "melhoria de todo o sistema" floresça. Nossa abordagem é uma proposta vantajosa para ambas as partes, mas deve ser deliberadamente promovida por muitos líderes trabalhando individual e coletivamente.

O termo **simplexidade** captura o que fazemos. Pegamos uma questão complicada, identificamos o menor número de fatores ou domínios-chave (geralmente, quatro a seis) e trabalhamos em conjunto com os profissionais para entender e dominar os fatores nas ações. A parte simples é o pequeno número de domínios-chave; a parte complexa é fazer as ideias se concretizarem ou serem coerentes com todos os participantes, devido à política, às pressões e às personalidades envolvidas. A boa notícia é que isso funciona. É factível e, como tal, está funcionando. Chafurdar na confusão não é tão agradável. Nossa alternativa é muito mais satisfatória. A maioria das pessoas prefere ser desafiada pela mudança e ajudada a progredir do que ficar atolada em frustração. O melhor de tudo é que esse trabalho aborda "sistemas inteiros" e usa o grupo para mudar o grupo. As pessoas sabem que estão engajadas em algo maior, além de seu papel restrito. É da natureza humana responder a um chamado mais amplo *se* os problemas forem sérios o suficiente e *se* houver um caminho a seguir em que elas possam desempenhar um papel com os outros. A criação de coerência é o caminho que faz isso.

Neste livro, você vai ver como o Garden Grove Unified School District superou o desafio da extrema pobreza, com mais de 80% dos alunos de língua inglesa (ELL, do inglês *english language learners*), para se tornar um dos distritos de melhor desempenho no estado da Califórnia. Você vai testemunhar como a província de Ontário transformou um sistema escolar estagnado de 5.000 escolas e 72 distritos em um dos sistemas de melhor desempenho do mundo. Você vai descobrir como um distrito escolar urbano altamente diverso, o York Region District School Board, com cerca de 200 escolas, declarou a alfabetização – a capacidade de as crianças lerem até o final do 1º ano e de ler bem até o 3º ano – como a prioridade número 1, e depois passou a torná-la realidade em menos de uma década. E você vai ver como o diretor James Bond (não, não *aquele* James Bond) e seus professores na Park Manor Senior Public School formaram uma base sólida de pedagogia e utilizaram os meios digitais para acelerar o aprendizado, alcançando alta proficiência na escrita, partindo de 42% dos alunos para 83% deles.

Todos esses sistemas, e outros que citamos, usaram "estratégias de coerência" como o caminho para o sucesso. Eles focaram a direção, empregaram o desenvolvimento de capacidades colaborativas, aprofundaram-se na pedagogia e garantiram responsabilidade interna baseada no grupo em todo o sistema. O pesquisador John Hattie acrescentou mais uma confirmação às nossas conclusões em seu relatório *What works best in education: the politics of collaborative expertise*[3]. Sua conclusão representa um endosso poderoso de nossas descobertas: "a maior influência no progresso do aluno na aprendizagem é ter professores e líderes escolares altamente especializados, inspirados e apaixonados trabalhando juntos para maximizar o efeito de seu ensino em todos os alunos sob seus cuidados" (HATTIE, 2015, p. 2).

Nosso livro é uma história de como os sistemas escolares regulares podem alcançar sucesso notável e duradouro, focando nas coisas certas e permanecendo com elas. Pela primeira vez, essas estratégias são acessíveis a todos. Nossa intenção neste livro é fazer da coerência um recurso compreensível e valioso para líderes que desejam fazer uma diferença duradoura.

---

[3] N. de R. T. Em tradução livre do inglês, "O que funciona melhor em educação: a política do conhecimento colaborativo".

# Sumário

Apresentação à edição brasileira ......................................................ix
*Claudia Costin e Gustavo Severo de Borba*

Nota dos autores: *A hora é agora!*..................................................xiii

**1  Construindo coerência** ................................................................1
O que é coerência e o que ela não é ..............................................1
Os direcionadores corretos e incorretos em ação ........................3
A Estrutura da Coerência ..............................................................10
Obtenha a mentalidade certa para a ação....................................13

**2  Construindo direção e foco** ........................................................17
Orientada por propósito ................................................................17
Metas que impactam o que é mais importante............................19
Clareza da estratégia......................................................................23
Liderança para a mudança ............................................................26
Direção focada em ação..................................................................34
Considerações finais ......................................................................43

## 3 Cultivando culturas colaborativas ............... 45
Cultura do crescimento ............... 47
Liderança de aprendizagem, também conhecida como líderes aprendizes ............... 51
Desenvolvimento de capacidades ............... 54
Trabalho colaborativo ............... 57
Trabalho colaborativo em ação ............... 61
Considerações finais ............... 69

## 4 Aprofundando a aprendizagem ............... 73
Desenvolva clareza nos objetivos de aprendizagem ............... 79
Construa precisão na pedagogia ............... 83
Mudança de práticas por meio da construção de novas capacidades ............... 94
Movendo sistemas inteiros em direção a uma aprendizagem mais profunda ............... 99
Considerações finais ............... 100

## 5 Garantia de responsabilização ............... 103
Responsabilidade interna ............... 104
Responsabilidade externa ............... 112
Considerações finais ............... 117

## 6 Liderando para a coerência ............... 121
Domine a estrutura ............... 122
Desenvolva líderes em todos os níveis ............... 127
Considerações finais ............... 129

Referências ............... 133

Apêndice: Como tornar o sistema educacional bem-sucedido ............... 139

Índice ............... 187

# 1
## Construindo coerência

É hora de cumprir a promessa da educação pública. Nossas crianças precisam disso, as pessoas estão exigindo e, de fato, o mundo precisa disso para sobreviver e prosperar. A educação pública é o futuro da humanidade – para melhor ou pior. Pela primeira vez, temos o conhecimento e a experiência para oferecer. Precisamos de consistência de propósito, política e práticas. Estrutura e estratégia não bastam. A solução requer capacidades individual e coletiva de construir um significado compartilhado, capacitação e compromisso com a ação. Quando um grande número de pessoas compreende profundamente o que precisa ser feito – e vê sua parte na realização desse propósito –, a coerência surge e coisas poderosas acontecem.

Neste capítulo, definimos o que é e o que não é coerência, descrevemos os "direcionadores corretos e incorretos" e fornecemos a Estrutura da Coerência, que forma a base da solução e dos capítulos deste livro.

## O QUE É COERÊNCIA E O QUE ELA NÃO É

O dicionário Merriam-Webster define *coerência* como a "integração de diversos elementos, relações ou valores" (COHERENCE, 2022, documento *on-line*). Imagens de coerência têm a ver com fazer sentido, se unir e se conectar. Observe que esses elementos se relacionam com o que as pessoas na área, por assim dizer, consideram coerente e significativo. Isso nos dá uma dica do que a coerência não é. Não é estrutura. Não é alinhamento (embora isso possa ajudar), como quando os responsáveis podem explicar como as coisas se encaixam (na verdade, como as coisas *deveriam se encaixar* de sua perspectiva). Não é estratégia.

A coerência diz respeito às pessoas individualmente e, em especial, coletivamente. Para ir direto ao ponto, a coerência consiste na profundidade compartilhada de compreensão sobre o propósito e a natureza do trabalho. Coerência, então, é o que está na mente e ações das pessoas individual e coletivamente. Podemos ver instantaneamente por que a coerência é tão difícil de se alcançar em condições de sobrecarga, fragmentação e rotatividade de políticas. No entanto, isso pode ser feito. Existe apenas uma maneira de alcançar maior coerência: por meio de ação e interação com propósito, trabalhando a capacitação, a clareza, a precisão da prática, a transparência, o monitoramento do progresso e a correção contínua. Tudo isso requer a mistura certa de "pressão e apoio": a pressão pelo progresso em um contexto de culturas de apoio e foco.

À medida que as massas críticas de pessoas engajadas na construção da coerência evoluem, ela se torna mais poderosa, quase autossustentável. Em Ontário, onde desenvolvemos muitas dessas ideias nos últimos 15 anos, nos deparamos com um indicador indireto de coerência sustentada quando muitos visitantes vieram em visitas de estudo para ver o que nossas escolas, distritos e o Ministério da Educação (departamento estadual) estavam fazendo na prática. Eles visitaram várias escolas, conversaram com professores, diretores e alunos, reuniram-se com líderes distritais e tiveram discussões com os formuladores de políticas e pessoas no ministério encarregadas de tal esforço. Houve uma única coisa que surpreendeu quase todos os visitantes. Eles disseram que, quando perguntaram a várias pessoas sobre as principais prioridades, as estratégias em ação, o progresso, os resultados, os próximos passos, e assim por diante, o que obtiveram foi consistência e especificidade entre escolas e entre níveis (ver FULLAN; RINCÓN-GALLARDO, 2016, para uma análise da estratégia de Ontário). Chamamos esse fenômeno de capacidade dos integrantes do sistema de *talk the walk*, compreender a partir da prática. Todos nós sabemos que colocar a teoria em ação (*walk the talk*) é uma boa qualidade, mas não suficiente por si só. Quando as pessoas podem conversar e compreender a partir do caminho, aí temos uma experiência completa e real. Quando as pessoas podem se explicar especificamente, elas se tornam mais claras; quando podem explicar as ideias e ações umas às outras, elas se tornam mutuamente influentes. Quando um grande número de pessoas passa a fazer isso com o tempo, elas socializam os recém-chegados e tudo se torna sustentável. A criação de coerência e seus componentes-chave que estabelecemos neste livro são sobre essa profunda especificidade e clareza de ação.

Outro ponto crucial sobre coerência é este: você nunca chega definitivamente nela, nem deveria querer chegar. Sempre há novidades e por isso você precisa estar conectado às inovações e à arena do conhecimento mais ampla (sem se tornar um viciado em inovação), sempre há recém-chegados e mudanças na liderança, e o grupo perfeito não dura para sempre (felizmente, nem o grupo terrível). Em outras palavras, a criação de coerência é um processo contínuo de criação e reconstrução de significado em sua própria mente e em sua cultura. Nossa estrutura mostra como fazer isso.

## OS DIRECIONADORES CORRETOS E INCORRETOS EM AÇÃO

Há cinco anos, eu, Michael Fullan, escrevi um documento sobre políticas intitulado "Choosing the Wrong Drivers for Whole System Reform" (em tradução livre do inglês, "Escolhendo os direcionadores incorretos para a reforma de todo o sistema") (FULLAN, 2011a). Os direcionadores incorretos são responsabilidade punitiva, estratégias individualistas, tecnologia e políticas *ad hoc*. Não é que esses fatores nunca devam ser incluídos, mas não devemos *liderar* a partir deles. Em vez disso, sugeri que há um conjunto de direcionadores corretos que são eficazes: desenvolvimento de capacidades, colaboração, pedagogia e sistematicidade (políticas coordenadas).

A *coerência* fornece a solução para a abordagem orientada pelos direcionadores incorretos. Renomeamos os direcionadores corretos em uma estrutura de ação que consiste em quatro componentes principais: construindo direção e foco, cultivando culturas colaborativas, aprofundando a aprendizagem e garantia de responsabilização.

Nossa análise de direcionadores incorretos mostrou como os políticos estavam piorando as coisas ao impor soluções grosseiras e desdirecionadoras para as pessoas que precisam ajudar a liderar a solução – professores e administradores. Nos Estados Unidos, várias formas desses direcionadores incorretos estão em vigor desde 2001, começando com *No Child Left Behind* ("Nenhuma criança deixada para trás") e passando para *Race to the Top* ("Corrida para o topo") e seus componentes associados, como avaliação de alto risco dos professores. Por terem uma abordagem estrutural – e, na verdade, negativa – da mudança, eles não têm chance de gerar coerência. Em outras palavras, eles não têm chance de funcionar.

Você pode se perguntar por que os políticos endossam soluções que não funcionam. A resposta não é complicada: porque eles podem legislá-las; porque têm pressa; porque as soluções podem ser feitas para apelar superficialmente ao público; porque (e indelicadamente da nossa parte) alguns realmente não se preocupam com o sistema **público** de ensino, preferindo que a educação seja assumida pelo setor privado; e (mais gentilmente) porque não sabem mais o que fazer.

Em qualquer parte do mundo, se perguntarmos aos educadores quais problemas eles estão enfrentando, no topo da lista estará a confusão e a sobrecarga, expressas de várias maneiras, como:

- Fadiga de iniciativas

- Projetos *ad hoc*
- Políticas arbitrárias do topo para a base
- Burocratização voltada para conformidade
- Silos e feudos em todos os lugares
- Confusão
- Desconfiança e desmoralização

Quanto mais os líderes do sistema tentam corrigir o problema, pior ele se torna. No topo da lista está a responsabilidade punitiva. Daniel Pink mostrou de forma conclusiva que essa abordagem de "recompensas e punições" funciona, na melhor das hipóteses, apenas para as tarefas mais mecânicas, e não para qualquer coisa que exija engenhosidade e comprometimento (PINK, 2009). Não se consegue coerência impondo ditames.

Os tomadores de decisão também voltaram sua atenção para estratégias individualistas – vamos atrair e recompensar melhores professores, melhores diretores de escolas, e assim por diante. Bons indivíduos são importantes, mas as culturas são mais. Como veremos, se você deseja mudar um grupo, uma organização ou um sistema, é preciso se concentrar na cultura, bem como nos indivíduos que fazem parte dela. A cultura consome indivíduos mais rápido do que se pode produzi-los, portanto, nos concentramos na cultura e nos indivíduos simultaneamente.

Para piorar as coisas, os dois primeiros direcionadores incorretos são frequentemente usados em conjunto. Concentre-se nos indivíduos e empregue responsabilidade punitiva. Essas forças duplas pioram as coisas. Depois de enfrentar tarefas que exigem julgamento, as pessoas não respondem a recompensas monetárias ou ameaças de punição. Em situações desafiadoras, as pessoas são motivadas principalmente por fatores intrínsecos: ter um propósito, resolver problemas difíceis e trabalhar com colegas em situações de grande importância para o grupo. A tentativa de atrair indivíduos por meio de recompensas e sanções extrínsecas desmotiva a maioria deles.

O terceiro direcionador incorreto que precisa ser reformulado é a tecnologia. Nós mesmos estamos cada vez mais comprometidos em integrar o digital em todas as nossas estratégias de mudança do sistema (FULLAN, 2013), mas, historicamente, a tecnologia é compreendida como uma solução que leva a um desdobramento: **aquisição**. A suposição tácita é que, se você deseja ser progressivo, deverá comprar mais dispositivos digitais. Se você quiser aumentar a confusão, aplique um monte de tecnologia.

O quarto e último direcionador ruim são as políticas *ad hoc*. Os políticos tentam resolver um problema de cada vez ou simultaneamente por meio de iniciativas separadas. Vamos chamar isso de problema do silo. Uma parte aborda professores; outra, administradores; outra, tecnologia, currículo, padrões; e assim por diante.

Os implementadores os recebem exatamente como são entregues – um riacho, uma torrente ou um gotejamento – chegando como ondas de soluções segmentadas. "Iniciatividade" é o suficiente para dar um mau nome à mudança.

Observe que os direcionadores incorretos operam de forma perversa. Cada um é ineficaz o suficiente por si só, mas geralmente aparecem juntos como atores amadores em um filme ruim. O resultado é que as pessoas estão sempre desequilibradas. Mesmo aquelas com maior motivação acabam desanimando.

Este livro é sobre "o que mais se pode fazer". Sabemos disso porque trabalhamos em estreita colaboração com os sistemas de educação em todo o mundo, fazendo parceria com eles para descobrir e implementar o que funciona. O trabalho é baseado em cinco características:

1. É tudo uma questão de fazer, trabalhar da prática à teoria e melhorar fazendo mais com o conhecimento agregado.
2. Trata-se de sistemas inteiros – todas as escolas e todos os alunos do distrito, do estado, da província e do país.
3. Ele se concentra na pedagogia precisa – o que funciona na promoção de uma aprendizagem envolvente para alunos e professores da mesma forma.
4. Ele identifica e estabelece as condições, as culturas (se preferir) na escola, na região e em amplos níveis de infraestrutura que impulsionam e apoiam uma implementação profunda.
5. Ele sempre determina o impacto sobre os alunos e aqueles que se relacionam com eles.

Ao trabalhar com um grande número de pessoas nessa agenda, identificamos quatro direcionadores corretos para a mudança de todo o sistema: desenvolvimento de capacidades, colaboração, pedagogia e sistematicidade. Esses elementos formam a base da nossa estratégia de ação para a melhoria de todo o sistema, que descreveremos mais adiante como a Estrutura da Coerência.

O desenvolvimento de capacidades se refere às habilidades, às competências e aos conhecimentos que indivíduos e grupos precisam para serem eficazes no alcance dos objetivos em questão. Geralmente pensamos neles em duas categorias: a pedagógica (ensino e aprendizagem de especialistas) e a de mudança (liderança especializada para a mudança). Desenvolvemos e integramos ambas as capacidades no local em parceria com profissionais, especialmente na última década.

O próximo direcionador, a colaboração, envolve o desenvolvimento de capital social – trata-se da qualidade do grupo, ou, como dizemos, se você quiser mudar o grupo, use o grupo para mudar o grupo. Um exemplo sucinto vem do trabalho da professora de negócios Carrie Leana, da University of Pittsburgh. Leana (2011) normalmente mede três coisas nas escolas: o capital humano (as qualificações dos indivíduos), o capital social (com perguntas aos professores como "até que ponto você e outros professores trabalham de forma colaborativa e focada para melhorar a aprendizagem de todos os alunos na escola?") e o progresso no desempenho em matemática no período de um ano letivo. Embora ela descubra que alguns professores com maior capital humano obtêm bons resultados, as escolas com maior capital social obtiveram os melhores ganhos gerais em matemática. Leana também descobriu que muitos professores com baixo capital humano que, por acaso, trabalhavam em escolas com alto capital social também se saíram melhor em aumentar o desempenho em matemática. O capital social é mais poderoso do que o capital humano, e eles funcionam virtuosamente alimentando-se um ao outro (ver também HARGREAVES; FULLAN, 2012).

Em terceiro lugar, se você misturar uma boa pedagogia como direcionador (*versus* tecnologia) como parte do conteúdo do desenvolvimento de capacidades e das trocas de capital social, você obtém um benefício triplo. A sinergia é poderosa. Boa pedagogia é o que os professores gostam de fazer todos os dias. Está perto de seu coração e mente, individual e coletivamente. *A partir disso*, você pode integrar o digital que, nessas condições, torna-se um incrível acelerador e aprofundador da aprendizagem.

Em quarto lugar, é difícil e enganoso descobrir como alcançar a compreensão sistêmica tornando a estrutura de políticas mais coesa. Como já dissemos, você não pode simplesmente alinhar as políticas no papel. Esse alinhamento teórico ou fornecido tem pouco a ver com a forma como as pessoas na área o vivenciam. A criação de coerência, em outras palavras, deve ser alcançada na ponta, na extremidade de recebimento, não na extremidade de entrega. Apresentaremos uma solução nos próximos capítulos, mas, essencialmente, ela envolve uma combinação de um pequeno número de objetivos ambiciosos sendo perseguidos incansavelmente, sendo vigilantes quanto à redução de distrações, ajudando no desenvolvimento de capacidades profissionais, utilizando dados sobre os alunos e outras informações de forma transparente para fins de desenvolvimento, construindo estratégias para os implementadores aprenderem uns com os outros de forma contínua e marcando o progresso com muito *feedback* e intervenção de apoio.

O efeito cumulativo de minimizar os direcionadores incorretos e empregar os direcionadores corretos em conjunto é maior clareza e coesão. Os direcionadores corretos em movimento significam duas coisas: ascendência política e exemplos concretos na área. Nessa mudança para soluções de sistemas mais eficazes, os políticos começam a abraçar os direcionadores e implementá-los na legislação e na ação estratégica. Ontário foi a primeira. Os direcionadores estão firmemente inseridos nas políticas e práticas do setor do topo para a base e lateralmente em todo o sistema (FULLAN; RINCÓN-GALLARDO, 2016). Outra jurisdição que politicamente assumiu esses direcionadores é o estado da Califórnia – novamente do topo para a base e para os lados. O governador, Jerry Brown, promulgou legislação para descentralizar o financiamento e a prestação de contas. O conselho estadual e o California Department of Education (CDE) estão se reposicionando para apoiar a nova direção. Os sindicatos, a California Teachers Association e a American Federation of Teachers estão se envolvendo cada vez mais na agenda do capital profissional. A Association of California School Administrators (ACSA), com seus 1.009 distritos escolares e 17 mil membros, alinhou-se explicitamente à agenda dos direcionadores corretos, assim como os escritórios do condado. Muitos distritos e especialmente grupos de distritos estão se engajando, desde o grande California Office of Reform in Education (CORE) com seus 10 distritos, aos pequenos consórcios de três distritos que lideramos, e vários outros grupos de distritos que estão se formando. Além disso, muitos grupos de interesse estaduais e associações apoiam a nova direção (para uma visão geral da situação da Califórnia, consulte *California's Golden Opportunity: A Status Note*, como indica FULLAN, 2014a). Em suma – e ainda estamos falando politicamente –, alguns estados estão demonstrando forte interesse em avançar em direção à agenda dos direcionadores corretos. E, é claro, se a Califórnia incorporar mais dessas ideias e começar a obter resultados significativos, isso poderá ter um efeito cascata em todo o país. Além de tudo isso, muitos distritos escolares individuais em toda a América do Norte estão incorporando os elementos dos direcionadores corretos, pois atenuam a presença de direcionadores incorretos.

A segunda maneira pela qual os direcionadores corretos estão em movimento envolve a maior especificação e o desenvolvimento de como a estratégia ocorre na prática. A formulação original era apenas um *framework*, não um plano. Temos trabalhado com muitos parceiros nos níveis escolar, distrital e estadual para definir mais detalhadamente como sistemas pequenos e muito grandes podem encontrar e manter o foco.

O livro *Coerência* é a nossa tentativa de explicar a solução que qualquer pessoa pode dominar com foco e persistência. Oferecemos *insights* básicos e uma estrutura de ação simples, mas poderosa. Percebemos que nosso livro tem ajudado escolas, distritos e sistemas a obterem maior coesão. Também direcionamos nossas mensagens e ideias a províncias, estados e países onde a coesão do sistema pode valer a pena para todos – literalmente beneficiando a sociedade como um todo.

Deve haver um foco permanente e um conjunto de forças integradoras em jogo. Os direcionadores corretos iniciais colocam essas forças em movimento, e nossa versão desenvolvida dos direcionadores em ação nos leva à próxima etapa. Um método que usamos para obter as ideias mais práticas, poderosas e coesas é trabalhar com profissionais que experimentaram e perguntar a eles o que estavam pensando e como o fizeram. Duas dessas pessoas são Laura Schwalm, que foi superintendente de 2000 a 2013, e sua sucessora, Gabriela Mafi, do Garden Grove Unified School District na área de Anaheim. A cidade Garden Grove é pobre e diversa (principalmente latinos e vietnamitas, com cerca de 85% com almoço gratuito) e tem cerca de 80 escolas. Quando Schwalm começou seu mandato, o distrito estava bem abaixo da média estadual em todas as medidas de desempenho. Desde então, e até o presente, elas se moveram bem acima da média estadual (para um estudo de pesquisa de terceiros, ver KNUDSON, 2013). Aqui está o que Schwalm (2014, documento *on-line*) destaca sobre a jornada:

> Você precisa se preocupar com o foco: um estado ou uma condição que permite uma percepção ou compreensão clara; direcionar sua atenção ou esforço para algo específico; um objetivo ou interesse principal; direção. Com tantos problemas que parecem urgentes, a necessidade de foco muitas vezes é superada pelo número e magnitude dos problemas enfrentados pelo líder do sistema. Você precisa de "uma coisa principal" ou estratégia de melhoria central que consiste na visão inegociável dos líderes do que, com o tempo, terá o maior impacto na melhoria do desempenho dos sistemas para as crianças. Como superintendente do Garden Grove Unified School District meu grande círculo foi "aumentar a capacidade dos adultos no sistema para apoiar melhores resultados dos alunos". Nesse foco, priorizei a capacitação dos professores, concentrando-me na melhoria da pedagogia e na construção da capacitação dos diretores para apoiar o crescimento dos professores. Embora essa fosse minha principal prioridade, o foco também incluía a capacitação de funcionários e dos pais para apoiar o que os professores estavam pedindo dos alunos, bem como para nos fazer avançar. Cada um deles tinha vários pontos de conexão, que evoluíram ao longo dos anos e, à medida que avançávamos em cada um, continuamos a refinar o trabalho.

Gabriela Mafi está dando continuidade e aprofundando os trabalhos no Garden Grove. Schwalm agora trabalha conosco de forma mais ampla na Califórnia, maximizando o que chamamos de "liderança a partir do nível intermediário" (LFTM, do inglês *leadership from the middle*). A LFTM baseia-se no pressuposto de que o centro (o governo) não pode administrar efetivamente grandes sistemas complexos e que a autonomia escolar local, se deixada entregue a si própria, nunca será suficiente. Primeiro, Hargreaves e Braun (2012) identificaram a LFTM como uma estratégia poderosa – portanto, a noção de que agrupamentos de distritos trabalhando e aprendendo juntos em soluções específicas e trabalhando na coerência, na verdade, é o caminho a seguir. Há um número crescente de agrupamentos sobrepostos de distritos (mais de 50 deles, em nossa última contagem) trabalhando dessa maneira. Com 1.009 distritos, uma maior coerência no meio pode ser uma força poderosa para a coerência em todo o estado. A ideia é que esses aglomerados se tornem melhores parceiros para o estado e dentro de suas próprias comunidades por meio de maior foco e capacidade.

Falando de todo o estado, também perguntamos a Davis Campbell, um de nossos colegas e parceiros próximos nesse trabalho, porque ele acreditava que os direcionadores corretos eram o caminho a percorrer. Campbell viu isso por toda parte nas quatro últimas décadas na Califórnia. Ele é um ex-superintendente adjunto do CDE (onde, em nosso idioma, ele era responsável pela implementação dos direcionadores incorretos) e atualmente está no conselho da Stuart Foundation (um dos principais financiadores do trabalho dos direcionadores corretos no estado) e no corpo docente da UC Davis, onde ajudou a desenvolver um programa de liderança de superintendentes. Eis o que ele disse:

> A Califórnia sempre foi conhecida por ter um forte sistema de governança educacional do topo para a base. Mas esse sistema também tem sido caracterizado, nos últimos anos, como muito disfuncional, com a mudança dos centros de poder em nível estadual. Tudo isso levou a um alto nível de estresse entre a agência estadual de educação e os distritos escolares.
>
> Para que a agência estadual de educação da Califórnia seja realmente eficaz, é necessário que haja uma mudança consciente tanto na mentalidade da equipe quanto na cultura básica da organização. Historicamente, o Departamento de Educação tem operado com o pressuposto de que a obrigatoriedade de reformas em todo o estado poderia resolver problemas na educação pública e que a função do estado era policiar os distritos para garantir que os requisitos estaduais, que definem esses programas ou reformas, fossem atendidos. Isso criou uma mentalidade de conformidade básica e uma cultura organizacional no departamento. Também criou a percepção de que as pessoas em Sacramento sabiam mais do que os profissionais dos distritos. O estado concentrou-se em diretrizes para os distritos, em vez de ajudá-los a melhorar seus resultados para as crianças.
>
> No entanto, os distritos escolares precisam de algo muito diferente. Eles precisam de liderança profissional do estado que seja informada por uma profunda reflexão sobre estratégias que ajudem os distritos a desenvolverem capacitação para passarem por mudanças nos sistemas. Os distritos precisam que o estado entenda que as grandes reformas, como a Control Funding Formula, terão impacto limitado por conta própria, a menos que sejam utilizadas como ferramentas para abrir o sistema como um todo.

O estado projeta uma imagem do topo para a base, os distritos querem um recurso e um parceiro, não um pai. O que os distritos não precisam é de mais regras e regulamentos. O que eles precisam e desejam é uma agência estatal cujo principal objetivo e missão, sua bússola interna, por assim dizer, seja encontrar maneiras de conectá-los a profissionais e sistemas de alto desempenho de forma colaborativa e que se reforce mutuamente. O estado precisa ajudar a encontrar maneiras de capacitar profissionais de sucesso, tanto no ensino quanto na administração, e fornecer-lhes a oportunidade de influenciar seus colegas de forma abrangente e sustentável.

Os distritos escolares precisam que o estado entenda a responsabilização como um processo de fortalecimento e não um exercício punitivo projetado para castigar a falta de desempenho de acordo com os requisitos do processo estadual (CAMPBELL, 2014, documento *on-line*; ver também FULLAN, 2014b; MICHAEL FULLAN ENTERPRISES; CALIFORNIA FORWARD, 2015, para relatórios de *status* sobre o que chamamos de "oportunidade de ouro da Califórnia").

Estamos vendo um interesse crescente em políticas e práticas para adotar a estrutura de direcionadores corretos em países, estados, províncias, distritos e escolas. Cada vez mais educadores estão nos dizendo "concordamos com essa direção, mas *como* fazemos isso?". Este livro representa onde estamos nessa busca do "como". Com base em nosso trabalho com distritos e estados, desenvolvemos um modelo – uma Estrutura da Coerência – que guiará o restante dos capítulos.

## A ESTRUTURA DA COERÊNCIA

O que precisamos é de uma estrutura que possa guiar a ação e que seja abrangente, mas não pesada – algo que funcione e que possa ser dominado por qualquer líder ou grupo que dedique tempo para aprender como os elementos principais se encaixam em sua própria situação. Essa é a estrutura que desenvolvemos ao trabalhar com os Schwalms e Campbells do mundo, e está representada na Figura 1.1.

Nosso objetivo é ajudar os outros – muitos outros – a mergulhar no trabalho que desenvolve o foco e a coerência em sistemas complexos. Propusemo-nos a mostrar que há "algo mais" além da constelação de direcionadores de políticas incorretas e que essa alternativa funciona porque estimula e motiva hordas de membros do sistema a enfrentar a situação e experimentar a satisfação da coerência em um mundo que é geralmente confuso.

Os quatro componentes da Figura 1.1 trabalham juntos. É importante entender o funcionamento interno de cada um deles, como fazemos em capítulos sucessivos,

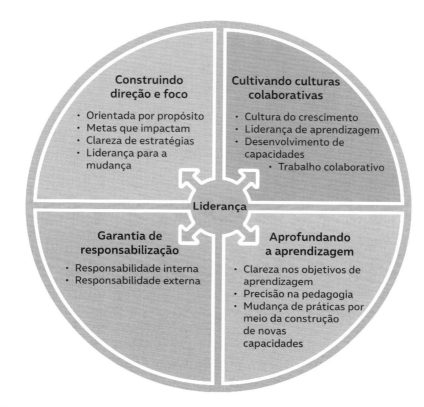

**Figura 1.1** Estrutura da Coerência.

mas a grande mensagem é que eles andam juntos e devem ser abordados simultânea e continuamente desde o início. Pense em cada um dos quatro componentes, os direcionadores corretos em ação, servindo aos outros três. Os efeitos totais da interação estão ligados por meio da liderança e são poderosos.

A construção do foco operacionaliza a dinâmica de perspectiva sistêmica em relação às políticas *ad hoc*. Esse componente desempenha um papel primordial porque o imperativo moral e a visão direcional são cruciais, mas não se pode definir a direção no início e simplesmente segui-la. O foco é algo que ganha vida por meio de outros elementos, e é moldado e remodelado por forças interativas de colaboração, aprendizagem profunda e ações responsáveis. O foco fica mais preciso e mais compartilhado à medida que um processo de ação deliberada evolui.

Em segundo lugar, cultivar culturas colaborativas está no cerne da transformação do sistema. Esse componente evidencia a relação do trabalho em equipe com o individualismo e o papel que a colaboração desempenha na produção de grupos e indivíduos fortes. Porém, a colaboração como um fim em si é uma perda de tempo. Os grupos são poderosos, o que significa que podem estar extremamente errados. Reunir-se sem a disciplina e a especificidade da deliberação coletiva pode ser um grande desperdício. Mostramos como o desenvolvimento de culturas colaborativas é um trabalho cuidadoso e preciso e tem profundo impacto quando bem executado, porque o aumento do capital social melhora a coerência, que, por sua vez, atrai recém-chegados e alimenta melhores resultados.

Em terceiro lugar, a agenda deve tratar do aprofundando a aprendizagem, e este componente aborda a relação entre pedagogia e tecnologia. O ensino tradicional é cada vez mais entediante para alunos e professores, mas a solução de compra de tecnologia não teve um impacto significativo. Novas pedagogias – novas parcerias de aprendizagem entre alunos, professores e famílias – estão surgindo rapidamente. Esses processos estão revolucionando os resultados da aprendizagem e sua medição, relacionados ao que podemos chamar de 6Cs: **c**omunicação, pensamento **c**rítico, **c**olaboração, **c**riatividade, **c**aráter e **c**idadania. De maneira crucial, o desenvolvimento de novas pedagogias e sua ligação com resultados de aprendizagem profunda estão sendo acelerados por inovações digitais. Nós mesmos estamos imersos com distritos e escolas nesse trabalho que chamamos de "agenda da estratosfera" (ver FULLAN, 2013) e novas pedagogias para aprendizagem profunda (NPDL, do inglês *new pedagogies for deep learning*) (NEW PEDAGOGIES..., 2014). O foco no aprofundando a aprendizagem usa a pedagogia como direcionador e a tecnologia como um acelerador. O desafio para escolas, distritos e estados é administrar sua necessidade de melhoria contínua de habilidades básicas, enquanto identifica e apoia a inovação para promover novos resultados de aprendizagem. Isso fará parte do capítulo sobre aprendizagem profunda.

Em quarto lugar, achamos que temos uma solução para o grande bicho-papão – garantir a responsabilidade. Este é, como se sabe, o inimigo público número um como o principal direcionador incorreto. Mas não se pode ter um sistema de ensino público sem responsabilidade. Em nossa descrição original de direcionadores incorretos, conectamos responsabilização negativa *versus* desenvolvimento de capacidades. Agora que passamos a operacionalizar os direcionadores corretos em ação, vemos que a simetria adequada deveria ser "responsabilidade interna *versus* responsabilidade externa".

Assim, o quarto componente, garantir a responsabilidade, baseia-se no desenvolvimento da capacidade interna para ser eficaz, ser responsável dentro do grupo ou sistema (responsabilidade interna) e responder e engajar as prioridades do sistema e seu desempenho (responsabilidade externa). O caminho para garantir a responsabilidade é por meio do desenvolvimento da capacitação dentro do grupo. Mostramos como os três primeiros componentes de nosso modelo nos colocam em posição de garantir a responsabilidade, liderando com responsabilidade interna dentro do grupo e reforçando-a com responsabilidade externa.

O núcleo da estrutura é "liderança para coerência", que liga os quatro componentes. Líderes que trabalham em parceria com outros determinam como combinar os quatro elementos para atender às variadas necessidades de seu contexto – como fazer as quatro conexões e aumentar a coerência. O modelo de construção de coerência – seus quatro componentes em ação – deve (curiosamente) ser perseguido **de forma coerente**. Nossa estrutura é um modelo dinâmico que se ramifica, tornando o todo maior do que a soma de suas partes. Domine-o e você e seus colegas serão amplamente recompensados.

## OBTENHA A MENTALIDADE CERTA PARA A AÇÃO

O sucesso não é uma questão de percorrer os quatro componentes da estrutura. Você precisa ter a mentalidade certa e respeitar o que sabemos sobre o processo de mudança. Aqui está uma boa definição básica: *processos de mudança eficazes modelam e remodelam boas ideias à medida que desenvolvem capacitação e senso de propriedade entre os participantes*. Existem dois componentes: a qualidade da ideia e a qualidade do processo. Negligencie um ou outro e você irá falhar. E como você vê pela definição, as coisas mudam conforme se trabalha com elas. Foi Kurt Lewin quem disse "se você realmente quer entender algo, tente mudá-lo". Portanto, tenha um profundo respeito pela imprevisibilidade da mudança.

Não existe uma maneira infalível de fazer isso. Johnson *et al*. (2015) estudaram cinco distritos escolares relatados em seu livro *Achieving Coherence in District Improvement*. Três deles – Aldine, Texas; Condado de Montgomery, Maryland; e Long Beach, Califórnia – eram relativamente centralizados. Dois deles – Baltimore City Schools e Charlotte-Mecklenburg, Carolina do Norte – estavam seguindo um caminho de relativa descentralização. Todos os cinco distritos estavam obtendo algum sucesso. Mesmo que estivessem seguindo caminhos diferentes, havia pontos fundamentais em comum. Todos trabalharam arduamente na parceria e na confiança das escolas distritais. Todos prestaram atenção às relações laterais entre as escolas. Todos precisavam se concentrar e descobrir a relação entre "programação, orçamento e pessoal". Todos precisavam entender e engajar continuamente a cultura de seus distritos e a dinâmica de mudança de seus ambientes externos. De acordo com Johnson *et al*. (2015), o ingrediente essencial para o sucesso era "se um distrito poderia implementar efetivamente qualquer teoria da mudança (com os elementos comuns que identificamos) que escolhesse" (JOHNSON et al., 2015, p. 20). Além disso, "as políticas e práticas tiveram sucesso quando foram continuamente informadas pelo conhecimento, pelas habilidades e pelas experiências de educadores de todos os níveis do sistema" (JOHNSON *et al*., 2015, p. 49).

Hargreaves, Boyle e Harris (2014), em seu estudo de organizações especialmente eficazes em três setores – negócios, educação e esporte –, identificaram as principais características do que eles chamam de **liderança inspiracional**. Suas conclusões têm muito em comum com nossa estrutura, mas uma delas particularmente em destaque foi a descoberta de que essas organizações altamente bem-sucedidas aprenderam com o sucesso de outras, mas nunca tentaram imitar o que as outras fizeram. Em vez disso, elas encontraram **seu próprio caminho para o sucesso**, fizeram muitas das coisas certas e aprenderam e se ajustaram à medida que avançavam.

O ponto principal em nosso livro é este: use esta proposta de estrutura, mas encontre seu próprio caminho!

Para começar, analise o Infográfico 1 sobre coerência.

 Uma versão colorida deste infográfico também está disponível para *download* no material complementar a este livro em loja.grupoa.com.br

**Infográfico 1.** Construção de coerência.

# 2

# Construindo direção e foco

Os líderes precisam encontrar a conexão que aumentará a coerência dos esforços dos distritos e das escolas em todos os níveis e construir um caminho bem definido para melhorar a aprendizagem de maneiras tangíveis. Um componente da "conexão" é a capacidade de desenvolver e manter uma direção focada em face de demandas concorrentes e complexas interna e externamente.

O primeiro direcionador correto da Estrutura da Coerência é a **construção de direção e foco**. Os líderes precisam combinar os quatro elementos de direção focada, *orientada por propósito, metas que impactam, clareza de estratégia e liderança para a mudança*, se quiserem atender aos contextos de mudança que enfrentam (ver Figura 2.1). Neste capítulo, examinaremos cada um dos quatro elementos deste direcionador e, a seguir, apresentaremos exemplos de direção focada em ação.

## ORIENTADA POR PROPÓSITO

Os líderes precisam ser capazes de desenvolver um propósito e significado moral compartilhado, bem como um caminho para atingi-lo. O imperativo moral concentra-se na aprendizagem profunda para todas as crianças, independentemente do histórico ou circunstância (FULLAN, 2010, 2011b). O compromisso com o imperativo moral da educação para todos parece ajustar-se naturalmente às escolas públicas. Mas não funciona assim. Ter um imperativo moral não significa muito se você não estiver chegando a algum lugar. Na ausência de progresso, os educadores perdem o ânimo – ou nunca o desenvolvem. Claro, alguns mantêm seu impulso moral, mas é contra todas as probabilidades. Os seres humanos precisam experimentar o

**Figura 2.1** Construindo direção e foco.

sucesso para continuar; eles precisam entender e experimentar as condições que promovem a causa. Em muitas situações, a sobrecarga e a fragmentação constantes superam o propósito moral. O desenvolvimento do propósito e dos outros três elementos da direção focada é tanto um **processo** quanto um estado. O desafio é colocar o caos em foco. Hargreaves, Boyle e Harris (2014) chamam esse componente crítico de "sonhar com determinação" – um propósito profundo e implacável acompanhado de um modo de aprendizagem igualmente forte.

## Como isso acontece?

Primeiramente, os líderes devem compreender seu próprio propósito moral e ser capazes de combinar valores pessoais, persistência, inteligência emocional e resiliência. Isso é essencial porque seu propósito moral será refletido em todas as suas decisões e ações.

Para evidenciar seu próprio imperativo moral, considere suas respostas a quatro perguntas:

1. Qual é o meu imperativo moral?
2. Que ações devo realizar para alcançar esse imperativo moral?
3. Como posso ajudar outras pessoas a evidenciar seus imperativos morais?
4. Estou progredindo na realização de meu propósito moral com os alunos?

Promover o imperativo moral nos outros não é fazer discursos inspiradores. Os líderes eficazes promovem o propósito moral quando fazem o seguinte:

- Constroem relacionamentos com todos, incluindo aqueles que discordam, são céticos ou mesmo cínicos.
- Ouvem e compreendem a perspectiva dos outros.
- Demonstram respeito por todos.
- Criam condições para conectar outras pessoas em torno desse propósito.
- Avaliam com a equipe as evidências de progresso.

Grandes líderes conectam outras pessoas às razões pelas quais se tornaram educadores – seu propósito moral. Eles fazem o propósito se tornar parte do DNA da organização, criando oportunidades para que as pessoas entendam as possibilidades, trabalhem em aspectos do desafio e alcancem o sucesso. Trabalhando juntos, eles constroem uma compreensão mais profunda de seu propósito moral compartilhado, uma linguagem comum para uma comunicação mais eficaz e um compromisso mais profundo. No entanto, por si só, o imperativo moral não é uma estratégia, então os líderes só perceberão seu imperativo moral desenvolvendo um pequeno número de objetivos viáveis e compartilhados. Então, eles aprendem e desenvolvem capacidades e comprometimento por meio de ações com propósito.

## METAS QUE IMPACTAM O QUE É MAIS IMPORTANTE

O problema não é a ausência de objetivos nos distritos e escolas, mas a presença de muitos que são *ad hoc*, desconectados e em constante mudança. Várias missões dos estados e distritos combinam com a atração de subsídios e inovações, resultando em sobrecarga e fragmentação. A sobrecarga resulta de muitos objetivos, projetos e iniciativas. Mesmo que sejam boas ideias, o grande volume impossibilita que as pessoas gerenciem de uma maneira que permita alcançar profundidade. O segundo problema é a fragmentação. Mesmo quando os objetivos são os certos, eles podem não ser experimentados como ideias conectadas pelos usuários. As pessoas os veem como demandas distintas com pouca ou nenhuma conexão entre si ou com seu trabalho diário. Lutar para implementar muitas direções sem um senso coerente de como elas se conectam resulta em paralisia e frustração.

Você pode continuar a ser uma vítima deles – quase podemos dizer que são as circunstâncias naturais em uma sociedade complexa – ou pode virar o jogo. Pode-se dizer facilmente que o sistema maior deve "agir em conjunto", mas não tenha grandes expectativas. Nosso *framework* e as ideias dentro dele permitem que você tenha um controle maior. Você pode alcançar o sucesso nas condições atuais, como mostraremos em breve. E, se você fizer isso intensamente, o sistema mudará.

Ilustramos com três distritos que operam dentro das mesmas restrições políticas, financeiras e demográficas dos distritos escolares vizinhos, mas ainda assim conseguem fornecer uma direção coerente e resultados consistentes para seus alunos. O York Region District School Board, em Ontário, no Canadá, tem mais de 200 escolas. Ele criou coerência educacional e capacitação individual e coletiva correspondente com foco de uma década na alfabetização, resultando em ganhos substanciais para os alunos. O foco na alfabetização orientou todas as decisões, foi um farol para avaliar as necessidades e os sucessos e garantiu uma linguagem comum e uma base de conhecimento para todos.

Vemos padrões semelhantes em Garden Grove Unified (KNUDSON, 2013) e Long Beach Unified (MOURSHED; CHIJIOKE; BARBER, 2010), na Califórnia, onde ambos os distritos sustentaram um foco e uma estratégia claros e consistentes de melhoria educacional com persistência, apesar de mudanças políticas, orçamentárias e demográficas. A solução está em desenvolver objetivos limitados, persistir e evitar distrações. Em outras palavras, esses líderes viraram o jogo da sobrecarga e da fragmentação para estabelecer uma direção focalizada contínua.

Em 2014, o York Region District School Board nomeou um novo diretor (superintendente). Embora a nomeação seja do distrito, o novo diretor tem um mandato para revisitar e renovar a visão. Atualmente, estamos trabalhando com o York Region District School Board para desenvolver uma visão e direção atualizadas para o próximo período. Ele precisará ser focado, inspirador e engajador para alunos e educadores em todos os níveis do sistema.

Quando pensamos sobre a região de York e outros distritos no estágio inicial de desenvolvimento de uma nova direção, notamos uma das percepções de mudança mais importantes que aprendemos sobre visão e coerência. É um erro sobrecarregar a linha de frente com grandes quantidades de informações de todos os constituintes **na ausência de ação**. É muito mais eficaz encurtar o processo da linha de frente e sobrecarregar, por assim dizer, implementando ações, aprendendo com elas e fundamentando a visão na prática. Mais uma vez, o que mais conta é aprender fazendo com propósito.

Em outro grande distrito com que trabalhamos (240 escolas, necessidades de ELL e grande diversidade), vemos lutas promissoras em ação para superar uma história de sobrecarga fragmentada. O distrito obteve sucesso para os alunos, mas, ao longo dos anos, iniciou uma infinidade de programas, projetos e iniciativas para atender às necessidades de mudança de sua população. Os diretores e professores estão orgulhosos do distrito, mas descrevem a sensação de estarem sobrecarregados e inseguros sobre quais são as verdadeiras prioridades quando há tantas. O distrito reconhece que o sucesso futuro depende de um foco muito mais bem definido. Esse cenário de sobrecarga e fragmentação não é incomum e pode estar acontecendo em qualquer estado, província ou distrito. Descobrir quais os poucos objetivos ambiciosos que devemos perseguir e permanecer focado neles é um desafio. Isso significa reduzir o número de metas e estratégias, dando às pessoas experiências que mostrem a integração (não apenas a coordenação) dos objetivos e estratégias, aprendendo conforme se avança e reiterando constantemente a direção e o quão bem se está progredindo. Chamamos esse processo de conversar na caminhada.

Recomendamos uma abordagem de quatro etapas para lidar com o que chamamos de problema de "iniciatividade".

## 1. Seja transparente

**Reconheça e obtenha clareza sobre o assunto.** Considere métodos de avaliação rápidos e transparentes (pesquisas, grupos focais, entrevistas) para identificar as percepções dos funcionários, líderes, membros do conselho escolar, alunos, pais e comunidade.

**Evite desculpas e acusações.** Revise os dados e evite a síndrome do "sim, mas". Estabeleça normas que resistam ao jogo da culpa de "a sobrecarga é por causa do foco de xyz, enquanto minha iniciativa é essencial". Lembre-se de que os projetos e iniciativas provavelmente foram implementados como abordagens sólidas para uma necessidade percebida no momento. O problema não é a qualidade, mas o efeito cumulativo, o volume, a sobreposição e a falta de clareza ou conexões. Tenha cuidado para não ter um processo de linha de frente demorado.

## 2. Construa uma abordagem colaborativa

**Reconheça que encontrar soluções para problemas complexos requer a inteligência e o talento de todos.** Crie uma equipe que seja pequena, mas representativa das camadas da organização, para elaborar um plano e fornecer liderança.

A equipe de liderança sênior deve desenvolver uma linguagem e uma abordagem comuns que sejam sustentadas e comunicadas de forma consistente em todo o sistema. Todas as partes da organização, incluindo sindicatos, funcionários, alunos e pais, devem sentir que têm um lugar no processo. A colaboração durante a implementação inicial e contínua é especialmente crucial.

## 3. Desenvolva uma estratégia precisa: reduzir, reenquadrar, remover

Reduza a desordem e a sobrecarga listando (em notas adesivas, por exemplo) e examinando as iniciativas atuais com o objetivo de reduzi-las e agrupá-las:

- Evite a tentação de tentar realinhá-las ou agrupá-las em uma nova imagem da maneira antiga. Comece com a aprendizagem do aluno. Pergunte: "Que aprendizado queremos para nossos alunos?", em vez de começar com, por exemplo, "Como implementaremos os Padrões Estaduais do Núcleo Comum (CCSSs, do inglês *Common Core State Standards*)?".
- Identifique o foco guarda-chuva que captura essa visão. Pode ser aprendizagem do século XXI, alunos alfabetizados, preparação para a faculdade e a carreira, alfabetização ou outros. O processo precisa ser inclusivo o suficiente para envolver todos.
- Cite os dois ou três objetivos ambiciosos que você precisará perseguir se quiser atingir essa visão.
- Desenvolva uma estratégia para atingir os objetivos. Identifique o apoio necessário. Não tente apenas ajustar todos os programas e iniciativas atuais aos novos objetivos. Em vez disso, identifique o que é necessário e analise os projetos ou apoios atuais para determinar a adequação.

Reformule as conexões entre os objetivos para superar a fragmentação:

- Nessa etapa, os *designers* ou a equipe de trabalho podem ver as conexões e o plano geral, mas isso não tem significado para os usuários. É preciso desenvolver uma imagem coerente, visualmente e em palavras das peças e como elas se conectam.

Remova as escolhas erradas, que podem ser projetos ou inovações atraentes:

- Identifique as perdas de tempo e as ineficiências. Frequentemente, essas são questões de gerenciamento que tiram tempo do foco do aprendizado e mantêm o sistema desequilibrado. Por exemplo, o Hawaii Department of Education criou uma equipe de trabalho com o objetivo de reduzir em 25% a papelada, os formulários e as demandas do tempo do líder escolar para apoiar os líderes a focarem na alfabetização. Em três meses, eles reduziram os requisitos em quase 50%, identificando a duplicação entre departamentos, dados coletados, mas não usados, e outras ineficiências. Isso enviou uma forte mensagem ao campo de que eles levavam a sério a direção focada.

- Dê permissão aos líderes para dizer não. Uma vez que os objetivos e a estratégia são bem compreendidos e administráveis, os líderes têm uma justificativa para dizer não à grande quantidade de pedidos que bombardeiam escolas e distritos.
- Evite objetivos brilhantes e outras possibilidades atraentes. As escolhas erradas podem ser projetos, iniciativas ou apoios muito úteis e eficazes. A chave está em discernir a relevância da nova ideia aos objetivos e à estratégia atual. Pode ser uma grande inovação, mas não neste momento.

Kirtman e Fullan (2015) têm um capítulo sobre "mover a conformidade para o lado do prato". A ideia não é ser um rebelde só por ser, mas mudar o jogo da perspectiva de avaliação de conformidade para o foco intencional.

## 4. Cultive o engajamento

**Comunique-se com frequência e escute mais ainda.** Evite confiar em demasia na mídia impressa ou digital e, em vez disso, envolva todos os grupos com os objetivos e a estratégia, permitindo que conversas enriquecedoras desenvolvam significado para todos. Use as mídias sociais para reforçar essas discussões. Ciclos de compartilhamento e revisão levarão a uma linguagem comum sobre direção, compreensão mais profunda e compromisso.

Crie oportunidades de contato com todos os grupos regularmente ao longo do tempo – por exemplo, superintendentes podem iniciar as reuniões com diretores ou escolas discutindo e articulando os objetivos e a estratégia (testemunhamos isso na região de York; leva menos de 10 minutos) e, a partir disso, verificando o progresso e perguntando o seguinte: o que está indo bem? Com o que precisamos nos preocupar ou agir? Oferecer um fórum autêntico para uma conversa consistente e significativa sobre os objetivos e a estratégia reforçará a linguagem comum e a compreensão da direção, bem como criará senso de propriedade coletiva dos resultados.

Uma vez que o propósito e os objetivos sejam identificados, é fundamental que todos percebam que existe uma estratégia bem definida para alcançá-los e que sejam capazes de ver seu papel nela. As pessoas precisam ficar cada vez melhores em "conversar na caminhada".

## CLAREZA DA ESTRATÉGIA

Clareza e coerência não se referem apenas a objetivos; na realidade, também tratam de estratégia. A clareza é subjetiva – está evidente na mente e nas ações das pessoas? Elas podem conversar na caminhada com facilidade e especificidade?

Definimos coerência como uma mudança na **mentalidade compartilhada** em vez de alinhamento, que trata de acertar as estruturas. O alinhamento no papel não gera clareza. Novas culturas, sim. Por exemplo, um distrito ou uma escola pode usar as etapas apresentadas na última seção e criar um conjunto de objetivos e estratégias cuidadosamente alinhados no papel. As estratégias e os recursos podem ser conceitualmente vinculados aos objetivos. Nada disso dará aos participantes as experiências e a capacidade de se tornarem claros sobre o que isso significa na prática (nesse sentido, a clareza segue a capacidade mais do que a precede). Em outras palavras, o desenvolvimento de novas habilidades (capacidades) – especialmente com os outros – *aumenta* a clareza e, por sua vez, o comprometimento. Obter tração na coerência para a mudança de todo o sistema significa construir uma interação contínua e intencional ao longo do tempo, com a expectativa de que todas as escolas melhorem a aprendizagem de todos os alunos. Portanto, a clareza precede a coerência.

Como afirmamos no Capítulo 1, os processos de mudança bem-sucedidos são uma função de modelar e remodelar boas ideias à medida que desenvolvem capacidades e senso de propriedade. Isso pode ser demonstrado cruzando a explicitação (clareza das ideias) com o clima de mudança (o processo de mudança), como apresentado na Figura 2.2. A coerência torna-se uma função da interação entre a crescente explicitação da ideia e a cultura de mudança.

Vamos examinar as quatro combinações e os seus resultados.

## Superficialidade

Começando com o quadrante superior esquerdo – pouca explicitação e um bom clima – as pessoas estão se dando bem, mas não estão fazendo muito. Chamamos isso de superficialidade. Se a estratégia de melhoria não for precisa, acionável e clara, podemos ver atividade, mas em níveis muito superficiais.

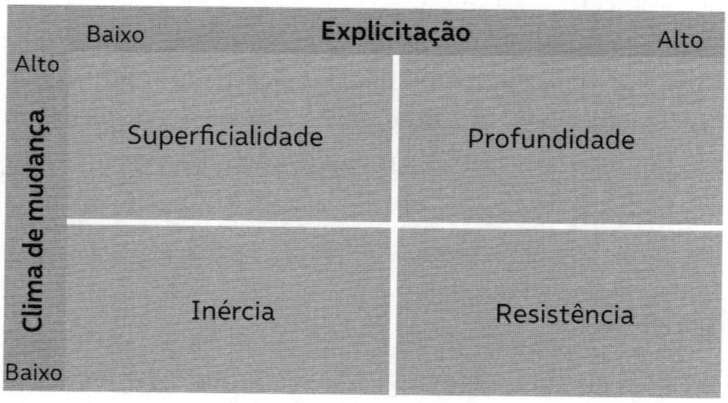

| | Baixo Explicitação Alto | |
|---|---|---|
| Alto | Superficialidade | Profundidade |
| Clima de mudança | | |
| Baixo | Inércia | Resistência |

Clima de mudança (eixo vertical): Descreve o grau em que uma cultura apoia a mudança, promovendo confiança, isenção de julgamentos, liderança, inovação e colaboração.

Explicitação (eixo horizontal): Descreve o grau de explicitação da estratégia, incluindo a precisão dos objetivos, a clareza da estratégia, o uso de dados e os apoios.

**Figura 2.2** Quadrante da qualidade da mudança.

## Inércia

De muitas maneiras, o quadrante inferior esquerdo representa a história da profissão docente – atrás da porta da sala de aula, onde os professores se deixavam ficar sozinhos. Isso significa que os professores tinham uma licença para ser criativos, mas também tinham licença para ser ineficazes (e talvez nem saibam disso). No primeiro caso, os professores inovadores recebem pouco *feedback* sobre suas ideias, as quais nem ficam disponíveis para outros. No caso de professores isolados e pouco eficazes, eles recebem pouca ajuda para melhorar. Chamamos isso de inércia – as pessoas continuam fazendo o que já estão fazendo.

## Resistência

O quadrante inferior direito também é interessante porque, nesse cenário, os formuladores de políticas e outros indivíduos investem no desenvolvimento de inovações específicas (ou compram programas disponíveis no mercado) – talvez com um alto grau de explicitação –, mas não envolvem os professores de forma suficiente no desenvolvimento de propriedade e novas capacitações. Se os programas em questão forem sólidos, eles podem resultar em alguns ganhos em curto prazo (ajustando um sistema que de outra forma seria frouxo), mas como os professores não se envolveram em moldar as ideias ou a estratégia, a inovação diminui devido à falta de senso de pertencimento e propriedade. Quando as condições para a mudança são fracas, há pouca confiança ou colaboração, portanto, há pouca vontade de inovar ou assumir riscos. Quando isso é combinado com uma estratégia muito diretiva que faz grandes demandas ou mandatos, a resistência e a força para recuar aumentam.

## Profundidade

O ambiente ideal combina um forte clima para mudanças com uma estratégia explícita. Quando as pessoas estão operando em condições de muita confiança, colaboração e liderança eficaz, elas ficam mais dispostas a inovar e assumir riscos. Se equilibrarmos isso com uma estratégia que tenha precisão, clareza e medidas de sucesso, vemos as mudanças implementadas com profundidade e impacto. Veremos mais sobre isso no Capítulo 4, sobre o aprofundamento da aprendizagem.

    O organizador baseia-se e estende o conceito de fluxo (*flow*) que sugere que a experiência ideal ocorre quando os desafios são equilibrados com as habilidades (CSIKSZENTMIHALYI, 2008). Propomos que as organizações precisam encontrar essa interseção de alta clareza e forte propriedade se quiserem se desafiar e se engajar em um processo de alto desempenho. Isso requer uma força coerente de liderança em todos os níveis para definir e sustentar a nova direção e criar as condições para apoiar o crescimento. No nível distrital, pode ser uma coalizão de 3 a 20 (dependendo do tamanho do distrito) líderes-chave que interagem continuamente para ter uma compreensão compartilhada dos objetivos principais, bem como das estratégias que serão usadas para implementá-los. No nível escolar, as equipes de professores e os diretores desempenham um papel vital na formulação de estratégias de implementação, na criação de capacitação e no monitoramento do progresso. A interação entre um clima forte para mudanças e uma estratégia explícita para atingir os objetivos promove e sustenta a confiança, a comunicação, a conexão e um trabalho significativo.

## LIDERANÇA PARA A MUDANÇA

O ritmo e a complexidade da inovação e da mudança hoje – combinados com o surgimento de conexões digitais instantâneas – estão alterando nossas noções de um processo de mudança eficaz para uma dinâmica muito mais fluida. Os líderes continuam sendo cruciais na criação de uma fonte de inspiração e esperança para a ação, estabelecendo condições propícias e moldando um caminho para a mudança; entretanto, o novo processo de mudança abandona uma perspectiva de estágios sequenciais e discretos do alinhamento tradicional de políticas, recursos, desenvolvimento de habilidades e apoios (alinhando as peças) para um processo mais orgânico de difusão e aprendizagem contínua. Nessas condições, a pergunta final é: como podemos ajudar as pessoas durante esse processo e obter maior coerência enquanto o fazemos? Essa é a sofisticação da liderança para a mudança.

Há muito se afirma que a mudança é um processo, não um evento. O papel do líder é gerenciar a transição do estado atual para o futuro. Usamos uma metáfora de dois aquários para descrever o desafio de mudar indivíduos e organizações da prática atual para a prática futura (ver Figura 2.3).

A dificuldade de mudar a prática ou passar de um aquário para outro é composta por dois fatores adicionais de confiança e competência. Alguns não acreditam que têm a capacidade de dar o salto do espaço que eles conhecem para uma nova maneira de pensar e fazer. Mesmo que sejam bons nadadores no aquário atual, não sabem se têm as habilidades para dar o salto ou se serão nadadores na nova maneira que se apresenta. Eles não têm confiança para dar o salto. A questão da competência é um problema intimamente relacionado. Alguns não são bons nadadores ou saltadores e têm um bom motivo para temer; outros podem não ter as habilidades para nadar na nova maneira de pensar e agir. Pode-se ver, tanto pela confiança quanto pela competência, que tanto a construção de capacidades quanto um clima de apoio são elementos cruciais. Líderes de mudança eficazes sabem disso.

| Familiar | Desconhecido |
|---|---|
| Ao considerarmos o aquário à esquerda, a maioria dos peixes se sente confortável em seu aquário porque está familiarizada com suas circunstâncias, embora possam estar insatisfeitos. | Compare isso com o aquário à direita, que está cheio de incógnitas. |
| As expectativas do tipo de natação são tradicionais e conhecidas. | As expectativas do tipo de salto e natação exigidos no novo aquário não são claras. |
| O nível de colaboração é o *status quo* – eles sabem quem está no aquário e como interagir. | A colaboração ainda não está estabelecida, por isso têm poucos amigos ou colegas e as estruturas de apoio são desconhecidas. |
| As recompensas atuais são compreendidas e eles sabem como sobreviver. | As recompensas estão distantes e muitas vezes carecem de especificidade, enquanto os perigos de pular estão no presente. |

**Figura 2.3** A prática da mudança.

A metáfora do aquário fornece pistas de como apoiamos os outros para mudar a prática:

- Promova a clareza do propósito para o salto e a especificidade do destino.
- Apoie os primeiros a saltar e aprenda com suas tentativas.
- Desenvolva a capacidade dos outros de saltar com apoio.
- Crie uma cultura de colaboração na qual o salto possa ser estimulado.
- Reconheça os sucessos nos saltos em todos os pontos da jornada.

Não queremos levar a metáfora muito longe, mas ela ressalta uma questão final: precisamos tornar a jornada de mudança real para as pessoas – trazê-la à vida. Conecte-a com o que elas sabem (o exemplo simples do aquário) como um catalisador para ter conversas honestas sobre suas preocupações, desejos de mudança e necessidades de apoio.

Aprendemos muito sobre os prós e contras da liderança de mudança trabalhando com profissionais líderes. Eles entendem e fomentam a nova dinâmica de mudança em que o progresso não é linear. As grandes descobertas são as seguintes:

- Os melhores líderes usam a nova dinâmica de mudança para levar suas organizações adiante e "participar como aprendizes".
- Eles equilibram e integram estratégias de *push* (escuta) e *pull* (definição de premissas).
- Eles constroem capacitação e integração vertical e horizontal.

## 1. A nova dinâmica de mudança

Gerenciar a transição nesse ambiente de mudança complexo exige uma dinâmica de processo de mudança mais fluida, que é detalhada na Figura 2.4.

### Visão direcional

A visão direcional emerge do trabalho em parceria para desenvolver um propósito e uma visão compartilhados e pelo envolvimento em conversas colaborativas contínuas que constroem linguagem, conhecimento e expectativas compartilhadas. Os líderes desempenham um papel essencial na definição, articulação e formação contínua de um caminho para a nova visão. Em tempos de mudanças tão rápidas, não se trata de prescrever todas as nuances da jornada, mas de definir a direção geral e estabelecer as condições favoráveis que estimulam o crescimento e a inovação. Conforme o grupo colabora no trabalho, passa a internalizar conceitos, compartilhar histórias de sucesso e construir comprometimento.

**Figura 2.4** O novo processo de mudança.

## Inovação focada

Conforme os líderes tentam gerenciar inovações como a implementação dos CCSSs combinada com o surgimento do mundo digital nas salas de aula, estamos vendo uma prototipagem mais rápida semelhante à descrita na estratégia de "*startup* enxuta" (RIES, 2011). A capacidade de se conectar profundamente entre escolas, distritos e até mesmo globalmente significa que mais ideias estão surgindo e podem ser compartilhadas e refinadas. O catalisador para a mudança de práticas pode vir de qualquer lugar da organização. Líderes e organizações fortes buscam as inovações iniciais e as apoiam. Eles convidam à inovação, permitem a ocorrência de erros, desde que as pessoas aprendam com eles, e reconhecem o papel das primeiras tentativas para o processo de aprendizagem. Como Andreas Mayer, o diretor da W. G. Davis School em Ontário, disse, é preciso dar dois passos para trás para dar três passos à frente. A teoria da *startup* enxuta nos diria que as primeiras versões do novo caminho provavelmente serão inferiores, mas, se recontarmos histórias das primeiras inovações, isso trará visibilidade ao trabalho e fornecerá um aprendizado poderoso e contagioso e, por fim, levará a uma melhor versão. Nessa etapa, o importante não é a arregimentação da implementação tradicional com um único caminho, o desenvolvimento obrigatório de capacidades e a conformidade. Os líderes precisam definir a visão direcional, permitir a experimentação conectada à visão, implementar mecanismos para aprender com o trabalho e, então, estabelecer maneiras de compartilhar as abordagens promissoras em toda a organização.

## Difusão da próxima prática

À medida que novas ideias e abordagens surgem, as organizações precisam não apenas desenvolver novas capacidades, mas também cultivar maneiras intencionais de aprender com o trabalho – para compartilhá-las de forma mais estratégica e unir os fios de práticas promissoras para torná-las visíveis a todos.

Na fase de difusão, escolas e distritos precisam desenvolver conhecimento para fazer o seguinte:

- Cultivar múltiplas fontes internas de inovação.
- Apoiar locais seguros para assumir riscos.
- Desenvolver capacitação vertical e lateralmente em toda a organização.
- Oferecer oportunidades para uma colaboração mais profunda dentro e entre as escolas.
- Desenvolver mecanismos para criar e compartilhar percepções e conhecimentos coletivos.

O desenvolvimento de capacidades é uma alavanca fundamental para a mudança. Ela precisa de um foco claro conectado à aprendizagem do aluno, práticas eficazes e ciclos sustentados de aprendizado. Cada vez mais, as necessidades de capacitação estão borbulhando na organização, uma vez que as condições estão estabelecidas. Aqui estão dois exemplos da nova dinâmica de mudança nos distritos com os quais estamos trabalhando:

> O Distrito Unificado de Pittsburg, na Califórnia, precisava introduzir os CCSSs para construir uma linguagem e um conhecimento comuns das mudanças que viriam. Em vez de contratar consultores ou usar especialistas internos, sua abordagem inovadora foi selecionar 85 professores do distrito e dar-lhes a tarefa, o tempo e os recursos para projetar uma experiência de aprendizagem para um dia profissional comum a todos os docentes do distrito na abertura do ano letivo. Essa abordagem enviou mensagens muito fortes ao sistema de que, como distrito, fazemos o seguinte:
>
> - Colaboramos para aprender sobre essa inovação juntos.
> - Valorizamos a experiência de nossos professores.
> - Confiamos no profissionalismo da equipe.
>
> Pittsburg faz parte de uma colaboração que reúne equipes de liderança escolar de todo o distrito quatro vezes ao ano, todos os anos. Em uma sessão recente, os professores compartilharam que estão vendo uma evolução notável no nível de pensamento de seus alunos em apenas alguns meses, à medida que deixam de ensinar as respostas para ajudá--los a elaborar as perguntas. Eles dizem que esse é um trabalho muito mais difícil do que o dos anos anteriores, mas são estimulados pelos ganhos que estão vendo à medida que os alunos florescem. Sentem--se confortáveis em compartilhar seus desafios e sucessos nas escolas, o que serve para elevar o padrão para todos enquanto semeiam as próximas práticas. As condições favoráveis de confiança, transparência lateral e vertical e criação de capacidades promovem ímpeto para que as escolas assumam a liderança.

Um segundo exemplo de difusão surge em uma escola de ensino médio, uma das 240 escolas do Peel District School Board, em Ontário, no Canadá.

Na Central Peel High School, filmamos professores dessa escola que atendiam uma população diversificada, e que haviam falado sobre identificar problemas três anos antes, quando as taxas de conclusão estavam caindo, as matrículas estavam diminuindo, o comportamento perturbador estava aumentando e os alunos estavam apáticos. A equipe passou um tempo procurando soluções e decidiu que os alunos precisavam de um ambiente mais envolvente e em sintonia com seu mundo fora da sala de aula. Apesar de na escola se sentirem inseguros sobre como mudar seus hábitos, instituíram uma política de "traga seu próprio dispositivo" (BYOD, do inglês *bring your own device*). O diretor, Lawrence DeMaeyer, estabeleceu uma "cultura do sim", na qual havia liberdade para experimentar coisas novas sem julgamento. Alguns professores estavam mais adiantados do que outros na jornada e começaram a compartilhar conhecimentos usando aplicativos e tecnologias. O comitê de tecnologia cresceu de oito para 30 membros à medida que o interesse aumentou, e o processo mudou rapidamente – abandonando o foco nos dispositivos e buscando o foco na pedagogia como principal direcionador. Em dois anos, eles viram um aumento nas taxas de retenção, várias medidas de engajamento dos alunos e uma equipe revitalizada. No segundo ano, o distrito também adotou uma política de BYOD e as oportunidades de recursos e desenvolvimento de capacidades começaram a aumentar. Mais uma vez, vemos um grande movimento evoluindo da visão direcional combinada com a liberdade para inovar e mecanismos intencionais para compartilhar o aprendizado (THE PERFECT..., 2014).

*Ciclos sustentados de inovação*

Uma vez que a mudança positiva começa, o desafio é como sustentá-la. Reconhecemos que o ciclo nunca terminará em um mundo em rápida mudança. Liderar para um futuro desconhecido significa que os líderes devem promover ciclos de inovação, atraindo e selecionando talentos, proporcionando uma cultura de confiança e exploração, sintetizando o aprendizado obtido a partir de inovação, fornecendo caminhos de comunicação de registro vertical e horizontal na organização e celebrando cada etapa da jornada em evolução. Isso não apenas promove o crescimento atual, mas também reforça os ciclos de inovação, com base no conhecimento emergente e na criação de um ambiente com potencial cada vez maior.

## 2. Equilibre as estratégias de puxar e empurrar

Grandes líderes leem situações e pessoas. Eles constroem relacionamentos fortes e buscam *feedback* de todas as fontes. Esses atributos dão a eles uma visão de quando definir ou ser assertivo, e quando precisam atrair as pessoas ou segui-las. Os melhores líderes usam a estratégia de puxar e empurrar (ou definição de premissas e escuta) combinadas.

Um exemplo ilustrativo é o da Peters Elementary School em Garden Grove Unified, que atende 650 alunos da pré-escola, 77% de ELL, 56% de latinos, 21% de vietnamitas e 81% de alunos que têm acesso ao almoço gratuito ou a preço reduzido. A diretora, Michelle Pinchot, conta que chegou à escola e decidiu passar alguns meses ouvindo atentamente professores, pais e alunos. Ela percebeu que muitos dos alunos não sabiam ler e deu a si mesma cinco anos para criar a cultura e as estruturas que melhorariam a aprendizagem. Michelle teve o cuidado de inicialmente construir relacionamentos, mas não se atrapalhar nesse processo; na verdade, uma vez que se constrói uma conexão inicial, a melhor maneira de desenvolver relacionamentos mais profundos é **por meio de ações com propósito**.

A primeira estratégia de definição foi confrontar os dados, reconhecer que os alunos poderiam se sair melhor e eliminar as desculpas com base na experiência e nas circunstâncias dos estudantes. A segunda estratégia foi criar três equipes: a primeira para questões de gerenciamento, a segunda para dados e a terceira para currículo e instrução. A diretora reuniu-se com as três equipes e trabalhou ao lado dos professores nas questões (participou como aprendiz). A estratégia utilizada nesse caso abria espaço para que os professores determinassem os objetivos específicos de cada uma das equipes e fossem convidados a participar. O número de docentes voluntários para o trabalho tem aumentado a cada ano. Quando observamos a escola, ficou evidente que as equipes assumiram a responsabilidade por seus mandatos. Os membros das equipes têm orgulho de suas contribuições, e todos puderam facilmente articular as metas e a estratégia que estavam adotando para alcançar um aprendizado aprimorado. Os resultados dos alunos em leitura aumentaram, alcançando mais de dois dígitos (11%) pela primeira vez. A diretora e um número crescente de professores-líderes conseguiram dominar o processo de estratégia utilizando as equipes como uma alavanca para a melhoria por meio de uma visão direcional clara (todos os nossos alunos lerão), possibilitando condições (equipes colaborativas), fóruns para interação significativa e desenvolvimento de capacidades (OUR TEAMORK..., 2014).

### 3. Construa capacitação e integração vertical e lateral

Os líderes de mudança são intencionais nos processos de desenvolvimento de relacionamentos, compreensão compartilhada e responsabilidade mútua vertical (em todos os níveis da organização) e horizontalmente (entre escolas, departamentos e divisões). O catalisador desse processo é a mobilização de um trabalho conjunto significativo que gere aprendizagem. À medida que os grupos se aprofundam na busca de soluções, eles têm mais clareza sobre o propósito e fortalecem o compromisso com os objetivos. A interação vertical e lateral focada ao longo do tempo promove maior coerência compartilhada.

Voltemos ao York Region District School Board para examinar como, em sua primeira fase, eles combinaram propósito, objetivos, clareza de estratégia e mudança de conhecimento para construir coerência em todo o distrito, o que teve como resultado a melhoria e o foco sustentados. Tal coerência, como dissemos, deve ser vertical (entre as escolas e o distrito) e horizontal (entre as escolas como pares).

## Propósito e objetivos claros

O propósito geral da região de York era a alfabetização definida de forma ampla para incluir o desenvolvimento do pensamento crítico, dos processos de solução de problemas e a comunicação em todos os níveis de ensino e áreas de conteúdo. O objetivo foi sustentado incansavelmente por 10 anos e ampliado pelo uso de dados de avaliação e estratégias de ensino. Cada membro da equipe pôde ver seu lugar nessa trajetória.

## Estratégia explícita

A alfabetização colaborativa foi estabelecida como uma alavanca-chave para o desenvolvimento de capacidades. As equipes de liderança de todas as escolas compostas pelo diretor e três a sete professores se reuniam pessoalmente quatro vezes por ano para desenvolver capacitação interna e se conectar com as equipes escolares e a estratégia distrital mais ampla.

A interação contínua e a **aprendizagem vertical e lateral** em todo o distrito desenvolveram uma linguagem comum e uma base de conhecimento sobre alfabetização e mudança. Isso evoluiu para conversar na caminhada – quando qualquer membro do distrito poderia articular os objetivos e a estratégia da escola e sua conexão com o distrito de forma significativa.

A **explicitação** da estratégia foi reforçada porque os 24 superintendentes assistentes estavam envolvidos no processo de alfabetização colaborativa, e a tomada de decisões e as estruturas estavam alinhadas com o foco geral na alfabetização.

## Liderança para a mudança

Uma forte cultura de aprendizagem foi promovida em todo o distrito. O superintendente, Bill Hogarth, atuou como aprendiz líder, aproveitando os primeiros minutos de cada sessão para revisitar os objetivos e a estratégia, mas sempre compartilhou um exemplo de implementação de suas visitas à escola ou uma perspectiva que aprofundou e ampliou o entendimento. Sua mensagem consistente e seu investimento em ir mais a fundo foram convincentes.

A interação lateral e vertical e a aprendizagem tornaram-se os elementos primordiais para a construção de coerência na região de York.

Como mencionamos anteriormente, a região de York está realizando um processo de desenvolvimento de uma visão renovada. Por isso, existem algumas lições a serem aprendidas aqui. Em primeiro lugar, a coerência alcançada, que eles tinham, não dura para sempre (ou seja, os tempos mudam, a inovação pressiona). Em segundo lugar, o novo processo deve ser colaborativo com as pessoas que estão lá – um grupo que é uma mistura de recém-chegados e de pessoas que já participaram do processo. Em terceiro lugar, nesse processo de renovação, York pode aproveitar sua capacidade já instalada como vantagem para alavancar e construir uma visão direcional renovada.

## DIREÇÃO FOCADA EM AÇÃO

Mais dois exemplos de caso ajudarão a ilustrar como a direção focada opera ao longo do tempo em grandes sistemas. Vamos observar um sistema provincial e um distrito urbano de alta pobreza.

### A história de Ontário

O desafio de alcançar altos níveis de qualidade e equidade na educação pública em distritos, estados ou países inteiros está emergindo como uma prioridade em todo o mundo. Três agências internacionais proeminentes, incluindo a Organização para a Cooperação e Desenvolvimento Econômico (OCDE), o McKinsey Group, o National Center for Education (NCEE) e a Economia nos Estados Unidos, identificaram Ontário como um exemplo poderoso de um governo que se propõe deliberadamente a melhorar todo o sistema e apresenta resultados (ORGANISATION FOR ECONOMIC COOPERATION AND DEVELOPMENT, 2011; MOURSHED; CHIJIOKE; BARBER, 2010; TUCKER; 2011). Na última década, Ontário subiu nas classificações do Programa de Avaliação Internacional de Alunos (PISA, do inglês Program for International Student Assessment) e a província foi eleita um dos sistemas de educação de melhor desempenho e que mais melhora no mundo (MOURSHED; CHIJIOKE; BARBER, 2010). A experiência de Ontário é um exemplo importante para outros países – e especialmente para seu vizinho, os Estados Unidos –, pois o fez com dados demográficos semelhantes e um sistema que é maior em tamanho do que 45 dos estados norte-americanos (HERMAN, 2013).

Usando uma estratégia de desenvolvimento de capacidades focada, vinculada a todas as escolas e distritos, houve ganhos significativos nas taxas de alfabetização, matemática e conclusão do ensino médio. Pesquisadores e visitantes internacionais observam consistentemente o alto grau de coerência do sistema educacional, que se reflete na consistência das boas práticas e no entendimento compartilhado das prioridades e estratégias de reforma em todos os níveis (FULLAN, 2010). Os líderes do conselho escolar distrital, sindicatos, professores e diretores são capazes de explicar com detalhes o que estão fazendo e por que – a estratégia por trás da ação e dos resultados. Ao manter um foco consistente em suas três prioridades principais à medida que desenvolvia capacitação e senso de propriedade em todos os níveis do sistema, o que começou como a agenda do governo tornou-se a agenda do sistema – um senso de propriedade compartilhada que vincula e mantém todos responsáveis, uns pelos outros e pelo sistema mais amplo.

Ontário é a maior província do Canadá, com mais de 13 milhões de habitantes, atendendo a uma população estudantil diversificada de mais de dois milhões de crianças, sendo que 27% dos alunos têm pais cuja língua materna não é o inglês (uma porcentagem que é muito maior em uma área urbana como a região de York). Ontário tem 4.000 escolas de ensino fundamental e 900 escolas de ensino médio funcionando em 72 distritos escolares locais, sendo que 95% de todos os alunos frequentam um dos quatro sistemas públicos. Apesar de sua grande e diversificada população de alunos, Ontário tem apresentado um bom e consistente desempenho em testes internacionais, incluindo o PISA, e tem mostrado um crescimento consistente e sustentável em seus indicadores de desempenho provinciais. Na última década, a porcentagem de alunos que alcançaram o ambicioso padrão provincial de nível 3 em alfabetização aumentou quase 20% e, durante o mesmo período, as taxas de conclusão do ensino médio aumentaram 25%. Além disso, lacunas importantes entre os estudantes foram reduzidas, como entre os alunos de educação especial e seus colegas em 8%, e dos alunos de língua inglesa e seus colegas. Da mesma forma, a porcentagem de alunos com desempenho no nível 1 diminuiu de 17% para menos de 6%. Entre as 900 escolas de ensino médio, as taxas de conclusão subiram de uma base de 68% para 84%.

Como se consegue uma direção tão focada e sustentada em todo um sistema? Os **direcionadores corretos**, uma **abordagem de desenvolvimento de capacidades** e a LFTM estão no centro da história de Ontário de mudança de todo o sistema (para um relato mais recente, consulte FULLAN; RINCÓN-GALLARDO, 2016).

Para compreender a profundidade da mudança, é importante examinar o contexto e a história da província. O governo que deteve o poder de 1995 a 2003 liderou com os **direcionadores incorretos**: intenção de cortes orçamentários massivos, responsabilidade punitiva e fomento da insatisfação pública com as escolas públicas, ao mesmo tempo em que culpava os professores. O resultado foi caracterizado pelo desempenho estagnado dos alunos, interrupções no trabalho e baixa moral dos professores (GLAZE; MATTINGLEY; ANDREWS, 2013; SATTLER, 2012). Em contrapartida, em 2003, um novo governo tomou posse com uma plataforma para fazer da renovação da educação pública uma de suas maiores prioridades. Sua estratégia baseou-se nos bolsões de inovação e conhecimento que existiam em toda a província e usou um plano de desenvolvimento de capacidades para formar parcerias com educadores e pais para melhorar a aprendizagem. O que diferencia a abordagem de Ontário de tantas outras é o senso de propriedade amplamente compartilhada da agenda de reforma por parte de professores, escolas e líderes do conselho escolar distrital.

Ao examinarmos a estratégia em mais detalhes, é importante observar que as sementes da mudança começaram a florescer muito antes de 2003. Na década de 1990, diversos distritos estavam apresentando liderança na mudança do sistema como um todo (em outras palavras, esses distritos estavam à frente do sistema). Eles desenvolveram os protótipos do que hoje chamamos de equipes de liderança escolar, institutos de aprendizagem sustentada para liderança e modelos de desenvolvimento de capacidades que possibilitaram capacitação vertical e horizontal. Esses distritos concentraram-se em aumentar a precisão instrucional, a alfabetização e o apoio às escolas para que fossem os direcionadores da mudança, e não recebedores de mandatos fragmentados. Ao perceber que não tinham uma maneira consistente de medir os resultados, formaram uma colaboração de 11 distritos para desenvolver um sistema de responsabilização que seria não punitivo e baseado em desempenhos autênticos dos alunos, e criaram processos de avaliação focados em ciclos de crescimento, não em listas de verificação. Quatro distritos formaram um consórcio com a University of Toronto e não apenas desenvolveram conhecimento, mas também criaram fóruns em toda a província para compartilhá-lo de maneira lateral.

Essa LFTM (a nível distrital) estava semeando inovação, construindo conhecimento e alcançando níveis superiores para influenciar o nível de políticas. Quando um "governo de direcionadores incorretos" (para usar nossa linguagem) foi eleito em 1995, com o objetivo de controlar e reduzir orçamentos, e não construir capacitação, esses distritos e líderes inovadores enfrentaram um ambiente hostil. Uma vez que os mecanismos formais para compartilhar seus conhecimentos entre os distritos eram limitados, seu impacto permaneceu nos bolsões. A capacitação que havia sido construída permaneceu, então os líderes continuaram a inovar internamente, mas permaneceram sob o radar. Assim que o novo governo assumiu o poder, em 2003, havia LFTM forte disponível nesses distritos inovadores para apoiar as novas orientações políticas. Em 2003, o novo governo e seu Ministério da Educação não tinham credibilidade no campo nem capacitação interna para implementar sua agenda de renovação. Assim, eles construíram parcerias fortes e alavancaram o talento e a liderança que existiam nos distritos para construir sua credibilidade e capacitação e atingir seus objetivos.

Diversas ações ousadas criaram uma nova cultura baseada em respeito, confiança, objetivos mútuos e uma infraestrutura de suporte sustentado. A estratégia incorporou recursos da Estrutura da Coerência: construindo direção e foco, culturas colaborativas, foco no desenvolvimento de capacidades e aprendizagem e responsabilidade transparente, mas não punitiva.

O foco foi claramente posto com uma agenda de política provincial moldada em torno de três objetivos ambiciosos que eram "rígidos", pois eram claros para educadores, pais e comunidade e sustentados por mais de uma década:

- Aumentar a proficiência em alfabetização e matemática e as taxas de conclusão do ensino médio.
- Reduzir a lacuna de desempenho para subgrupos (ELLs, educação especial, escolas em situação de pobreza) em relação aos três objetivos principais de desempenho.
- Aumentar a confiança do público nas escolas.

O apoio do governo foi inabalável e aprimorado por um grupo central de líderes que monitoraram a estratégia de implementação. Eles garantiram que o foco fosse mantido e apoiado, começando com um compromisso financeiro de US$ 2,6 bilhões a ser adicionado de volta ao sistema durante o primeiro mandato de quatro anos do governo. Outro elemento-chave da estratégia de direção focalizada envolveu a criação de uma nova entidade: a Secretaria de Alfabetização e Matemática (LNS, do inglês Literacy and Numeracy Secretariat).

Essa secretaria era composta por aproximadamente 80 pessoas – uma mistura de funcionários do Ministério da Educação (departamento de estado) e a maioria por meio de destacamentos de líderes altamente respeitados emprestados de distritos escolares para mandatos de três anos. A LNS focou no pequeno número de objetivos prioritários para a província e trabalhou com os 72 distritos escolares para criar foco e capacitação relacionada à implementação das prioridades. Sua função envolvia a construção de relacionamentos profundos com os líderes distritais para apoiar os distritos no cumprimento de suas metas prioritárias. O trabalho da secretaria utilizou uma estratégia de quatro alavancas que se concentrou em melhorar o ensino e a aprendizagem em sala de aula, melhorar a eficácia da escola, construir capacitação de lideranças e usar ciclos de pesquisa, monitoramento e avaliação (GALLAGHER, 2014).

Em primeiro lugar, a estratégia no nível fundamental (4.000 escolas) concentrou-se amplamente em elevar o padrão e eliminar a lacuna em relação à alfabetização e à matemática. No nível médio (900 escolas), a estratégia foi denominada *Student Success/Learning to 18*, e colocou à disposição dos alunos um professor em cada escola, que mobilizou recursos para acompanhar o progresso de cada estudante, forneceu instrução eficaz, ofereceu um menu mais explícito e rico de caminhos e programas para a conclusão do ensino médio, e promoveu o bem-estar dos alunos, incluindo a provisão de um adulto para formar relações de cuidado individualmente (GLAZE; MATTINGLEY; ANDREWS, 2013).

Em segundo lugar, o desenvolvimento de culturas colaborativas foi uma estratégia central, incluindo a colaboração escolar, a colaboração interescolar e interdistrital e a parceria com a LNS e o *Student Success*. Nenhum sistema educacional de alto desempenho foi capaz de melhorar seu desempenho como um sistema inteiro sem o apoio e a apropriação da agenda de reforma pelos professores. Um dos primeiros passos do novo governo foi **desenvolver uma cultura de respeito pelos professores como profissionais** e engajá-los na estratégia de renovação. O desenvolvimento da paz e da estabilidade no trabalho foi um passo necessário para estabelecer as bases para uma parceria contínua entre o governo, os distritos escolares e as escolas, o que foi reforçado quando um acordo coletivo de quatro anos foi assinado com sindicatos de professores em toda a província. Da mesma forma, os sindicatos estavam engajados em apoiar a aprendizagem profissional e forneceram orçamentos significativos para trabalhar em conjunto com os distritos e o governo.

Os educadores eram vistos como parceiros profissionais, e as soluções eram buscadas a partir do campo. Práticas promissoras dos primeiros distritos e escolas inovadoras foram identificadas e compartilhadas. Professores estavam engajados em criar exemplos, vídeos e recursos que foram amplamente compartilhados. Essa confiança no crescimento a partir de dentro, ampliada por especialistas, enviou fortes mensagens aos professores e líderes de que suas contribuições eram valorizadas. A resposta não foi percebida como um "programa, pasta ou aplicativo", mas como uma solução a ser desenvolvida em conjunto.

Em terceiro lugar, melhorar as práticas de ensino e de aprendizagem estava no cerne da estratégia de criação de capacitação. Investimentos foram feitos na capacitação coletiva relacionada à instrução e à liderança. A aprendizagem profissional sustentada, focada em um conjunto de práticas de ensino de alto rendimento, foi oferecida de forma consistente em toda a província para criar uma linguagem comum, base de conhecimento e conjuntos de habilidades para professores e líderes. As sessões de aprendizagem foram sempre acompanhadas de aplicações e redes de apoio, e a mudança foi acelerada com a fácil acessibilidade de exemplos de vídeo, suportes digitais e webinários criados por educadores e líderes de Ontário. O desenvolvimento de capacidades não foi obrigatória, mas, quando a qualidade era tão alta e tão acessível em vários formatos, sua difusão foi generalizada. Foi identificado um conjunto semelhante de estratégias de alfabetização de alto rendimento do sétimo ao décimo-segundo ano,[1] e as equipes de currículo foram convidadas a criar bancos de recursos adaptados às suas áreas de conteúdo. Esse engajamento de conhecimento garantiu que as ofertas fossem relevantes e confiáveis, ao mesmo tempo em que reforçou a parceria e os objetivos.

---

[1] N. de R. T. Correspondentes no Brasil aos anos finais do ensino fundamental e ao ensino médio.

Em quarto lugar, Ontário adotou uma abordagem diferente em relação à prestação de contas. Como dissemos, a responsabilidade punitiva é um direcionador incorreto para a reforma educacional porque não produz os resultados desejados. Em vez disso, a estratégia de capacitação combinada com monitoramento e desenvolvimento e intervenção de apoio tem estado no centro da abordagem de Ontário. Eles evitaram usar dados de desempenho para classificar escolas ou distritos com base no aproveitamento e não identificam publicamente as escolas com reprovação. As informações são usadas por escolas e distritos para identificar as principais áreas de melhoria e informar o desenvolvimento futuro.

Quando Ontário identificou 800 escolas consideradas com baixo desempenho ou estacionadas, foi criado um modelo de intervenção abrangente para fornecer suporte direcionado, não punitivo e transparente, chamado Ontario Focused Intervention Partnership (OFIP). A abordagem construiu a capacitação coletiva das equipes de professores para direcionar melhor as estratégias de ensino e atender às necessidades de seus alunos usando um modelo de investigação colaborativo. Os resultados foram contundentes, com menos de 100 escolas ainda com desempenho insatisfatório após três anos de uso. Além dos resultados dos alunos, a estratégia enviou uma mensagem clara às escolas de que o governo estava interessado em trabalhar com elas para melhorar a aprendizagem. No ensino médio, a iniciativa Student Success School Support oferece apoio diferenciado para instituições em que o desempenho do aluno está abaixo do padrão provincial, incluindo sessões de aprendizagem profissional direcionadas para diretores e equipes com foco no monitoramento de dados e identificação de práticas de ensino.

Como uma organização de aprendizagem, Ontário desejava uma compreensão mais profunda das estratégias e condições que impulsionavam a melhoria. Em vez de uma mentalidade de "Por que você não pode ser mais parecido com seu irmão?", eles apresentaram um formato intencional para captar e compartilhar ideias. A publicação anual *Schools on the Move* apresentou uma série de escolas que estavam mais adiante na jornada. Cada história era concisa, com as instituições fornecendo *insights* sobre o que as ajudou no caminho. Programas como o Teacher Learning and Leadership Program (TLLP), projetado para professores experientes modelarem e compartilharem suas melhores práticas com outros educadores por meio de projetos de aprendizagem profissional autodirigidos e integrados ao trabalho, foram financiados e conectaram docentes e líderes em todo o sistema.

Observamos o recente estudo de caso de Ontário por Fullan e Rincón-Gallardo (2016), que dá detalhes adicionais a respeito de como o pequeno número de objetivos foi explícito e continuamente integrado em todos os aspectos da estratégia. Esses três objetivos principais no período de 2003 a 2014 – melhorar o desempenho dos alunos em alfabetização, matemática e conclusão do ensino médio; reduzir a lacuna para todos os alunos nessas realizações; e aumentar a confiança do público na educação – são incorporados e reiterados em todos os aspectos da estratégia. Eles são abordados diretamente no trabalho da LNS, uma vez que interage com distritos e escolas. À medida que a província gera políticas para o desenvolvimento docente, desenvolvimento de liderança, uso de dados de avaliação, e assim por diante, essas políticas adicionais são continuamente posicionadas e expressas como relacionadas aos três objetivos principais, embora estejam sendo desenvolvidas por outros departamentos e divisões. Na verdade, elas são desenvolvidas em parceria entre as divisões e o setor de educação (escolas e distritos).

Há outra lição de mudança aqui que prenunciamos em relação ao Capítulo 5 sobre responsabilização. Em vez de colocar responsabilidade, padrões para professores e diretores e planos de melhoria escolar como requisitos iniciais, a estratégia de Ontário desenvolveu essas áreas com os distritos, produzindo estruturas e ferramentas excelentes – Estrutura de Eficácia Escolar, Estrutura de Eficácia Distrital, Estrutura de Liderança de Ontário, Plano de Aprendizagem Anual do Professor, entre outras. Nenhuma delas é requisito, mas praticamente todos as utilizam – porque foram desenvolvidas em conjunto e porque existem expectativas normativas (pressão, se preferir) do sistema e dos pares de que devem ser usadas.

À medida que consideramos a mudança de todo o sistema em perspectiva, algumas iniciativas orientadas para o mercado, como escolas autônomas ou Teach for America (https://www.teachforamerica.org/), podem ser capazes de melhorar as chances e os resultados para alguns alunos, mas nenhuma teve sucesso em melhorar o desempenho dos estudantes e aumentar a equidade de resultados para todos de forma simultânea. A reforma de todo o sistema visa melhorar todas as escolas e todos os distritos de uma província, estado ou país, não apenas alguns. O caso de Ontário oferece um exemplo claro de que a mudança total do sistema é possível. Desde 2003, após anos de estagnação e baixo moral, o sistema educacional em Ontário melhorou drasticamente e continua a melhorar seu desempenho em medidas-chave: aumento do aproveitamento dos alunos, redução das lacunas de aproveitamento e aumento da confiança do público no sistema.

Resumidamente, essas melhorias são o resultado da combinação dos direcionadores corretos:

- Definir um pequeno número de objetivos ambiciosos diretamente relacionadas ao desempenho do aluno.
- Promover culturas colaborativas com foco na melhoria da instrução dentro e entre as escolas, bem como entre as escolas e o sistema mais amplo.
- Melhorar o ensino e a aprendizagem em todos os níveis do sistema, usando uma abordagem de desenvolvimento de capacidades.
- Usar abordagens de responsabilidade transparentes e não punitivas.

Essa combinação dos direcionadores corretos, de parceria e de alavancagem da LFTM gerou ganhos em Ontário que são sustentáveis e consideráveis porque eles desenvolveram capacitação interna para melhoria contínua.

## A história de Garden Grove

O segundo exemplo é a história do distrito de Garden Grove Unified, na Califórnia, e como ele obteve ganhos consideráveis para os alunos na última década. Garden Grove tem cerca de 80 escolas com pouco menos de 50 mil alunos, atendendo a uma população estudantil diversificada de 86% dos estudantes latinos e asiáticos com uma taxa média de pobreza de 72%. Uma década atrás, a taxa de conclusão era de 24% – muito abaixo do estado, com notas de leitura e matemática nos percentuais mais baixos. Dez anos depois, as taxas de conclusão, bem como notas de leitura e matemática ultrapassaram as do estado, e os estudantes superam seus pares urbanos de melhor desempenho, demonstrando um crescimento consistente geral e particularmente para pessoas de minorias e em situação de pobreza.

Um relatório recente sobre a colaboração da Califórnia resumiu seis elementos inter-relacionados que se tornaram parte de sua cultura e estratégia (KNUDSON, 2013):

1. Centralidade de professores e alunos.
2. Coerência.
3. Ênfase nos relacionamentos.
4. Mentalidade de serviço de escritório central.
5. Confiança e capacitação.
6. Orientação para melhoria contínua.

Trabalhando com Garden Grove, vimos em primeira mão como líderes qualificados combinam os quatro elementos da direção focada.

Em primeiro lugar, Garden Grove ancora seu esforço em uma busca incisiva e persistente de objetivos básicos de aprendizagem para todos. O foco no aprendizado do aluno é implacável. Muitas vezes, ouvimos a afirmação "todos os alunos podem aprender", mas, em Garden Grove, as estratégias são elaboradas para que isso aconteça. Combinada com um foco absoluto no aprimoramento acadêmico, existe uma profunda preocupação com o bem-estar e as oportunidades de vida, conforme demonstrado por meio do forte programa de bolsas de estudo.

Em segundo lugar, os objetivos centrais estão ligados à medição do impacto. A melhoria da leitura e da matemática e a preparação para a universidade e a carreira foram articuladas, avaliadas, monitoradas e revisadas de forma transparente, bem como foram objeto de desenvolvimento de capacidades. No geral, Garden Grove tem se concentrado em aumentar as oportunidades de vida para pessoas com baixo desempenho e crianças em situação de pobreza. Os resultados mostram os frutos desse esforço. Garden Grove começou bem abaixo das médias de desempenho dos alunos estaduais no início dos anos 2000, e agora está bem acima desse índice.

Em terceiro lugar, Garden Grove desenvolveu uma estratégia e uma cultura fortes e claras (chamadas localmente de "Garden Grove Way" – A maneira de Garden Grove), que consiste em quatro elementos:

1. A melhoria contínua da qualidade do ensino e a disseminação das melhores práticas e ideias de ensino para atingir esses objetivos em todo o sistema são um foco implacável. As estratégias principais foram identificadas e um suporte consistente é fornecido para construir conhecimento em todos os níveis.
2. A capacitação de professores é vista como o caminho para a melhoria, conforme articulado pela ex-superintendente Laura Schwalm: "Você nunca será um distrito melhor do que seus professores". A seleção de estratégias centrais evitou o problema dos "bolsões de sucesso", usando um plano de capacitação coletiva para alcançar resultados. Esse sucesso se espalhou por todo o distrito e, com essa base implantada, há maior confiança e autonomia para as escolas abordarem a aprendizagem mais profunda, acelerada pela tecnologia.
3. O distrito valoriza muito seus relacionamentos e toma muito cuidado com o recrutamento e a contratação das melhores pessoas e com o desenvolvimento de sua capacitação por meio de indução, *coaching*, mentoria e uma vida inteira de aprendizado. É estimulado o desenvolvimento de líderes escolares e de professores em funções de designação especial, a fim de fomentar a capacitação de ensino em todo o distrito.
4. A cultura e a colaboração são generalizadas. As pessoas falam com orgulho do Garden Grove Way como uma aspiração por qualidade e uma valorização dos alunos e de cada um. A equipe do escritório central é muito enxuta, mas muito conectada ao campo. O trabalho é conectado horizontal e verticalmente, criando uma cultura integrada.

Em quarto e último lugar, o desenvolvimento da liderança para a mudança tem sido fundamental para o sucesso de Garden Grove. Os líderes viram a mudança como um processo e têm sido persistentes em fazer o trabalho árduo para mover todas as escolas, não apenas algumas. "Se você quiser mover algo difícil de mover, todos precisam estar empurrando na mesma direção. É preciso mais do que objetivos. É preciso trabalhar e compartilhar a estratégia dia após dia" (SCHWALM, 2014, documento *on-line*). Os líderes de Garden Grove têm tido o cuidado de não se distrair com as últimas tendências da educação, incluindo até não concorrer a subsídios que achavam que diminuiriam a concentração nos objetivos centrais. Resumindo, Garden Grove manteve um foco claro na melhoria da instrução, construiu um envolvimento amplamente compartilhado e estimulou a capacitação.

Os líderes dominaram a estratégia de puxar e empurrar. Nos primeiros anos, a seleção de estratégias e objetivos era mais diretiva e "agressiva" para obter resultados. Com o aumento da capacitação, agora o distrito está envolvendo líderes e professores na determinação dos próximos passos. Mais colaboração é evidente ao lidar com questões como práticas comuns de avaliação e inovações no uso digital.

As relações verticais e laterais são abordadas e sua estrutura enxuta de liderança distrital reforçou a consistência da mensagem em torno de objetivos e estratégia e aprofundou os relacionamentos verticais. Além disso, o surgimento de parceiros de aprendizagem em todo o distrito para líderes escolares e o trabalho de professores em atribuições especiais são exemplos de redefinição de relacionamentos e construção de conexões entre papéis e unidades.

## CONSIDERAÇÕES FINAIS

Neste capítulo, mostramos como os sistemas bem-sucedidos se concentraram em uma direção focada, e que o foco não é apenas uma questão de ter objetivos inspiracionais. É um processo que envolve engajamento inicial e contínuo em torno dos objetivos centrais perseguidos persistentemente. Os distritos e os estados que desenvolvem uma direção focada são orientados por objetivos, selecionam um pequeno número de metas ambiciosas vinculadas ao impacto, são capazes de desenvolver a clareza da estratégia para atingir as metas e usar o conhecimento da mudança para atender às necessidades adaptadas ao seu contexto. Eles são focados e aprendem à medida que vão se adaptando e aprofundando seus objetivos e estratégias centrais. Por fim, lembre-se de que a "construção de direção e foco" nunca termina. Está sempre em andamento.

À medida que nos aprofundamos na estrutura, já vimos rapidamente três outros elementos principais da Estrutura da Coerência: cultivar culturas colaborativas, aprofundar a aprendizagem e garantir a responsabilização. Precisamos tratar cada um desses elementos de maneira adequada, começando com o cultivo de culturas colaborativas – um fenômeno tão poderoso quanto fácil de errar.

Antes de prosseguir, revise o Infográfico 2 sobre a construção de direção e foco.

## 44  Fullan e Quinn

### Orientada por propósitos

Líderes eficazes promovem propósitos morais quando:

- Constroem relacionamentos com todos, incluindo aqueles que discordam, são céticos ou até mesmo cínicos
- Ouvem e compreendem a perspectiva dos outros
- Demonstram respeito por todos
- Criam condições para conectar os outros ao propósito

Os líderes devem primeiramente entender seu próprio propósito moral e serem capazes de combinar valores pessoais, persistência, inteligência emocional e resiliência.

### Construindo direção e foco

Foco não é apenas uma questão de ter metas inspiracionais. É um processo que envolve engajamento inicial e contínuo.

Cultivando culturas colaborativas

Liderança

Garantia de responsabilização

Aprofundando a aprendizagem

### Metas que impactam

Enfoque de quatro etapas para enfrentar o problema da "iniciatividade":

- Ser transparente
- Construir um enfoque colaborativo
- Desenvolver uma estratégia clara
- Cultivar o engajamento

### Liderança para a mudança

O novo processo de mudança é mais orgânico, envolvendo a difusão de aprendizagem contínua.

- A nova dinâmica da mudança
- Equilibrar estratégias *push* (p. ex., definição de premissas e direcionadores) e *pull* (p. ex., escuta e construção coletiva)

- Construir capacitação e integração verticais e laterais

### Clareza de estratégias

Desenvolver novas habilidades (capacidades), especialmente com outros, aumentar a clareza e, consequentemente, o compromisso.

A coerência torna-se uma função da interação entre a crescente explicitação da ideia e a cultura da mudança.

| Clima de mudança | Baixo — Explicitação — Alto |
|---|---|
| Alto | Superficialidade / Profundidade |
| Baixo | Inércia / Resistência |

 Uma versão colorida deste infográfico também está disponível para *download* no material complementar a este livro em loja.grupoa.com.br

**Infográfico 2.** Construindo direção e foco.

# 3
# Cultivando culturas colaborativas

**Procuram-se homens**

Para viagem perigosa, salário baixo, frio intenso, longos meses de escuridão total, perigo constante, retorno seguro duvidoso, honra e reconhecimento em caso de sucesso.

—*Ernest Shackleton*

O destino dos líderes hoje pode não ser tão terrível como descrito no suposto anúncio de Shackleton para sua expedição ao Polo Sul, mas a função certamente é assustadora, pois os líderes precisam envolver e motivar outras pessoas a colaborar em novas soluções. A combinação de mudanças rápidas, tecnologias emergentes e complexidade global requer novos processos para a construção do conhecimento. Heróis carismáticos não serão a salvação. Em vez disso, precisamos de líderes que criem uma cultura do crescimento, que saibam como envolver os corações e as mentes de todos, e que concentrem sua inteligência coletiva, talento e compromisso para moldar um novo caminho. Eles reconhecem que o que atrai as pessoas é um trabalho significativo em colaboração com outras pessoas. **Usam o grupo para mudar o grupo**, construindo um profundo trabalho colaborativo horizontal e verticalmente em suas organizações. Desenvolvem muitos líderes que, por sua vez, desenvolvem outros, contribuindo, assim, para a sustentabilidade da organização. É essa formação e reformulação consistente e coletiva de ideias e soluções que desenvolve uma profunda coerência em todo o sistema.

O Capítulo 2 detalhou a necessidade de se estabelecer uma direção focada que envolva todos com um propósito moral compartilhado, um pequeno número de objetivos, uma estratégia clara para alcançá-los e uma liderança para a mudança que mobilize a ação. Neste capítulo, vamos examinar o **direcionador da cultura colaborativa** como uma força dinâmica que usa relacionamentos e experiências compartilhadas para transformar complexidades e fragmentação em uma força coerente e focada para a mudança. Não se trata apenas de criar um lugar onde as pessoas se sintam bem, mas de cultivar a experiência de todos para se concentrar em um propósito coletivo. Identificamos quatro elementos para cultivar culturas colaborativas: cultura do crescimento, liderança de aprendizagem, desenvolvimento de capacidades e trabalho colaborativo (ver Figura 3.1). Os líderes que dominam esses quatro elementos irão alavancar a cultura colaborativa dentro de sua organização e entre organizações e assim construir coerência para o impacto.

Observe também que a natureza dessas colaborações é multifacetada. Elas se concentram na colaboração intraescolar, aumentam as parcerias entre escolas e escritórios centrais (ver JOHNSON et al., 2015), usam redes laterais de escola a

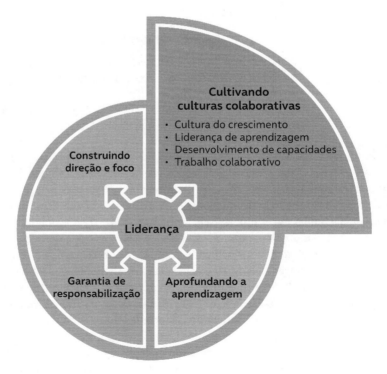

**Figura 3.1** Cultivando culturas colaborativas.

escola dentro dos distritos e se engajam em consórcios distritais e redes mais amplas para professores e educadores.

## CULTURA DO CRESCIMENTO

A mentalidade é importante. Cada ação que os líderes realizam envia sinais para suas organizações. As mensagens podem ser intencionais ou não, mas podem construir coerência e compromisso ou fomentar tensão e frustração. As organizações que apoiam o aprendizado, a inovação e a ação constroem uma cultura do crescimento. Os líderes que têm uma mentalidade de crescimento desenvolvem diferentes capacidades nos outros e os ajudam a alcançar mais do que esperavam de si mesmos. Eles veem talento e potencial e têm estratégias para estimular essas qualidades em outras pessoas. Os líderes que valorizam uma mentalidade de crescimento precisam considerar não apenas suas palavras, mas também as mensagens que enviam enquanto buscam soluções para os desafios que enfrentam.

Essa mentalidade de uma cultura do crescimento se reflete em decisões políticas e estratégias. Consideramos dois exemplos que transmitem mensagens fortes à organização: um que diz respeito ao desenvolvimento da liderança e outro que se concentra no planejamento. O primeiro exemplo centra-se nas políticas e práticas para desenvolver a capacidade de liderança. A postura que um distrito assume no desenvolvimento de seus líderes tem forte impacto na cultura. Considere dois programas de TV populares como uma metáfora e faça a seguinte pergunta: nossa cultura organizacional é mais parecida com *Survivor*[1] ou *The Voice*? Se você respondeu *Survivor*, o distrito provavelmente seleciona líderes de um grupo de voluntários, coloca-os em processos de competição rigorosos, em ambientes hostis e desconhecidos, onde a competição e a mentalidade de vencer a qualquer custo são estimuladas, e limita recursos e relações de confiança. Surge uma cultura negativa de vencedores e perdedores. O potencial é esquecido, enquanto os comportamentos individualistas e negativos são reforçados.

Aqueles que responderam *The Voice* provavelmente começam com voluntários, mas também cultivam aqueles que consideram ter potencial, usam o processo de seleção para aprimorar os talentos naturais dos candidatos, fornecendo mentores especializados, treinamento e recursos (cantores de apoio, iluminação, etc.), e incorporam tarefas de desempenho autênticas. O resultado é que as habilidades são aprimoradas, a confiança é aumentada e surge uma cultura de colaboração.

Vamos traduzir essa metáfora para distritos e escolas para considerar como a cultura do crescimento pode ser cultivada por meio da seleção de líderes e professores.

---

[1] N. de R. T. *Survivor* é um *reality show* internacional, competitivo, que já foi produzido em vários países. No Brasil, um programa similar é o *No limite*.

Quando as instituições acreditam que a solução virá com a contratação de pessoas externas, elas enviam uma mensagem de que a equipe atual não está à altura da tarefa. Isso cria uma cultura deficitária que, na melhor das hipóteses, é apática e, na pior, desmoralizante, pois todos esperam que alguém chegue para salvar o dia. Trabalhamos recentemente com um distrito que esperou nove meses para que um diretor que haviam contratado do outro lado do país assumisse o cargo. Nesse ínterim, a escola foi paralisada e o talento da equipe de liderança não foi considerado. Havia professores-líderes dentro da instituição que entendiam a dinâmica, a cultura e os contextos dos funcionários e alunos e que tinham ideias eficazes sobre estratégias para mudar a escola, mas foram mantidos em compasso de espera. Isso passou uma forte mensagem de que "as coisas estão tão ruins aqui que apenas alguém vindo de cerca de 4.000 quilômetros de distância pode salvar o dia, e os funcionários atuais são o problema, não parte da solução". Essa foi uma oportunidade perdida de desenvolver o talento coletivo, a inteligência e a experiência para alavancar a cultura colaborativa.

Quando a organização valoriza o talento e a experiência de seu pessoal, ela cria estratégias de desenvolvimento de liderança que aumentam a capacitação interna. Seu processo de seleção principal é puxado por dentro e ampliado por contratações externas, conforme necessário. Ela cria um fluxo de oportunidades de desenvolvimento sucessivas para capacitar líderes em todos os níveis, seleciona-os com base no desempenho comprovado de tarefas autênticas e fornece treinamento, mentoria e desenvolvimento contínuos. Ela constrói colaboração e aprendizagem para líderes formais e informais em todos os níveis de forma intencional. Em outras palavras, as culturas colaborativas desenvolvem a próxima geração de líderes (bem como têm um desempenho melhor no curto prazo).

A mesma comparação pode ser feita na seleção e no desenvolvimento de professores. Acreditamos que todos os educadores podem ter um desempenho de alto nível ou estamos tentando "consertá-los" com soluções de programas predefinidos? Contamos apenas com a contratação dos melhores ou oferecemos suporte para que eles colaborem de maneira significativa? Sabemos que fazer um trabalho que tenha significado é mais direcionador do que qualquer recompensa extrínseca. As pessoas têm um desejo inato de pertencer e contribuir – fazer parte de algo maior do que elas mesmas.

Nosso segundo exemplo diz respeito ao planejamento: usando o exemplo da necessidade de **desenvolver um plano distrital para a educação no século XXI**. Todos os distritos estão lutando com a tensão entre implementar novos padrões e lidar com as inovações digitais emergentes. Considere duas abordagens alternativas para a criação de um plano e o impacto de cada abordagem na cultura distrital:

- O **Distrito A** reconhece que o *status quo* não permitirá que eles mantenham os níveis atuais de sucesso, então eles contratam uma prestigiosa empresa de consultoria para recomendar um plano. A empresa audita seu *status* por meio de entrevistas com grupos-chave dentro do distrito, entrevista especialistas na área e prepara e apresenta ao conselho um plano de ação de 40 páginas.
- O **Distrito B** reconhece que o *status quo* não permitirá que eles mantenham o sucesso, então eles selecionam uma equipe de trabalho de oito diretores qualificados e quatro líderes de outros níveis do distrito para formar uma equipe de trabalho. Sua missão é fornecer um plano para impulsionar o distrito. Eles têm **tempo** para estabelecer um diálogo profundo entre si e com os grupos do distrito; **recursos** para se conectar com especialistas e pesquisadores externos; e a **oportunidade** de visitar *sites* externos que têm planos bem-sucedidos sendo aplicados. Eles apresentam uma estratégia concisa de ação.

Vamos considerar o impacto de cada estratégia em três dimensões: qualidade do plano, compromisso com a implementação do plano e capacidade da organização. A estratégia do Distrito A envia mensagens à organização de que não achamos que nosso pessoal tenha conhecimento para encontrar soluções, consideramos que as melhores ideias estão fora de nossa organização e precisamos de especialistas para traduzi-las para nós. Como resultado, sua estratégia externa afeta a organização de três maneiras importantes:

- A qualidade do plano pode ser valorizada pelo público e por funcionários eleitos devido à reputação da empresa, mas provavelmente não seria tão contextualizada para o público interno.
- O compromisso com a implementação não seria alto, uma vez que o significado compartilhado, o senso de propriedade e a construção do conhecimento residem nos especialistas externos que fizeram todo o pensamento e trabalho.
- A capacidade da organização para encontrar soluções para problemas futuros não seria ampliada.

A abordagem do Distrito B envia mensagens concretas para a organização de que valorizamos nosso pessoal e sua experiência como profissionais, estamos comprometidos com o crescimento de soluções internamente enquanto aprendemos com as melhores ideias e promovemos a colaboração intencional em torno de um trabalho significativo. Como resultado, sua estratégia impacta a organização de três maneiras importantes:

- A qualidade do plano é aprimorada porque ele é adaptado ao contexto e à cultura.
- O compromisso com a implementação já é iniciado durante o processo de busca da solução e reforçado pela credibilidade dos *designers* locais.
- A capacidade da organização de abordar questões futuras é ampliada.

A lição aqui é buscar boas ideias externamente, mas não depender de "especialistas" externos para encontrar soluções. Os líderes nos níveis escolar, distrital e sistêmico são sábios para avaliar as decisões de política e estratégia nas três dimensões de **qualidade, compromisso** e **capacidade** para determinar se a necessidade de conveniência é maior do que a oportunidade de aumentar a capacidade da organização, bem como as mensagens que sua abordagem enviará. Eles devem cultivar um diálogo rico dentro e fora da escola, do distrito ou do estado que informe a descoberta de soluções locais.

Pense em um grande desafio que você está enfrentando em sua organização e considere o seguinte:

1. Qual é o nosso desafio atual?
2. Qual é a nossa capacidade atual de encontrar soluções?
3. Quem tem a maior experiência ou potencial para resolver isso, interna ou externamente?
4. Qual é a importância de encontrar uma solução rápida ou desenvolver a capacidade da organização de implementar e encontrar suas próprias soluções?
5. Que mensagens intencionais e não intencionais nossa abordagem enviará à organização?

Vemos uma correlação entre essa cultura de mentalidade de crescimento e um forte desempenho no êxito dos alunos em distritos como Long Beach, Califórnia; Fort Wayne Community Schools, Indiana; Garden Grove Unified School District, Califórnia; e York Region District School Board, Ontário, Canadá. Em cada caso, eles combinaram o desenvolvimento de capacidade sustentada com a confiança no crescimento de talentos internos.

O velho ditado "as ações falam tão alto que ninguém consegue ouvir minhas palavras" é muito apropriado. Considere a cultura que você defende publicamente e as políticas e práticas em vigor para determinar se as mensagens intencionais e não intencionais são consistentes. Passaremos agora ao conceito de alunos-líderes, que são essenciais para cultivar a mentalidade de crescimento e desenvolver a capacitação em toda a organização.

## LIDERANÇA DE APRENDIZAGEM, TAMBÉM CONHECIDA COMO LÍDERES APRENDIZES

Líderes em nível de sistema, distrito e escola precisam influenciar a cultura e os processos que apoiam o aprendizado e o trabalho conjunto de maneira significativa em todos os níveis da organização, se desejam promover maior aprendizagem dos alunos. Criar uma cultura do crescimento é um começo, mas é preciso orquestrar intencionalmente o trabalho de professores, líderes e colegas e mantê-lo focado na melhoria colaborativa do aprendizado dos alunos.

Em *The Principal* (FULLAN, 2014c), eu (Michael Fullan) identifiquei um grande passo em falso que os formuladores de políticas em níveis estadual e distrital cometeram ao posicionar o papel do diretor como "líder educacional". Eles interpretaram exageradamente a pesquisa de que o diretor era a segunda (depois do professor) mais importante fonte de aprendizagem para os alunos e passaram a posicioná-lo para conduzir visitas à sala de aula, realizando avaliações de professores e tomando as medidas correspondentes para desenvolver ou dispensar aqueles que não melhoraram. Vemos pelo menos algumas dessas ações como valiosas para o próprio desenvolvimento profissional do diretor na área pedagógica, mas não como forma de fazer a escola avançar. Não há tempo suficiente na semana para microgerenciar os professores dessa maneira, e, se alguém tentar fazer isso com diligência, isso resultará na alienação de diretores e professores uns dos outros. Em vez disso, os diretores devem se tornar "líderes aprendizes", influenciando os professores indiretamente, mas de forma explícita, ajudando a desenvolver o grupo.

Uma função poderosa dos líderes centra-se na promoção do capital profissional (HARGREAVES; FULLAN, 2012), cuja estrutura tem três componentes:

- **Capital humano:** refere-se aos recursos humanos ou à dimensão pessoal da qualidade dos professores – as habilidades e credenciais básicas. Atrair e desenvolver essas habilidades dos indivíduos é essencial, mas não suficiente para ganhos substanciais.
- **Capital social:** compreende a qualidade e a quantidade de interações e relacionamentos dentro do grupo. Nas escolas, isso afeta o acesso dos professores ao conhecimento e à informação, seu senso de expectativa, obrigação e confiança, e seu compromisso de trabalhar juntos para um propósito comum.
- **Capital de decisão:** é necessário para tomar melhores decisões e resulta da experiência prática entre indivíduos e grupos. Quando os capitais humano e social são combinados, o capital decisional é aumentado.

Os alunos-líderes constroem capital profissional em suas organizações, **modelando a aprendizagem, moldando a cultura** e **maximizando o impacto na aprendizagem**.

## Aprendizagem por modelagem

Robinson, Lloyd e Rowe (2008) realizaram pesquisas sobre o impacto dos diretores de escolas no desempenho dos alunos e descobriram que o fator mais significativo – duas vezes mais poderoso do que qualquer outro – foi o grau em que o diretor participou como aprendiz com a equipe de apoio para fazer a escola avançar. Esses diretores conduzem a aprendizagem de liderança e estabelecem uma cultura em que se espera que todos os professores sejam alunos continuamente e liderem o caminho. Os líderes aprendizes que causam o maior impacto não enviam outros para aprender, mas participam ativamente com eles como parceiros de aprendizagem. Dessa forma, os diretores aprendem o que é especificamente necessário para estimular a melhoria organizacional contínua e fazem do progresso um esforço coletivo – o que chamamos de trabalho colaborativo. Aqueles que não assumem a "postura de aluno" por si próprios não se mantêm à frente da curva – ganham anos de experiência, mas não necessariamente conhecimento e habilidade sobre o que é necessário implementar profundamente. Diretores que visivelmente lutam para aprender sobre os CCSSs ou inovações digitais, juntamente com os professores, criam credibilidade, confiança e conhecimento tanto da inovação quanto do que é necessário para a organização seguir em frente. Acima de tudo, **eles aprendem**, tornando-se cada vez mais eficazes. Por estarem imersos na ação e sintonizados com a aprendizagem, reconhecem e orientam a liderança nos outros. Portanto, a modelagem é fundamental para o desenvolvimento de uma cultura de aprendizagem.

## Moldando a cultura

Um segundo aspecto-chave envolve moldar a cultura para promover relacionamentos, confiança e engajamento mais profundos. Os líderes aprendizes orquestram estruturas e processos para criar um ambiente que antecipa e trabalha de forma colaborativa em desafios e inovação. Esses diretores não gastam seu tempo em listas de verificação e tentativas de mudar um professor de cada vez, mas, em vez disso, empenham-se na criação de mecanismos de apoio e processos que constroem a colaboração do professor, a investigação e as equipes de líderes.

Uma pesquisa feita por Helen Timperley, em *Realizing the Power of Professional Learning*, observou que a coerência entre os ambientes de aprendizagem profissional não foi alcançada pelo preenchimento de listas de verificação e aulas com roteiro, mas por meio da criação de situações de aprendizagem que promoveram hábitos de investigação da mente em toda a escola (TIMPERLEY, 2011). Timperley (2011) apresenta uma metáfora interessante para o diretor "quem é minha classe". Com esse filtro, os diretores podem identificar os grupos e os indivíduos capazes de fornecer liderança para a mudança. O papel do diretor passa a ser o de moldar as interações e os mecanismos, ao mesmo tempo em que busca recursos de forma estratégica para aqueles que impulsionam a aprendizagem coletiva. Os líderes aprendizes apoiam a aprendizagem sustentada e incorporam ciclos de aprendizagem e aplicação para que os grupos aprendam com o trabalho e se envolvam na resolução de problemas de implementação autênticos juntos.

## Maximizando o impacto na aprendizagem

Em terceiro lugar, os líderes aprendizes maximizam o impacto na aprendizagem do aluno, mantendo incansavelmente o foco e a conversa sobre o ensino de qualidade para estudantes e adultos. Eles constroem precisão, concentrando-se em alguns objetivos e desenvolvendo um plano bem definido para alcançá-los, bem como constroem uma compreensão e engajamento coletivo em torno das prioridades para que cada professor e líder possa responder, com igual facilidade e precisão, às seguintes perguntas: o que estamos fazendo? Por que estamos fazendo isso?

A importância dos líderes aprendizes – como modeladores, formadores de cultura e impulsionadores para maximizar o impacto – foi enfatizada em pesquisas longitudinais realizadas em 477 escolas de ensino fundamental em Chicago (BRYK et al., 2010). Os pesquisadores descobriram que 100 das 477 escolas alcançaram e conseguiram manter um progresso significativo em comparação com seus colegas e que a explicação-chave foi "a liderança escolar como o direcionador da mudança". Eles observaram quatro forças inter-relacionadas: a capacitação profissional dos professores, o clima escolar, os laços com os pais e a comunidade e o que eles chamam de "sistema de orientação educacional".

Os líderes aprendizes estão sempre monitorando o impacto, mas raramente contam com ferramentas de avaliação de desempenho, que geralmente são pesadas e individualistas. Em vez disso, eles trabalham no foco do ensino, orquestrando o trabalho de treinadores, líderes de professores e funcionários do escritório central para apoiar a aprendizagem dos alunos, focando nos elementos-chave, usando dados para diagnosticar necessidades de aprendizagem, cultivando a precisão nas práticas de ensino e aprendendo coletivamente. Eles facilitam processos que criam investigação colaborativa sobre o que funciona e o que é necessário para refinar a abordagem. Esse ciclo de aprendizagem constrói simultaneamente conhecimento e habilidade, enquanto reforça a cultura do crescimento e a melhoria colaborativa.

## DESENVOLVIMENTO DE CAPACIDADES

O desenvolvimento de capacidades é uma alavanca-chave para o desenvolvimento da coerência porque, à medida que o conhecimento e as habilidades estão sendo desenvolvidos, a cultura colaborativa é aprofundada, o significado compartilhado é evidenciado e o compromisso é reforçado.

**Capacitação** refere-se à capacidade do indivíduo ou organização de fazer as mudanças necessárias e envolve o desenvolvimento de conhecimentos, habilidades e compromissos. A **construção de capacidades coletivas** envolve o aumento da habilidade dos educadores em todos os níveis do sistema para fazer as mudanças de ensino necessárias a fim de elevar o padrão e reduzir as lacunas para todos os alunos.

Nossa experiência foi fortemente reforçada nas recentes descobertas de John Hattie, com base no trabalho de Eells (2011) sobre "eficácia coletiva". Os primeiros livros de Hattie, *Visible Learning*, de 2009, e *Visible Learning for Teachers*,[2] de 2012, identificaram que o maior nível do efeito educacional na aprendizagem do aluno foi de 1,44 (o que representa altas expectativas para cada estudante). Essas descobertas vieram de um banco de dados inicial de 800 metaestudos. Desde então, ele adicionou 400 ou mais pesquisas, e o novo vencedor é a eficácia coletiva com 1,57 (embora devamos dizer que a profundidade da base de conhecimento desse estudo ainda foi estabelecida como nas outras pesquisas). Como observado anteriormente, Hattie (2015) agora avançou esse trabalho sob (o que diríamos é um conceito mais poderoso) a ideia de *"expertise* colaborativa". O resumo de tudo isso é que o líder que ajuda a desenvolver a capacidade coletiva focada dará a maior contribuição para o aprendizado do aluno.

O desenvolvimento profissional não contribui muito para a eficácia individual (a aprendizagem diminui durante a implementação) nem para a eficácia coletiva. Existe uma grande lacuna entre as promessas de aprendizagem profissional e os resultados no desempenho dos alunos. Embora haja muitos materiais de aprendizagem profissional, *workshops*, apresentações e programas, muitas vezes vemos uma abordagem fragmentada, focada em consertar os indivíduos. Os programas atuais solicitam a participação de escolas e educadores individuais e, muitas vezes, não incluem acompanhamento sistemático e sustentado. O resultado é uma gama impressionante de soluções sem coerência ou sustentabilidade.

A chave para uma abordagem de construção de capacidades está no desenvolvimento de um conhecimento comum e de uma base de habilidades entre todos os líderes e educadores do sistema, focando em alguns objetivos e sustentando um esforço intenso ao longo de muitos anos. Uma abordagem de capacitação cria uma base para a melhoria sustentável, pois faz o seguinte:

---

[2] N. de T. Publicado no Brasil: HATTIE, J. *Aprendizagem visível para professores*: como maximizar o impacto da aprendizagem. Porto Alegre: Penso, 2017.

- Mobiliza uma mentalidade de crescimento em todos os níveis do sistema.
- Sustenta e cultiva a melhoria na aprendizagem dos alunos.
- Constrói uma base de conhecimento comum e um conjunto de habilidades em todos os níveis do sistema.
- Enfoca a aprendizagem colaborativa.
- Enfatiza a capacidade coletiva, que envolve todos no sistema com objetivos bem definidos e compromisso com a estratégia de realização.
- Promove aprendizagem cruzada ou capacitação lateral.
- Incorpora um ciclo de aprendizagem de novos aprendizados, aplicação no trabalho, reflexão e diálogo com colegas.

O desenvolvimento de capacidades é eficaz porque combina construção de conhecimento, ação coletiva e foco consistente. Quando bem executada, produz os seguintes efeitos:

- Resulta em práticas alteradas para líderes e nas salas de aula.
- Fornece um veículo para aprender com o trabalho, enquanto o trabalho é realizado.
- Aumenta a motivação e o comprometimento porque as pessoas têm novas habilidades e conhecimentos e veem os resultados mais cedo.
- Envolve mais pessoas no trabalho de novas soluções.
- Aumenta o entusiasmo e a adesão porque as pessoas fazem parte de um propósito maior.
- Promove a liderança em todos os níveis.

O desenvolvimento de capacidades impacta a organização porque desenvolve a cultura, acelera a velocidade da mudança, promove a sustentabilidade e reforça a estratégia à medida que os indivíduos se envolvem em um aprendizado mais profundo, em reflexão e solução de problemas em toda a organização.

As pessoas às vezes têm dificuldade em compreender o conceito de construção de capacidades porque é mais abstrato do que ter um padrão ou fazer uma avaliação. O desenvolvimento de capacidades é uma abordagem, não um programa. Os conceitos subjacentes são consistentes, mas podem assumir diferentes formas, dependendo do contexto. Aqui está um exemplo concreto do nosso trabalho atual com distritos. Em parceria com o distrito, formamos equipes de desenvolvimento de capacidades que aprendem dentro de grupos e entre grupos. Trabalhamos com vários níveis do sistema simultaneamente. Em geral, isso inclui vertentes de aprendizagem para **líderes distritais, equipes de capacitação distrital, diretores** e **equipes de liderança escolar.**

A abordagem em todos os níveis é criar comunidades de alunos que desenvolvam uma linguagem comum, conhecimento, habilidades e compromisso, criando oportunidades de aprendizagem verticais e horizontais:

- Os líderes distritais formam parcerias de aprendizagem entre funções e departamentos para desenvolver uma linguagem comum, base de conhecimento e habilidades para focar no desenvolvimento sustentado. Eles exploram exemplos de casos e pesquisas atuais aplicadas ao seu contexto. Como uma equipe, refinam o foco para algumas metas principais, aprimoram a estratégia e repensam os recursos e as práticas necessárias para atingir os objetivos.
- Uma equipe de capacitação distrital é composta por consultores ou líderes de professores que fornecem apoio às escolas, muitas vezes por assunto ou projeto, mas geralmente iniciada a partir de uma configuração de silo. Em uma abordagem de desenvolvimento de capacidades, todos os provedores de apoio formam uma comunidade de aprendizagem e, à medida que desenvolvem seu conhecimento e estratégia comuns, começam a interagir de maneira mais consistente para que as inovações não sejam vivenciadas pelas escolas como uma série de iniciativas discretas, mas como uma estratégia de mudança integrada e coerente.
- Os diretores são a chave da mudança. Eles trabalham com os pares como parceiros de aprendizagem a fim de desenvolver as habilidades necessárias para apoiar o desenvolvimento de capacitação em nível escolar.
- As equipes de liderança da escola são compostas pelo diretor e dois a cinco professores, com o objetivo de melhorar a aprendizagem e o ensino. Eles são engajados como equipes de aprendizagem com outras escolas do distrito para desenvolver uma linguagem comum, uma base de conhecimento e um conjunto de habilidades para aplicar na instituição e nas salas de aula. A abordagem do ciclo de aprendizagem faz com que eles implementem os novos entendimentos em suas escolas e retornem às sessões subsequentes para compartilhar seus resultados e percepções com outras escolas. Isso garante que todos os participantes entendam as comunidades de aprendizagem profunda por participarem de uma. As equipes desenvolvem planos de curto prazo de 60 a 100 dias para ciclos de investigação e aplicação a fim de maximizar o movimento para a ação e o aprendizado com ela.

Os formatos e o conteúdo variam dependendo do foco do distrito, mas três características da abordagem de capacitação demonstraram forte impacto na mudança de práticas e no aumento da coerência:

- Parcerias de aprendizagem dentro das equipes e lateralmente em toda a organização.
- Foco sustentado em várias sessões.
- Ciclos de aprendizagem a partir do trabalho, que são investigação estruturada com aplicação intencional em funções e na reflexão sobre o impacto.

O resultado é um foco coletivo crescente e capacidades correspondentes para aprender juntos, bem como causar um impacto na aprendizagem em todo o distrito.

## TRABALHO COLABORATIVO

Melhorar sistemas inteiros requer que todos mudem sua prática. Vimos no Capítulo 2 que pular do aquário atual para o novo aquário de inovação exige novas habilidades e conhecimentos (desenvolvimento de capacidades), mas esse processo é acelerado quando combinado com um trabalho colaborativo profundo (encontrando outros peixes para aprender e viajar na jornada). As pessoas são motivadas a mudar por meio de um trabalho significativo realizado em colaboração com outras pessoas. Se quisermos mudar a organização, precisamos prestar atenção tanto à qualidade do desenvolvimento de capacidades quanto ao grau de aprendizagem colaborativa. A Figura 3.2 ilustra essa relação.

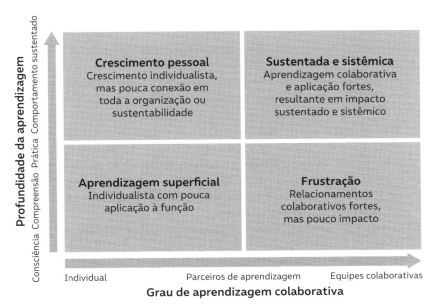

**Figura 3.2** Mudança de prática organizacional.

## Profundidade da aprendizagem

A profundidade da aprendizagem, no eixo vertical da Figura 3.2, mede a qualidade do projeto de aprendizagem a partir de quatro estágios de qualidade crescente: consciência, compreensão, prática e comportamento sustentado. Quando o projeto se concentra apenas em níveis de consciência e compreensão, os participantes são aprendizes passivos, e pesquisas indicam que apenas cerca de 15% deles são capazes de colocar a nova habilidade em prática. Isso faz sentido porque eles não têm experiência na aplicação da nova habilidade. Projetos de aprendizagem de alta qualidade também incorporam oportunidades para que os participantes usem as novas habilidades ou conhecimentos em ambientes seguros e, em seguida, em suas funções, e obtenham *feedback* de colegas ou treinadores (prática). Adicionar os níveis de aplicação e de treinamento aumenta a probabilidade de que o comportamento seja sustentado como uma prática regular por 90% ou mais dos participantes (JOYCE; CALHOUN, 2010). Isso tem implicações muito fortes para a alocação de recursos, quando podemos escolher um retorno sobre o investimento de 90% ou mais ou apenas 15%, dependendo da força do projeto de aprendizagem.

## Grau de aprendizagem colaborativa

O eixo horizontal mede o grau de trabalho colaborativo ou de aprendizagem coletiva. É descrito como um *continuum* que vai desde completamente individual, passando por uma variedade de parcerias de aprendizagem, até o trabalho colaborativo integrado. A descoberta de Hattie (2015) de um impacto de 1,57 para a eficácia coletiva sugere que o eixo horizontal pode ser um acelerador significativo quando bem executado.

Quatro combinações diferentes de qualidade do projeto de aprendizagem e do grau de colaboração são descritas a seguir.

- **Aprendizagem superficial:** ocorre quando a experiência é muito individualizada e a profundidade da intervenção é fraca – predominantemente descrita, descoberta ou modeladora. Isso pode ser resultado de *workshops* únicos e acesso aleatório a recursos *on-line* sem ligação com aplicações ou objetivos mais amplos, o que gera uma aprendizagem superficial com mudança limitada no comportamento sustentável.
- **Crescimento pessoal:** ocorre quando a experiência é individualizada, mas o projeto de aprendizagem é forte e inclui oportunidades de *feedback* e aplicação ao longo do tempo. O quadrante não significa que a aprendizagem individual seja ruim e que a colaborativa seja sempre boa, mas que a aprendizagem individual pode ser fraca quando for aleatória, fragmentada e com poucas oportunidades de *feedback* ou aplicação. A aprendizagem individual, com um

projeto de aprendizagem forte, pode ser altamente eficaz quando é focada, fornece *feedback* e tem oportunidades de aplicação na função.
- **Frustração:** ocorre quando as pessoas estão se esforçando muito para aprender juntas, como comunidades de aprendizagem profissional (PLCs, do inglês *professional learning communities*) ou redes, mas a experiência não é bem projetada ou executada. Pode haver pouca ou nenhuma oportunidade de aplicar a aprendizagem em situações reais com *feedback* ou o tempo é gasto em uma série de tarefas ou tópicos com pouco acompanhamento ou aplicação.
- **Mudanças sustentadas e sistêmicas:** ocorrem quando há fortes estruturas de trabalho colaborativo combinadas com um bom projeto de aprendizagem. A aprendizagem é sustentada e explorada em profundidade com oportunidades de aplicação dentro das funções. Treinadores, mentores e colegas estimulam o aprendizado e fornecem *feedback* oportuno. Entre os exemplos estão o uso focado de modelos de pesquisa colaborativa, institutos, laboratórios de aprendizagem e equipes de aprendizagem baseadas no trabalho.

Se alguém deseja mudar as práticas escolares, distritais ou sistêmicas, é preciso ter um projeto de aprendizagem forte e um trabalho colaborativo mais profundo. Considere, por exemplo, a implementação dos CCSSs. Quando o projeto de aprendizagem se limita a "desempacotar" os padrões e compará-los com os padrões anteriores, os professores não têm oportunidade de desenvolver as novas habilidades necessárias para ensinar os novos padrões. Trabalhando individualmente ou em colaboração, o projeto é fraco e a capacidade de fazer a diferença para a aprendizagem do aluno é limitada (o que chamamos de aprendizagem superficial ou frustração).

No entanto, se temos equipes colaborativas utilizando os novos padrões para projetar a aprendizagem para seus alunos, ensinando o uso dos padrões e a aprendizagem recém-projetada e, em seguida, refletindo com os colegas sobre o trabalho do aluno e as observações resultantes da nova abordagem, começaremos a ver mudanças reais na prática em um curto período de tempo. Repetir ciclos de projeto colaborativo, ensino e reflexão é uma maneira poderosa de construir compreensão, habilidade e comprometimento, movendo a abordagem em direção a uma perspectiva sistêmica e sustentada.

Quando o projeto de aprendizagem de qualidade e o trabalho colaborativo se combinam, os indivíduos aprendem novas habilidades e constroem conhecimentos, enquanto o trabalho colaborativo significativo aprofunda e refina sua prática, dando oportunidades para diálogo e *feedback*. Isso, por sua vez, reforça e molda o propósito compartilhado e cria um senso coletivo de propriedade. Mudar a prática nas organizações exige tempo, foco e persistência. Facilitar fortes processos e estruturas de trabalho colaborativo é um exemplo do uso do grupo para mudar o grupo e, como consequência, aumenta muito a probabilidade de persistência até que mudanças sustentadas e sistêmicas se tornem parte da "maneira como fazemos as coisas por aqui".

Afirmamos que o trabalho colaborativo pode ser um poderoso acelerador de mudança e aprendizagem, mas nem todas as abordagens de trabalho colaborativo são eficazes. A popularidade do conceito de PLCs tem sido muito maior do que seu impacto consistente no aprendizado do aluno (ver DUFOUR; FULLAN, 2013).

Uma publicação recente do Boston Consulting Group (BCG), solicitada pela Gates Foundation, concluiu que, embora os PLCs sejam predominantes, os professores "não estão satisfeitos com a sua implementação até o momento" (BOSTON CONSULTING GROUP, 2014, p. 5). A boa notícia do estudo é que os distritos estão reconhecendo a necessidade de mudar de *workshops* únicos para abordagens mais robustas, como atividades de estudo, treinamento e PLCs; já a notícia preocupante é que a implementação é fraca. A forma mais comum de aprendizagem profissional ainda são os *workshops*. Embora vejamos cada vez mais exemplos de *coaching*, menos de 50% dos professores vivenciaram um nível profundo desse formato nos últimos meses, e o tempo de *coaching* parece ser direcionado a professores novos e com dificuldades. Muitas vezes, a proliferação de PLCs evoluiu com a filosofia de deixar mil flores desabrocharem. Vemos períodos de tempo PLCs estabelecidos em escolas e distritos que geralmente não são mais do que tempo em busca de um propósito ou tempo gasto em uma infinidade de tarefas que não resultam diretamente em um aprendizado aprimorado para os alunos. Vemos equipes gastando incontáveis horas analisando dados, mas raramente despendendo o mesmo tempo projetando uma pedagogia mais precisa para atender às necessidades identificadas.

O conceito de comunidades de aprendizagem não está errado, mas a implementação carece de profundidade. Se abraçarmos a ideia de que nossos alunos devem ser pensadores críticos baseados na metacognição, precisamos projetar experiências de aprendizagem para adultos que promovam as mesmas competências, porque **não podemos dar aos outros o que não temos**. Se quisermos que nossos sistemas sejam autênticos (ambientes energizantes para os alunos), devemos criá-los também para os adultos. Experiências colaborativas profundas vinculadas ao trabalho diário, projetando e avaliando o aprendizado, com base na escolha e contribuição do professor, podem energizar os educadores e melhorar os resultados.

Em suma, o trabalho colaborativo eficaz tem atributos-chave que devem ser atendidos, e usamos esse termo para evidenciar experiências mais profundas que têm o poder de afetar a aprendizagem dos alunos. As abordagens de trabalho colaborativo devem ser intencionalmente projetadas e implementadas para fazer o seguinte:

- Incorporarem sistemas inteiros para que todos aprendam.
- Focarem na aprendizagem e no aprimoramento pedagógico.

- Construírem capacitação para apoiar a implementação e a inovação.
- Terem um impacto mensurável com objetivos e indicadores específicos.
- Serem flexíveis e dinâmicas para atender a necessidades emergentes.
- Serem sustentáveis.

O trabalho colaborativo significativo tem mais probabilidade de gerar resultados quando as condições fundamentais estão presentes. Essencialmente, essas condições são os quatro componentes da Estrutura da Coerência: foco e propósito, colaboração sustentada por capacidades específicas, aprendizagem profunda e responsabilidade interna.

## TRABALHO COLABORATIVO EM AÇÃO

A mudança em direção a formas mais profundas de aprendizagem conectada está surgindo em todos os níveis de nossas organizações. Aqui, exploramos abordagens promissoras nos níveis estadual, provincial, distrital e escolar, incluindo pesquisa colaborativa; em redes e colaborativas; e redes de aprendizagem pessoal (PLNs, do inglês *personal learning networks*), alavancando tecnologia e mídias sociais. O que há de comum nessas estratégias é que elas envolvem o grupo, têm objetivos focados, desenvolvem capacidades, buscam a precisão da prática pedagógica, vinculam o trabalho a impactos mensuráveis na aprendizagem dos alunos e são bem orientadas para esses propósitos.

### Investigação colaborativa

*Parceria de intervenção focada em Ontário*

O caminho crítico de ensino-aprendizagem (TLCP, do inglês *teaching-learning critical pathway*) é um modelo promissor usado para organizar ações de ensino e aprendizagem dos alunos. A ideia básica é que, quando a prática em sala de aula é examinada de forma colaborativa, leva a um maior aproveitamento do aluno. A abordagem de Ontário é baseada em investigação colaborativa que envolve novas maneiras de trabalhar conjuntamente (ONTARIO, 2007).

Em Ontário, o caminho crítico educacional de aprendizagem crítica foi adaptado e usado com mais de 800 escolas de baixo desempenho para fornecer suporte direcionado, não punitivo e transparente, o OFIP. Os resultados foram impressionantes, com menos de 100 escolas designadas com desempenho insatisfatório após três anos de uso.

O processo envolve quatro etapas principais, descritas na Figura 3.3.

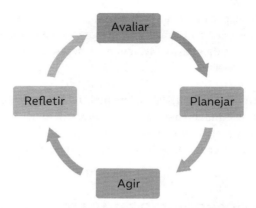

**Figura 3.3** Investigação colaborativa: quatro etapas principais.

**Avaliar:** um grupo de professores, geralmente uma equipe de série, reúne evidências do desempenho atual do aluno para identificar áreas de necessidade. Eles identificam os padrões de currículo relacionados a essa necessidade e revisam as atuais práticas de ensino. Juntos, elaboram uma avaliação comum que será administrada na conclusão do ciclo de aprendizagem de seis semanas.

**Planejar:** a equipe desenvolve um bloco de aprendizagem de seis semanas com base nos padrões e seleciona estratégias de ensino de alto rendimento. Se necessário, se envolve em aprendizagem profissional direcionada às necessidades identificadas.

**Agir:** a equipe implementa o projeto de aprendizagem em suas salas de aula. Os professores selecionam os alunos para assistir como "marcadores" e compartilham seu progresso com a equipe de série. Os educadores monitoram a adequação do processo de ensino e o progresso dos alunos, fornecem estruturas e ajustes conforme necessário ao longo de seis semanas, administram a avaliação comum como uma tarefa final e coletam amostras do trabalho dos estudantes.

**Refletir:** na última etapa, a equipe realiza um ciclo de moderação de professores a partir das amostras de trabalho recolhidas. Os educadores avaliam colaborativamente o trabalho dos alunos "marcadores" e identificam os próximos passos necessários no processo de aprendizagem. Geralmente, essas estratégias podem ser aplicadas a grupos de alunos. Em seguida, a equipe se envolve na reflexão para determinar a eficácia do projeto de aprendizagem, as estratégias de alto rendimento escolhidas e as próximas etapas necessárias para aprofundar a aprendizagem. São identificadas maneiras de apoiar os alunos que ainda não foram bem-sucedidos, e os dados sobre o projeto e a aprendizagem dos alunos alimentam o próximo ciclo de seis semanas.

O poder desse modelo tem sido focar de forma transparente em um objetivo bem definido de forma que motive e desenvolva a capacitação em toda a escola. O apoio provincial incluiu treinamento sobre os processos e a facilitação e fomentou um senso de parceria para alcançar um objetivo comum de aumento no desempenho dos alunos. Educadores, superintendentes e professores-líderes descrevem o processo como altamente desafiador, mas também como a melhor experiência profissional que tiveram. Essa versão de investigação colaborativa combina as melhores características dos grupos de estudo e da avaliação do trabalho do aluno. Ela garante que tanto a aprendizagem quanto o ensino sejam planejados e avaliados cuidadosamente e mudem a conversa da simples análise de dados para uma discussão sobre maneiras de mudar o ensino para melhorar o aprendizado do aluno.

Esse trabalho colaborativo profundo requer novas maneiras de trabalhar juntos, confiança, liderança compartilhada, foco sustentado e um compromisso com a investigação colaborativa. Ele funciona porque a reflexão e o exame colaborativo da prática tornam-se parte da cultura da escola e do distrito. Embora a intervenção tenha sido testada pela primeira vez em escolas de baixo desempenho, a notícia sobre o forte impacto no aprendizado dos alunos espalhou-se rapidamente. Outras escolas começaram a pedir capacitação em habilidades de facilitação, e agora isso se tornou uma prática difundida nas 4.000 escolas em Ontário, aumentando, assim, a coerência nos níveis escolar e distrital.

*Ciência da melhoria*

Anthony Bryk, presidente da Carnegie Foundation for the Advancement of Teaching, propõe o uso da ciência da melhoria para acelerar o aprendizado e resolver problemas de prática porque "precisamos de sistemas mais inteligentes, organizações capazes de aprender e melhorar, e que veem a aprendizagem e a mudança significando como algo vital, estar vivo" (BRYK *et al.*, 2014). Bryk *et al.* (2014) estabeleceram "seis princípios de melhoria" e descrevem a ciência da melhoria como explicitamente projetada para acelerar o aprender fazendo, utilizando uma abordagem centrada no usuário e no problema para melhorar o ensino e a aprendizagem. O objetivo geral é desenvolver o *know-how* necessário para que uma ideia de reforma se espalhe de forma mais rápida e eficaz. Um componente-chave de sua abordagem é uma estrutura chamada comunidades de melhoria em rede (NICs, do inglês *networked improvement communities*).

As NICs são organizações sociais intencionalmente projetadas, cada uma com um foco distinto na resolução de problemas, e têm normas de prática, funções e responsabilidades. Essas redes estruturadas são comunidades científicas porque se concentram em um objetivo comum bem especificado, guiadas por uma compreensão profunda do problema, do sistema que o produz e de uma teoria de trabalho compartilhado para melhorá-lo, disciplinadas pelos métodos de pesquisa de melhoria para desenvolver, testar e refinar intervenções, organizadas para acelerar as intervenções no campo e projetadas para integrá-los efetivamente em contextos educacionais variados.

Essas comunidades usam um ciclo de 90 dias (PARK; TAKAHASHI, 2013), que inclui três fases:

- **Varredura:** a equipe analisa o conhecimento atual e acadêmico pertinente sobre o tópico e, em seguida, restringe-se a um problema específico e identifica um produto ou estrutura a ser testado por 30 dias.
- **Foco:** os participantes usam testes rápidos e em pequena escala para avaliar o protótipo ou a estrutura ao longo de 30 dias.
- **Resumo:** a equipe refina sua inovação e resume seu trabalho em um relatório de ciclo de 90 dias, incluindo o que foi produzido.

Na conclusão do ciclo, é tomada uma decisão sobre como usar ou compartilhar as descobertas. Essa abordagem de melhoria é uma forma poderosa de trazer precisão ao trabalho colaborativo, pois incorpora rigor ao exame da questão e requer um resultado baseado em aplicação e reflexão autênticas.

## Redes

As redes estão se proliferando em uma variedade de formatos e atraem indivíduos e grupos, e os resultados podem ser contundentes ou medíocres, dependendo dos elementos do projeto de rede. O interesse em colaborar entre distritos está evoluindo rapidamente. Atualmente, estamos trabalhando com 10 distritos escolares (a maioria, grandes) na Califórnia, atendendo a mais de um milhão de alunos. Os distritos criaram equipes de liderança vertical que representam seus níveis, e estão engajados em aprendizado colaborativo plurianual focado em três elementos: repensar, liderança e maior coerência.

Em outro projeto, estamos trabalhando com três distritos na Califórnia durante um período de três anos. Em todo o país, estamos trabalhando com uma coorte de 28 distritos escolares em Connecticut com foco em liderança para maximizar a coerência, e esse esforço é apoiado por cinco organizações profissionais que estão reunindo equipes verticais para se envolver em ciclos de aprendizagem e engajamento em uma experiência plurianual. Esses são apenas três dos muitos exemplos de distritos que estão vendo o valor do trabalho colaborativo profundo que envolve novas ideias e as aplica no contexto. A seguir, compartilhamos dois exemplos intencionalmente organizados para mudar a prática em organizações dentro e fora dos distritos.

## Transformação colaborativa do sistema

Três distritos escolares no norte da Califórnia (Pittsburg Unified, San Lorenzo Unified e Napa Valley Unified) estão engajados em uma **colaboração** de três anos conosco, com foco na melhoria sustentável do sistema e na colaboração aprimorada entre escolas e entre distritos.

Trimestralmente, as três equipes de liderança distrital participam de sessões de aprendizagem conjuntas a fim de aumentar suas habilidades como líderes de mudança, desenvolver clareza sobre os objetivos e estratégias do sistema e aprimorar as culturas colaborativas. Entre as sessões, elas aplicam o novo aprendizado em suas atividades e voltam para compartilhar evidências de impacto. Esse é um exemplo de como usar o grupo para mudar o grupo, visto que as conexões dos colegas entre os distritos aumentam o nível e estimulam um novo pensamento sobre questões comuns.

Equipes de liderança escolar compostas por diretores e três a oito professores participam de sessões trimestrais para aprofundar a coerência educacional e melhorar o aprendizado dos alunos. Eles se envolvem, dentro e entre escolas, em exames de casos e simulações durante as sessões e projetam ciclos de aprendizagem de 60 dias para aplicar as novas ideias em suas escolas. Retornam a sessões subsequentes para compartilhar evidências do impacto na aprendizagem de outros funcionários e dos alunos. O ciclo de aprendizagem colaborativa é uma alavanca-chave para a investigação de práticas que funcionam no contexto local.

Após 18 meses, os participantes descrevem o impacto em três áreas: eles estão desenvolvendo uma linguagem comum e uma base de conhecimento entre os distritos, o projeto está construindo capacitação vertical e lateral e eles se articulam e agem com maior clareza de foco e estratégia. Patrick Sweeney, superintendente de Napa, declarou recentemente: "Estamos ganhando força agora". Professores e diretores falam sobre a maneira como as novas habilidades e conhecimentos os estão ajudando a navegar na implementação dos CCSSs e de novas avaliações, fornecendo um foco na aprendizagem de qualidade para adultos e alunos. Feiras de aprendizagem são realizadas todos os anos para que escolas e distritos reflitam sobre as realizações e os *insights* obtidos a partir do trabalho e para coletar evidências de impacto.

Essa **transformação colaborativa do sistema** está criando coerência e impacto porque aumenta a clareza dos objetivos e da estratégia, proporciona experiências de aprendizagem sustentadas com ciclos de aplicação e reflexão, aumenta a capacitação vertical e lateral, e promove um foco implacável na aprendizagem do aluno.

## Comunidade de aprendizagem em rede de Ontário

Em toda a província de Ontário, estão aumentando exemplos de comunidades de aprendizagem em rede para professores e líderes escolares. Os grupos se formam com um propósito específico, estabelecem normas e usam protocolos para manter o foco. Usando um modelo de investigação colaborativa, eles acessam pesquisas, examinam perguntas, atuam como amigos críticos e se concentram em maneiras de usar as melhores práticas, bem como aprender novas. Um formato de pergunta promove uma reflexão cuidadosa e incentiva os membros da equipe a se aprofundarem no **porquê** da investigação.

Um recente relatório sobre equipes e redes de aprendizagem eficazes com líderes escolares (LESKIW-JANVARY; OAKES; WALER, 2013) identificou seis fatores-chave que aumentaram seu impacto:

- **Investigação colaborativa:** a aprendizagem e a compreensão coletivas incentivam a inovação e o significado enquanto as práticas são analisadas, levando a uma ação efetiva e com propósito.
- **Liderança:** todos os membros compartilham liderança emergente e flexível, fazendo perguntas eficazes e oportunas para criar inquietações estimulantes que geram novas ideias e questionamentos.
- **Relacionamentos:** todos os membros correm riscos em um ambiente de confiança e operam de maneira interdependente.
- **Foco educacional:** é incorporado um processo contínuo com evidência de pensamento novo e de qualidade e mudanças intencionais na prática. Os grupos são estabelecidos com base em necessidades explícitas, e são coletados, de forma estratégica, dados significativos, relevantes e apropriados.
- **Reflexão:** a reflexão contínua e focada leva à integração da aprendizagem e a uma compreensão mais profunda. Teorias de ação são refinadas com base em novos aprendizados que resultam em uma mudança na prática.
- **Responsabilidade:** como resultado da aprendizagem coletiva, as mudanças na prática de ensino do professor levam a melhores resultados para os alunos.

Os dirigentes escolares das redes apontam que sempre partem das necessidades institucionais. Confiança e relacionamentos são essenciais, e eles observam que a variedade de níveis de experiência na rede significa que eles aprendem uns com os outros e em nome uns dos outros, e veem isso como um desenvolvimento de capacidades que está levando à sustentabilidade em todo o distrito e na província.

## Aproveitando o poder das redes de aprendizagem pessoais 2.0

Uma nova forma de interação colaborativa está se espalhando por meio das redes sociais, de comunidades *on-line* e de plataformas de colaboração. O uso inicial tem sido um tanto aleatório, com níveis variados de engajamento e impacto, mas nossa filosofia de **startup enxuta** sugere que as interações futuras serão cada vez mais poderosas se aproveitarmos o poder das conexões virtuais e o conectarmos a um propósito específico.

Duas forças estão se combinando para impulsionar o uso de redes virtuais: tempo e alcance global. Os educadores se sentem sobrecarregados com as demandas de seu tempo, e as conexões virtuais permitem que eles tenham liberdade para se conectar a qualquer hora e em qualquer lugar para compartilhar projetos de aprendizagem, estratégias e colaboração entre níveis de ensino, departamentos ou escolas. Além disso, as ferramentas virtuais permitem que os usuários se conectem com líderes e professores de qualquer lugar que possam estar trabalhando em interesses comuns ou permitem dar novas perspectivas ao trabalho.

Os formatos de conexão estão se expandindo rapidamente de *e-mail* e Twitter para *blogs*, *bookmarking* social, grupos, fóruns e plataformas colaborativas. Uma desvantagem para os usuários é encontrar uma maneira de lidar com o dilúvio de informações e evitar a distração de informações interessantes, mas não necessariamente relevantes.

Destacamos a seguir uma tentativa em nível estadual de utilizar o poder da tecnologia e das redes virtuais para tratar de questões centrais.

### A estratégia da rede de New Hampshire

New Hampshire queria um sistema que alterasse fundamentalmente a forma como apoiava os distritos com o objetivo de mudar de uma cultura orientada à conformidade para uma de maior suporte que atendesse melhor às necessidades dos alunos. Sua estratégia é baseada na crença no poder das redes para promover mudanças e aprofundar a aprendizagem de adultos, e que o sucesso é definido ao mover os alunos para um verdadeiro desenvolvimento para a faculdade e a carreira. Isso requer o desenvolvimento de capacidades de educadores, pois eles observam o seguinte:

> O foco da estratégia é construir e apoiar relacionamentos, conectando educadores e distritos em todo o nosso estado a recursos de informação de alta qualidade e suporte de aprendizagem profissional, bem como promover um maior alinhamento entre as iniciativas estaduais (NEW HAMPSHIRE, 2013, p. 4).

A estratégia compreende dois recursos: **redes de aprendizagem profissional** baseadas nas necessidades do distrito e nos objetivos estaduais, e a New Hampshire Network Platform, que é um espaço virtual para educadores colaborarem e aprenderem.

O projeto começou com a compreensão das necessidades do distrito, que iam desde a implementação dos CCSSs até o uso de dados por equipes baseadas na escola. As necessidades identificadas foram utilizadas para estabelecer objetivos de aprendizagem para as redes de aprendizagem profissional. Lançado em novembro de 2012, mais de 1.800 educadores participaram de oficinas, conferências e webinários nos primeiros sete meses.

À medida que continuam a refinar a estratégia, eles planejam reunir evidências de impacto mais amplas, mas os comentários dos participantes são positivos.

> Estamos engajando muito mais pessoas agora... Estamos lançando uma rede mais ampla, que é provavelmente a maior mudança, em termos de crescimento distrital. Em vez de escolher 5 ou 10 professores famosos, temos muitas pessoas que estão atentas e incentivam os outros (referindo-se ao Gilford School District) (NEW HAMPSHIRE, 2013, p. 24).

"Reunir-se com outras coortes, com fidelidade, e de forma colaborativa para que as pessoas reconheçam isso não tem sido a prática", mas a estratégia de rede ajuda a nos impulsionar nessa direção. "Cada vez mais estamos olhando para a comunidade e olhando para o futuro" (referindo-se ao Keen School District [SAU29], p. 26) (NEW HAMPSHIRE, 2013, p. 26).

A estratégia de mudança incorporou um protótipo para os primeiros seis meses e, em seguida, revisões com base nos dados anteriores. Surgiram quatro lições, descritas a seguir.

**1. Este é um trabalho complexo.** Mudar de uma lógica de conformidade para de apoio à capacitação é um desafio. Eles observaram uma tensão entre equilibrar os requisitos de ser um órgão regulador e o que é necessário para apoiar a transformação e atender às expectativas atuais dos usuários quanto ao suporte.

**2. Comunicação clara é o principal.** Os projetistas precisavam ser mais claros sobre objetivos e conexões, bem como integrar os componentes da estratégia em um todo mais forte.

**3. Formalizar a estrutura.** Enquanto os participantes relataram uma boa experiência, o *feedback* revelou áreas para refinamento e maior prontidão no fornecimento de opções.

**4. Mudar comportamentos leva tempo.** A tecnologia não foi o direcionador da colaboração ou da solução de problemas – o que requer uma alteração nas percepções e ações em mudança tanto dentro do New Hampshire Department of Education quanto nos distritos, o que significa mudar o foco na iniciativa para o foco no cultivo de relacionamentos.

O objetivo final de New Hampshire é fazer crescer um mercado de trabalho no qual suportes de aprendizagem profissional de alta qualidade sejam oferecidos e mudar as relações de conformidade para de apoio. Vemos esse esforço como promissor, pois evitou o simples fascínio da tecnologia como uma panaceia e se concentrou na construção de relacionamentos e comunicação bidirecional. Seu projeto incorpora prototipagem rápida informada por ciclos de *feedback* do campo; combina conexão virtual com objetivos e protocolos focados e significativos para maximizar o envolvimento e a profundidade do aprendizado; e reconhece que a coerência só surgirá a partir de um esforço integrado. Esperamos ver os resultados dessa combinação.

## CONSIDERAÇÕES FINAIS

O trabalho colaborativo é um fator-chave na mudança de comportamento, pois é a conexão social que move a organização em direção à coerência. Vemos a partir dos exemplos apresentados anteriormente que não há uma única maneira de construir uma cultura do crescimento ou de aprender de forma colaborativa, mas todo sucesso funciona na mesma agenda colaborativa focada em relação aos objetivos do sistema.

As reflexões do astronauta Chris Hadfield, conforme ele construía suas habilidades fotográficas para obter imagens da Terra enquanto orbitava no espaço, capturam a essência da jornada de aprendizagem que os líderes devem realizar.

> A cada chance que temos, flutuamos para ver o que mudou desde a última vez em que demos a volta à Terra. Sempre há algo novo para se ver porque o próprio planeta está girando, então cada órbita nos leva por diferentes partes dele... Com o tempo, minha capacidade de entender o que estava vendo melhorou. Comecei a procurar determinados lugares e condições de iluminação, da mesma maneira que você adora ouvir uma peça musical... Tornei-me mais hábil em perceber e interpretar os segredos que a Terra estava revelando discretamente. Minha capacidade de fotografar o que eu estava vendo também melhorou. Comecei a descobrir como compor uma cena de forma que chamasse a atenção para características e texturas particulares (HADFIELD, 2014).

Como líderes, devemos aprimorar nossas habilidades em reconhecer as **características e texturas particulares** de nossos contextos, observando as nuances de construir relacionamentos e engajar outras pessoas nesse trabalho desafiador. Esses desenvolvimentos são especialmente críticos à medida que vivenciamos a rápida mudança do que chamamos de "agenda da estratosfera" (FULLAN, 2013). A escola tradicional está gerando cada vez mais alunos e professores entediados e alienados, e o fascínio da pedagogia digital e mais envolvente está se combinando para modificar de maneira disruptiva as salas de aula existentes. Nunca houve um momento em que o poder colaborativo fosse mais necessário para trabalhar com dinâmicas de mudança absolutamente rápidas destinadas à aprendizagem profunda (ver Capítulo 4). Apenas o propositalmente colaborativo sobreviverá!

Colaborar está se tornando uma estratégia poderosa, mas complexa. Há todo um corpo de pesquisa que indica que muita – na verdade, diríamos a maioria da – colaboração é problemática. Sunstein e Hastie (2015), em seu livro *Wiser*, dedicam os primeiros cinco capítulos a "Como os grupos falham": indivíduos acompanham a multidão (pensamento de grupo), grupos amplificam erros, assumem posições polarizadas, e assim por diante. Em outra publicação, *Freedom to Change*, Fullan (2015a) defende que é essencial que os indivíduos mantenham **tanto** sua autonomia **quanto** sua colaboração.

Porém, para nossos objetivos, estamos em terreno seguro com nossa Estrutura da Coerência.

Dentro do componente de colaboração neste capítulo, mostramos que ela deve incluir quatro ingredientes principais: a necessidade de construir uma cultura do crescimento não apenas por meio de palavras, mas de ações; o papel que os alunos-líderes desempenham para modelar, moldar e maximizar a aprendizagem para todos; estratégias de desenvolvimento de capacidades; e abordagens para promover um trabalho colaborativo profundo. Os líderes que são capazes de combinar esses quatro elementos constroem uma cultura horizontal e vertical em suas organizações, a qual é resiliente porque o propósito e o significado são internalizados, é sustentável pois é apropriada e coerente porque eles estão trabalhando nisso dia após dia, e se torna a maneira como "fazemos as coisas por aqui".

Ressaltamos também que os quatro componentes de nosso modelo servem como reforços de corte transversal. Por exemplo, a colaboração (este capítulo) se desenvolve em relação à direção focada, à aprendizagem profunda e à garantia de responsabilização. Essas verificações e balanços inerentes aumentam a integridade do modelo como um todo. Como parte da compreensão do modelo completo, é hora de se aprofundar na aprendizagem.

Antes de passar para o Capítulo 4, revise o Infográfico 3.

Coerência  **71**

 **Cultura do crescimento**

Organizações que apoiam a aprendizagem, a inovação e a ação constroem uma cultura do crescimento.

**A mentalidade importa.**

Procure por boas ideias externamente, mas não confie nos especialistas externos para ter soluções.

Os líderes são sábios para avaliar as decisões sobre políticas e estratégias nas três dimensões da qualidade, do comprometimento e da capacitação.

 **Liderança de aprendizagem**

Leve os líderes a construírem capital profissional em todas as suas organizações ao

modelar a aprendizagem

moldar a cultura

maximizar o foco na aprendizagem

**Cultivando culturas colaborativas**

Colaborar não é apenas sobre criar um lugar onde as pessoas se sintam bem, mas sobre cultivar a *expertise* de todos para se focarem em um propósito coletivo.

Construindo direção e foco

Liderança

Garantia de responsabilização

Aprofundando a aprendizagem

**Desenvolvimento de capacidades**

Os processos de mudança efetivos moldam e remoldam boas ideias à medida que constroem capacitação e senso de propriedade.

A chave para uma abordagem de desenvolvimento de capacidades está em

- Desenvolver uma base de conhecimento e habilidades comum em todos os líderes e educadores no sistema
- Concentrar-se em alguns objetivos
- Sustentar um esforço intenso durante vários anos

**O desenvolvimento de capacidades é uma abordagem, não um programa.**

 **Trabalho colaborativo**

Para mudar práticas escolares, distritais ou sistêmicas, é necessário um forte projeto de aprendizagem e profundo trabalho colaborativo.

Abordagens de trabalho colaborativo devem ser projetadas e implementadas para

- Incorporarem sistemas inteiros
- Concentrarem-se na aprendizagem
- Construírem capacitação
- Terem impacto mensurável
- Serem flexíveis e dinâmicas
- Serem sustentáveis

 Uma versão colorida deste infográfico também está disponível para *download* no material complementar a este livro em loja.grupoa.com.br

**Infográfico 3.** Cultivando culturas colaborativas.

# 4
# Aprofundando a aprendizagem

> Algumas vezes, há uma convergência de forças independentes, mas relacionáveis, que se unem e criam avanços sinergéticos na aprendizagem social. Estamos nos estágios iniciais de uma confluência potencialmente poderosa de fatores que podem transformar a educação (FULLAN, 2013).

Estamos vivendo uma revolução da aprendizagem por causa da confluência de forças, que são urgência, conhecimento e capacitação. A urgência surge do fascínio de um mundo global dinâmico, rápido e multimídia, competindo com a lógica tradicional das escolas, que não mudou muito em 50 anos. A escolaridade como a conhecemos está desatualizada, o que cria uma dinâmica de puxar e empurrar. As escolas estão cada vez mais enfadonhas para os alunos e alienantes para os professores. Uma pesquisa recente (GALLUP, 2013) revelou que apenas 53% dos alunos estão engajados. Outros estudos mostram ainda menos conexão com as escolas por parte de alunos, como o de Jenkins (2013), que descobriu que, quando os alunos chegam ao 9º ano, menos de 40% deles estão entusiasmados em estar na escola (ver também QUAGLIA; CORSO, 2014). Essa falta de engajamento de pelo menos metade dos alunos entrevistados está se traduzindo em baixo desempenho e, em última análise, em uma falta de preparação para a vida, informação que é comprovada pela pesquisa de Gallup (2013), que também descobriu que pontuações altas no índice de engajamento resultaram em fortes ganhos de desempenho e sucesso. Além disso, as inovações no mundo digital são atraentes (mas ainda não necessariamente produtivas), onipresentes e acessíveis fora das paredes da escola.

Uma segunda força para a mudança é a base de conhecimento emergente tanto em pedagogia como em liderança para a mudança. A ciência cognitiva e a pesquisa sobre aprendizagem, como a desenvolvida no livro *Visible Learning for Teachers* (2012), de John Hattie, nos dá as ferramentas para tornar a aprendizagem eficaz; em contrapartida, temos *insights* sobre as maneiras de usar o digital para acelerar a aprendizagem. Em suma, a pedagogia e o digital estão se cruzando para abrir novas formas radicais de engajamento e aprendizagem mais profunda.

Quando vinculamos o novo conhecimento sobre pedagogia e o digital ao "conhecimento de mudança" (conhecimento sobre como mobilizar indivíduos e grupos à medida que inovam), obteremos avanços na forma como a aprendizagem ocorre, e chamamos isso de "agenda da estratosfera" (FULLAN, 2013). Imagine uma escola onde todos os alunos estejam tão animados que mal podem esperar para chegar lá e também querem continuar sua aprendizagem no final do dia letivo. Os estudantes estão se conectando entre si e com especialistas em todo o mundo enquanto pesquisam, resolvem problemas, colaboram e se conectam com suas comunidades. Imagine a emoção de criar sua própria fonte de energia solar ou desenvolver uma campanha para acabar com a fome em sua comunidade. Os alunos não estão apenas construindo a alfabetização básica e o conhecimento do conteúdo, mas também o mais importante: estão aprendendo a aprender. Os problemas de disciplina desaparecem porque os estudantes estão muito envolvidos, e a aprendizagem torna-se um esforço 24 horas por dia, 7 dias por semana. Os pais demonstram seu apoio ao contribuir para a aprendizagem em casa e virtualmente. Isso pode parecer utópico, mas vemos exemplos desse tipo de inovação em salas de aula, escolas e distritos que estão transformando a aprendizagem tanto para alunos como para adultos. As inovações são promissoras, mas costumam ser exemplos isolados.

Então, por que uma aprendizagem melhor não está acontecendo em todos os lugares? Não é por causa dos *inputs*. Pergunte a qualquer avô de uma criança de 3 anos e ele lhe garantirá que seus netos são gênios – cheios de curiosidade, persistência e criatividade. No entanto, aos 8 anos, começamos a ver os sinais de apatia e tédio se instalando, e isso aumenta ao longo dos anos do ensino médio. A escola tradicional desconectou-se da vida dos alunos fora do ambiente escolar, do mundo real. E o tédio não fica restrito às crianças e aos adolescentes, como ouvimos da diretora de uma escola inovadora: "Os professores também ficavam entediados; eles simplesmente não sabiam disso". Esses são fortes fatores de **repulsão** para a mudança. Ao mesmo tempo, o mundo da aprendizagem digital, dos jogos e da conectividade está explodindo como um fator de atração irresistível, mas muitas vezes aleatório demais para ser produtivo.

Isso nos leva à terceira força de capacitação. Como, então, mobilizamos a energia dessa dinâmica de puxar e empurrar para inovar de forma sustentável? Nenhum sistema ou distrito no mundo obteve ganhos significativos para os alunos sem um foco implacável nos processos de ensino e aprendizagem. O desafio é ir além de inovações isoladas em algumas salas de aula ou escolas para a transformação de cada sala de aula, escola, distrito e além.

Duas noções são críticas. Primeiro, devemos mudar o enfoque no ensino para uma compreensão mais profunda do processo de **aprendizagem** e de como podemos influenciá-lo. As últimas duas décadas de preocupação com os testes de alto desempenho resultaram na fragmentação do processo de aprendizagem em pequenas porções de conteúdo e habilidades que eram praticadas em estilos de memorização mecânica. A recente introdução dos CCSSs promete uma mudança para uma aprendizagem mais autêntica, rigorosa e significativa. Essa promessa só será cumprida se conseguirmos criar uma nova parceria de aprendizagem nas nossas escolas e salas de aula que se construa com o rigor das novas pedagogias. Segundo, o **foco implacável** (ou o processo de construir direção e foco) significa que devemos abandonar a noção de que existe uma solução mágica, pacote ou programa (incluindo tecnologia) e reconhecer que a próxima mudança na aprendizagem exigirá a construção de conhecimento por todos os engajados e deverá afetar **todos** os alunos. Podemos moldar a forma como as crianças se conectam com o mundo e umas com as outras e criar aprendizes profundos, curiosos e comprometidos. A escolha é nossa, mas o tempo está se esgotando porque nossos filhos não podem esperar; eles não vão esperar.

Já estabelecemos que construir direção e foco e também inovação são fundamentais (Capítulo 2) e que a colaboração proposital é o caminho para o progresso (Capítulo 3). A menos que esse foco e essa colaboração sejam direcionados para a melhoria dos processos de ensino e aprendizagem, provavelmente veremos muitas atividades com pouco impacto sobre os alunos. **Aprofundando a aprendizagem** é o terceiro componente da Estrutura da Coerência, e agora veremos como os sistemas podem melhorar drasticamente o engajamento usando o direcionador correto para fazer isso. Existem três elementos que aprofundam a aprendizagem ao fazer o seguinte (ver Figura 4.1):

1. Estabelecer a clareza nos objetivos de aprendizagem profunda.
2. Construir precisão nas pedagogias aceleradas pelo digital.
3. Mudar as práticas por meio da construção de capacitação.

Escolas, distritos e sistemas que mobilizam o direcionador que busca aprofundar a aprendizagem irão cultivar a clareza dos resultados da aprendizagem, identificar e moldar as novas pedagogias combinadas com inovações digitais para construir precisão e usar a aprendizagem colaborativa para mudar as práticas. Muitos distritos e

**Figura 4.1** Aprofundando a aprendizagem.

escolas já estão sobrecarregados tendo que lidar com a pobreza, com o baixo desempenho e com múltiplas demandas, além de tentarem estabelecer o básico. Como eles abordam essa mudança para os mundos digital e global? A solução está em nos tornarmos aprendizes e praticantes reflexivos, trabalhando na melhoria contínua e na inovação de forma simultânea. Isso significa ir mais fundo no aprimoramento de fundamentos, como alfabetização e matemática, ao mesmo tempo em que há engajamento na inovação focada no desenvolvimento do que chamamos de **competências de aprendizagem profunda**.

Os líderes distritais, estaduais e escolares precisam fazer esta pergunta: quais são as duas ou três coisas que mais irão melhorar a aprendizagem dos alunos? Essas podem ser boas estratégias para as habilidades básicas de alfabetização ou para novas parcerias que usam a tecnologia para acelerar a aprendizagem. Em todos os casos, é essencial construir clareza nos objetivos de aprendizagem, ter precisão nas práticas pedagógicas e promover a construção de capacitação e competências coletivas para mobilizar uma mudança consistente nas práticas.

Antes de abordar os três elementos do aprofundamento da aprendizagem, devemos revisitar o papel da tecnologia ou do digital. Consideramos a tecnologia um direcionador inadequado – não porque esteja sempre errada, mas porque sem uma pedagogia precisa ela é ineficaz. É por isso que pesquisadores como John Hattie e Larry Cuban pensam que, inequivocamente, o uso da tecnologia tem impacto insignificante na aprendizagem. A razão disso é que a tecnologia em geral tem sido usada superficialmente ou de forma pedagógica inadequada, não porque não tenha potencial. A questão é que se mantém a mesma lógica até os dias de hoje, ou seja, a estratégia predominante ainda é baseada na "aquisição". Nos últimos 30 anos, bilhões de dólares foram despejados na compra de dispositivos digitais e *software*, com poucos ganhos do sistema completo no desempenho do aluno, que eventualmente poderiam justificar esse investimento. A estratégia de aquisição de implementação única deu atenção limitada ao desenvolvimento de novas pedagogias que usariam a tecnologia como um acelerador, ou à construção de capacitação essencial para garantir que os educadores tivessem a habilidade e o conhecimento para usá-la para ampliação da aprendizagem. Isso está mudando, e fazemos parte dessa mudança na prática em nossa iniciativa NPDL. Nesse novo modelo, a pedagogia é o direcionador e o digital é o acelerador para ir mais rápido e mais fundo na aprendizagem para todos.

Em todo o mundo e em todas as áreas, estamos vendo três tendências que, combinadas, devem mudar a estratégia dos educadores da tradicional simples aquisição de tecnologia para o uso do direcionador correto definido como a **pedagogia acelerada pelo digital**: a proliferação do digital em todas as facetas da vida, o impacto da globalização e as novas pedagogias emergentes para a aprendizagem.

Em *The New Digital Age: Reforming the Future of People, Nations and Business*, Schmidt e Cohen (2013) oferecem *insights* sobre como o mundo digital e a globalização estão se combinando para forçar a mudança:

> Em breve, todos na Terra estarão conectados. Com mais 5 bilhões de pessoas devendo ingressar no mundo virtual, o *boom* da conectividade digital trará ganhos em produtividade, saúde, educação, qualidade de vida e uma infinidade de outros caminhos no mundo físico – e isso será realidade para todos, desde os usuários de elite até aqueles na base da pirâmide econômica.
>
> Novos níveis de colaboração e polinização cruzada em diferentes setores irão garantir, de forma intencional, que muitas das melhores ideias e soluções terão a chance de chegar ao topo e serem vistas, consideradas, exploradas, financiadas, adotadas e celebradas (SCHMIDT; COHEN, 2013, p. 1).

Eles preveem que o pilar mais importante por trás da inovação e da oportunidade é a educação, e que uma forte mudança positiva ocorrerá conforme a conectividade crescente remodelar as rotinas tradicionais e oferecer novos caminhos para a aprendizagem. Eles identificam cinco maneiras pelas quais a internet está impulsionando a nova era digital (SCHMIDT; COHEN, 2013):

- A internet se transformou de uma simples área de transmissão de informações em um espaço multifacetado infinito para a energia e a expressão humanas.
- Nunca antes na história tantas pessoas, de tantos lugares, tiveram tanto poder na ponta dos dedos.
- A proliferação das tecnologias de comunicação avançou a uma velocidade sem precedentes e está se espalhando para os confins do planeta em um ritmo acelerado.
- A forma de conectividade dobra aproximadamente a cada nove meses. A promessa de crescimento exponencial abre possibilidades em gráficos e realidade virtual que tornarão a experiência *on-line* tão real quanto a vida real, ou talvez até melhor.

A tecnologia e a mudança global são inevitáveis, mas podemos escolher como prepararemos a próxima geração para esse desafio. Podemos escolher nos concentrar na aprendizagem e usar a pedagogia como o direcionador e a tecnologia como o acelerador, e isso envolve o engajamento em ciclos rápidos de inovação, aprendendo com o trabalho e melhorando a cada iteração.

Como de costume, buscamos esses novos desenvolvimentos em parceria com profissionais. A melhor maneira de abrir novos caminhos é agir em torno de uma agenda estimulante, e nossa maior incursão é a iniciativa NPDL. Planejamos fazer parceria com aproximadamente 10 grupos de, em média, 100 escolas em 10 países (1.000 escolas) para aprendermos juntos por meio do seguinte:

1. Novas parcerias entre alunos, professores e famílias.
2. Novas práticas pedagógicas vinculadas aos resultados de aprendizagem do século XXI (o que chamamos de 6Cs – **c**omunicação, pensamento **c**rítico, **c**olaboração, **c**riatividade, **c**aráter e **c**idadania).
3. Liderança para a mudança nos níveis da escola e do sistema. Até agora, estamos trabalhando com oito países e mais de 500 escolas.

Também sabemos que além da parceria das novas pedagogias e dos CCSSs, inúmeras outras escolas e distritos, com alguns dos quais trabalhamos, estão engajados em agendas semelhantes. Eles precisarão classificar os três elementos dentro de nosso componente de aprendizagem profunda da Estrutura da Coerência:

1) clareza nos objetivos de aprendizagem, 2) precisão na pedagogia e 3) mudanças nas práticas.

## DESENVOLVA CLAREZA NOS OBJETIVOS DE APRENDIZAGEM

O primeiro passo na construção de práticas consistentes e precisas é ter clareza nos objetivos de aprendizagem. Durante o último quarto de século, a educação tem falado superficialmente sobre as habilidades do século XXI, sem muita ação orquestrada ou impacto. A energia foi investida na descrição de conjuntos de habilidades sem uma implementação muito forte ou maneiras eficazes de medi-las. Se quisermos mobilizar uma ação coordenada e uma mudança profunda na prática, os governos, os distritos e as escolas precisam desenvolver clareza dos resultados e construir um entendimento compartilhado entre educadores, alunos e pais. Os CCSSs são um passo na direção de uma aprendizagem mais profunda.

A iniciativa NPDL está desenvolvendo clareza nos objetivos de aprendizagem para o que chama de aprendizagem profunda, que envolve o uso de novos conhecimentos para resolver problemas da vida real e incorpora uma gama de habilidades e atributos. A parceria global está trabalhando para definir com especificidade seis competências de aprendizagem profunda (os 6Cs), descrever como a aprendizagem seria para cada uma delas, identificar as pedagogias que fomentam essas competências e projetar novas medidas para avaliar o progresso do aluno em desenvolvê-las. Sua estrutura de competências de aprendizagem profunda e os descritores iniciais de cada uma delas e suas dimensões são exibidos na Figura 4.2.

O objetivo geral dos 6Cs é o bem-estar do aluno como um todo, mas também do grupo e da sociedade. A aprendizagem torna-se o desenvolvimento de competências para a negociação bem-sucedida de um mundo incerto. Aprender é desenvolver as capacidades pessoais, interpessoais e cognitivas que permitem diagnosticar o que está acontecendo no contexto humano e técnico complexo e em constante mudança da prática do mundo real e, em seguida, encontrar uma resposta apropriada (FULLAN; SCOTT, 2014).

Essa nova conceituação do que precisamos para ter sucesso na vida está ganhando atenção em todos os setores. Em seu livro *Thrive*, de 2014, Ariana Huffington descreve como, sendo CEO e cofundadora do Huffington Post Media Group, ela quase se esgotou de trabalhar aos 40 anos e entrou em colapso por exaustão após dois anos de trabalho contínuo com 18 horas por dia, 7 dias por semana. Ela recalibrou sua vida e determinou que, além de dinheiro e poder, existe uma terceira métrica que consiste em uma síndrome que inclui o seguinte: bem-estar, sabedoria, admiração e doação. Ela descobriu novos valores essenciais, e no nosso caso, devemos ajudar os alunos a desenvolver um senso aguçado do que eles valorizam e estão comprometidos em ser e fazer (HUFFINGTON, 2014).

## Comunicação

- Comunicação coerente usando uma variedade de modos
- Comunicação projetada para diferentes públicos
- Comunicação substantiva e multimodal
- Reflexão e uso do processo de aprendizagem para melhorar a comunicação

## Pensamento crítico

- Avaliação de informações e argumentos
- Realização de conexões e identificação de padrões
- Solução de problemas
- Construção de conhecimento significativo
- Experimentação, reflexão e ação com base nas ideias do mundo real

Colaboração

- Trabalho de forma interdependente como uma equipe
- Habilidades interpessoais e relacionadas à equipe
- Habilidades sociais, emocionais e interculturais
- Gestão da dinâmica e desafios da equipe

Criatividade

- Empreendedorismo econômico e social
- Realização das perguntas certas
- Consideração e busca de novas ideias e soluções
- Liderança para a ação

Caráter

- Aprendendo a aprender
- Determinação, tenacidade, perseverança e resiliência
- Autorregulação e responsabilidade
- Empatia e contribuição para a segurança e o benefício de outras pessoas

Cidadania

- Uma perspectiva global
- Compreensão de diversos valores e visões de mundo
- Interesse genuíno na sustentabilidade humana e ambiental
- Resolução de problemas ambíguos, complexos e autênticos

**Figura 4.2** Competências da aprendizagem profunda: 6Cs.
*Fonte:* New Pedagogies... (2014).

Nesse contexto, Fullan e Scott (2014) sugerem que bem-estar e sucesso na vida incorporam dois grandes Es: **empreendedorismo** e **ética**. Cada vez mais no que poderíamos chamar de cidadão do futuro e, na verdade, do presente, não deveria haver distinção entre ser capaz de trabalhar com as mãos e com a mente. Empreendedorismo significa ser capaz de resolver desafios pessoais e sociais complexos, local e globalmente, não diz respeito apenas a empreendimentos comerciais. Cada vez que um grupo tenta resolver um problema social (crime juvenil, falta de moradia, *bullying*, e assim por diante), eles exigem habilidades empreendedoras de pensamento crítico, resolução de problemas, ideias inovadoras, colaboração e comunicação e qualidades de caráter.

A marca de uma pessoa educada é a de um **fazedor** (um pensador que faz; um fazedor que pensa). Eles aprendem a fazer e fazem para aprender, são impacientes com a falta de ação, e fazer não é algo que decidam fazer – a vida diária **é fazer**, tão natural quanto respirar. Junto com o fazer está uma consciência primorosa da **ética da vida**. A ética em pequena escala é como eles tratam os outros; a ética em grande escala diz respeito à humanidade e à evolução do planeta. Quando mudamos nosso sistema educacional, e quando hordas de pessoas estão agindo individual e coletivamente de maneira empreendedora e ética, o mundo muda e continua mudando com adaptação integrada. A esse respeito, uma característica fundamental da aprendizagem profunda é que ela existe "no momento". Essa noção se conecta à observação de John Dewey, há cerca de 100 anos, de que "a educação não é uma preparação para a vida, ela é a vida". Assim, na NPDL, a distinção entre viver, aprender e ensino torna-se confusa. Os alunos estão vivendo e criando sua própria vida e futuro por meio da compreensão e da tentativa de resolver problemas globalmente e em suas comunidades (FULLAN; SCOTT, 2014).

Essa capacidade de fundir e integrar as competências também foi reforçada em um *blog, The unexpected path to creative breakthroughs* (em tradução livre, "O caminho inesperado para avanços criativos"), de Tim Brown, CEO da IDEO, uma empresa de inovação e *design*. Ele nos lembra de evitar a pressão de nos definirmos como pessoas das humanidades ou da ciência, como artistas ou *geeks*, como intuitivos ou analíticos, mas abraçar os dois lados. Ele resgata exemplos da história, como Leonardo da Vinci, Frank Gehry e Steve Jobs, pessoas que romperam a divisão entre as artes e as ciências como ponto de partida para inovações ousadas (BROWN, 2014).

Nos Estados Unidos, os CCSSs são outro veículo para a construção de clareza nos objetivos de aprendizagem, pois têm uma linguagem comum e, se implementados efetivamente, promovem consistência da prática. Um dos nossos colegas no trabalho de novas pedagogias descreveu a relação entre CCSS e NPDL da seguinte forma: os resultados dos CCSSs combinam bem com os da NPDL. Uma das características marcantes dos CCSS é a oportunidade para os alunos construírem conhecimento sobre o mundo e outras disciplinas por meio de textos, não dependendo de seus professores. Esse processo requer que os alunos sejam capazes de ler atentamente, pensar profundamente e aprender de forma independente, e muda o papel do professor de detentor de conhecimento para um ativador de aprendizagem profunda e significativa. Isso representa uma mudança profunda na instrução; em vez de receber passivamente conhecimentos e fatos, espera-se que os alunos participem ativamente de sua própria educação, aplicando suas habilidades e conhecimentos de maneira independente. Essencialmente, professores e alunos tornam-se parceiros no processo de aprendizagem. Os CCSSs têm o potencial de apresentar objetivos de aprendizagem claros (o "o quê"), mas seu ponto fraco é que, em sua forma atual, eles não fornecem o "como" para transformar os processos de ensino e aprendizagem. Entretanto, a NPDL e os CCSSs estão alinhados objetivando as mesmas competências de aprendizagem (os 6Cs) e fornecem *insights* importantes sobre o "como". Usando estratégias de ensino inovadoras e de ponta, os professores capacitam os alunos a desenvolver fortes habilidades de pensamento crítico, como interpretação, análise, síntese e avaliação. Dessa forma, os estudantes não apenas serão capazes de pensar profundamente e de forma independente, mas também conseguirão articular o "por quê" por trás de seu aprendizado. Eles são levados a utilizar os conceitos em vez de simplesmente memorizá-los. Além disso, essas estratégias baseiam-se na crença de que, para que os alunos floresçam no século XXI, eles devem ter um papel ativo em sua própria educação (HAMILTON, 2014).

É claro que educadores, empresas e pais reconhecem que os fundamentos tradicionais não são suficientes e que as gerações futuras também precisam dos 6Cs se quiserem prosperar. O que é crítico para escolas, distritos e sistemas educacionais não é apenas definir as competências de aprendizagem profunda, mas identificar suas inter-relações, as práticas que fomentam o progresso em seu desenvolvimento e maneiras de cultivar e compartilhar essas práticas com consistência para todos os alunos.

## CONSTRUA PRECISÃO NA PEDAGOGIA

Escolas e distritos que fazem melhorias sustentadas na aprendizagem de todos os alunos desenvolvem estruturas ou modelos explícitos para orientar o processo de aprendizagem. Esse **sistema de orientação educacional** (BRYK *et al.*, 2010) é crucial porque representa a "caixa preta" da implementação. A história da educação é fortemente voltada para objetivos e resultados elevados (geralmente mal avaliados), mas é fraca em relação ao olhar para a pedagogia. Nossa Estrutura da Coerência faz a precisão pedagógica ser uma prioridade e uma força motriz.

Os sistemas educacionais ou pedagógicos (usamos os termos alternadamente) devem incluir o desenvolvimento de pelo menos os quatro componentes a seguir:

- **Criar uma linguagem e uma base de conhecimento comuns.** Cultivar o engajamento de todo o sistema, envolvendo todos os níveis para capturar e criar um modelo de aprendizagem e ensino. Identificar os objetivos e os princípios que fundamentam o processo de aprendizagem. Essa abordagem colaborativa cria uma linguagem para promover conversas significativas sobre a prática.
- **Identificar práticas pedagógicas comprovadas.** Em geral o processo começa com uma análise das melhores práticas usadas no distrito e um exame da pesquisa para validar o modelo. Senso de propriedade e compromisso surgem em todos os níveis do estudar, trabalhar e aprender juntos do sistema.

- **Construir capacitação.** Fornecer um processo de desenvolvimento de capacitação consistente e sustentada com base em práticas comprovadas por pesquisas para construir precisão na pedagogia. Os professores precisam de "um conhecimento multidimensional profundo que lhes permita avaliar as situações rapidamente e recorrer a uma variedade de repertórios para intervenção. Os professores possuem tal conhecimento, mas é amplamente invisível para o campo como um todo. Existem poucas maneiras de reuni-lo, codificá-lo e compartilhá-lo" (MEHTA; SCHWARTZ; HESS, 2012). A construção de capacitação coletiva e os processos de trabalho colaborativos apresentados nos capítulos anteriores tornam o conhecimento e as habilidades acessíveis e visíveis a todos.
- **Fornecer ligações causais claras para análise do impacto.** As pedagogias devem especificar a via de mão dupla entre a aprendizagem e a avaliação. Esse processo serve para fortalecer a especificidade da prática educacional e sua eficácia causal em fazer a diferença na aprendizagem. Esse é o ponto em que Hattie (2012) quer chegar com seu mantra "conheça o seu impacto". Conhecer o seu impacto não é apenas uma questão de ser responsável pelos resultados, mas também repercute para evidências de como o ensino e a aprendizagem podem ser fortalecidos.

Na última década, a América do Norte e o mundo têm se concentrado no desenvolvimento de habilidades básicas de letramento e matemática. Elas são fundamentais para a aprendizagem e continuam a ser essenciais, mas não são suficientes para preparar os alunos para o mundo complexo que eles enfrentarão. Escolas, distritos e países devem encontrar maneiras de sustentar a melhoria contínua no básico, enquanto constroem práticas inovadoras para desenvolver o que chamamos de competências de aprendizagem profunda (definidas anteriormente). Implementar a promessa dos CCSSs para mais pensamento crítico e resolução de problemas e, de fato, ingressar no mundo digital global exigirá o que chamamos de novas pedagogias.

O conceito de "simplexidade" refere-se ao menor número de elementos potencialmente inter-relacionados que se alimentam uns dos outros e alcançam o sucesso. O segredo da NPDL está em desenvolver a capacidade do professor para identificar as peças inter-relacionadas e, mais importante, desenvolver a precisão em como combiná-las ou torná-las uma única liga para atender às diferentes necessidades dos alunos.

No trabalho da NPDL, identificamos três ramos de especialização que os professores precisam tecer juntos se quiserem apoiar uma aprendizagem mais profunda. Trata-se de precisão em **parcerias pedagógicas** que envolvem os alunos no codesign de aprendizagem autêntica e relevante, **ambientes de aprendizagem** que promovem o correr riscos e conexões 24 horas por dia, 7 dias por semana, e **alavancagem digital** para acelerar a aprendizagem.

Examinaremos cada uma das três vertentes da NPDL representadas na Figura 4.3 e, em seguida, consideraremos uma abordagem para desenvolver a construção de capacitação para combiná-las.

## Parcerias pedagógicas

O primeiro caminho reconhece que os professores devem ter profundo conhecimento em práticas de ensino e avaliação se quiserem maximizar o impacto e o uso do digital para acelerar a aprendizagem. Essas novas pedagogias baseiam-se em práticas pedagógicas já comprovadas, mas as fundem com práticas inovadoras emergentes que fomentam a criação e a aplicação de novas ideias e conhecimentos na vida real. Os educadores devem aprimorar um conhecimento profundo do processo de aprendizagem e um repertório de estratégias, se quiserem usar o digital como um acelerador. A mágica não está no dispositivo, mas na estrutura de experiências e desafios perfeitamente ajustados às necessidades e aos interesses dos alunos e maximizados por meio de relevância, autenticidade e conexões com o mundo real.

O primeiro passo para construir precisão nas práticas pedagógicas é uma cultura que incentiva a aprendizagem para todos. Se os adultos não estão pensando em níveis elevados, é improvável que os alunos também estejam. Os distritos e as escolas que obtêm resultados têm clareza sobre os elementos de seu sistema de ensino. Eles constroem conhecimento a partir da pesquisa combinada com as melhores práticas em seu contexto e, em seguida, garantem que todos tenham as habilidades e os recursos para aplicá-los de forma adequada.

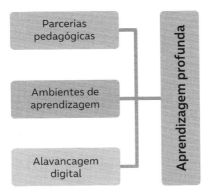

**Figura 4.3** As novas pedagogias.

Escolas e distritos que desejam construir uma linguagem comum e uma base de conhecimento e ainda identificar práticas pedagógicas comprovadas podem considerar o trabalho de John Hattie em *Visible Learning*, de 2009. Ele analisa o impacto das estratégias de ensino e conclui que o que é necessário para elevar o padrão e eliminar as grandes diferenças é a geração de consenso e o desenvolvimento de habilidades por todos os professores envolvidos com grupos de alunos em torno das estratégias mais impactantes. Ele diferencia o papel dos professores como facilitadores, que tem um impacto de 0,17 na aprendizagem, do papel dos professores como ativadores, de 0,87, que é muito mais poderoso, pois é mais ativo no envolvimento da aprendizagem do aluno e na definição do desafio que deve vir com a próxima prática.

Vimos anteriormente que, em sua pesquisa mais recente, Hattie (2012) descobriu que a **eficácia coletiva** (agora chamada de *expertise* **colaborativa**) dos professores teve o maior impacto de todas as cerca de 150 práticas que ele examinou. Pode-se ver também em nossa definição da nova pedagogia como centrada na parceria de aprendizagem entre professores, alunos e famílias que a eficácia coletiva para esse trio de parceiros poderia ser ainda mais poderosa.

Em suas descobertas sobre estratégias de ensino, uma correlação de 0,40 ou mais representa o crescimento de um ano em um ano. Algumas estratégias notáveis de alto impacto que estariam no repertório de um ativador incluem o seguinte:

| | |
|---|---|
| Análise de tarefa cognitiva | 0,87 |
| Dar *feedback* | 0,75 |
| Relação professor-aluno | 0,72 |
| Expectativas do aluno | 1,44 |

Duas estratégias subutilizadas com imenso poder são dar *feedback* e trabalhar com as expectativas dos alunos. Hattie (2012) relata que, em média, os alunos obtêm de três a cinco segundos de *feedback* preciso por dia. O que eles precisam é de um *feedback* que os ajude a definir o próximo desafio para sua aprendizagem e o que vem a seguir. Os jogos são um bom exemplo de fornecimento de *feedback* específico e oportuno que desafia o aluno a níveis de desempenho consistentemente mais altos. Isso exige que os professores levem os alunos do patamar de conhecimento que eles estão para além, com critérios de sucesso explícitos.

O autor também faz uma distinção entre estratégias apropriadas para aprendizagem superficial *versus* aprendizagem profunda. Ele define a aprendizagem **superficial** não como trivial ou menos importante, mas aquela que é essencial para compreender o conteúdo e desenvolver habilidades básicas. A aprendizagem superficial torna-se, então, a base para uma aprendizagem **mais profunda**, que se trata da capacidade de compreender conceitos, pensar criticamente, resolver problemas e aplicar a aprendizagem de maneira autêntica. As estratégias para uma aprendizagem mais profunda incluem investigação, aprendizagem baseada em problemas e abordagens de produção de conhecimento. Essas estratégias não são apenas subutilizadas, mas muitas vezes não são usadas de maneira adequada e não conseguem obter os resultados que poderiam.

Essas e outras estratégias claramente têm potencial para preencher a lacuna, se aplicadas com fidelidade e conhecimento profissional. O que é crucial para escolas e distritos é uma estratégia intencional para cultivar culturas colaborativas em que os professores se tornem mais precisos em saber qual estratégia é mais apropriada para determinado aluno e determinada tarefa.

Nenhum processo de ensino e aprendizagem está completo sem abordar a caixa preta da avaliação. Em nosso trabalho nas NPDLs, não estamos apenas identificando as pedagogias que afetam a aprendizagem, mas também criando novas ferramentas e medidas para o sucesso dos alunos. Estamos mudando a lógica de medir o que é fácil para medir o que é importante. Se queremos que os alunos desenvolvam os 6Cs de comunicação, pensamento crítico, colaboração, criatividade, caráter e cidadania, precisamos ser capazes de definir e medir essas competências. Para tanto, criamos progressões de aprendizagem que descrevem o caminho que muitos alunos seguiriam no desenvolvimento de uma competência. Essas ferramentas tornam-se a âncora para uma discussão significativa à medida que grupos de professores projetam uma aprendizagem mais significativa com base nas competências; alunos e professores desenvolvem critérios de sucesso, monitoram o progresso e avaliam o crescimento. Em seguida, equipes docentes examinam de forma colaborativa o trabalho e os processos dos alunos para analisar a qualidade do projeto de aprendizagem e do progresso do aluno. Eles usam esses dados para identificar o próximo desafio de aprendizagem apropriado.

O caminho para a mudança é acelerado quando os educadores se envolvem em um diálogo significativo sobre a prática eficaz usando as estratégias que fornecem o maior impacto. O exame colaborativo da prática, conforme descrito no Capítulo 3, aumenta essa precisão e faz os professores aumentarem suas expectativas para si mesmos e para os alunos. Essa precisão da prática pedagógica é essencial como base para uma aprendizagem mais profunda. Estamos vendo novos relacionamentos e maneiras de interagir começando a emergir – o que chamamos de novas parcerias de aprendizagem – à medida que os professores usam seu conhecimento profissional e experiência para envolver e apoiar a aprendizagem com e entre os alunos de novas maneiras.

As novas pedagogias não apenas mudam a pedagogia entre alunos e professores, elas exploram mais profundamente novos papéis para os alunos. Uma das diferenças mais distintas entre a aprendizagem tradicional e as novas pedagogias é o papel que os estudantes desempenham e "as novas parcerias de aprendizagem" que surgem de aluno para aluno, de aluno para professor e de aluno para o mundo externo. Novos objetivos de aprendizagem requerem mudanças na forma como as relações entre alunos, professores, famílias e comunidade são estruturadas. A mudança em direção a parcerias de aprendizagem ativa exige que os alunos assumam maior controle de sua própria aprendizagem e da aprendizagem uns dos outros, dentro e fora da sala de aula. As novas parcerias de aprendizagem têm o potencial de criar uma aprendizagem mais autêntica e significativa nos âmbitos local, nacional e global, e esse papel mais ativo aumenta o envolvimento do estudante. A mudança para um novo equilíbrio na tomada de decisão é inevitável porque os alunos não estão mais dispostos a ser receptores passivos da aprendizagem definida por outra pessoa, estão digitalmente conectados a grandes quantidades de novas ideias e informações e respondem às abordagens didáticas tradicionais com passividade, uma vez que eles já têm as habilidades fundamentais.

Escolas e distritos que abraçam a nova parceria de aprendizagem estão vendo um crescimento exponencial no envolvimento e sucesso dos alunos. Nós filmamos recentemente na WG Davis Middle School, em Ontário, onde, em 2009, os alunos estavam desinteressados, os comportamentos perturbadores estavam aumentando e o desempenho estava diminuindo. O diretor e a equipe colaboraram durante vários meses para encontrar uma solução. Eles finalmente compreenderam que seus alunos precisavam de melhores modelos a seguir e da aplicação do tipo de envolvimento digital que valorizavam fora da escola. Eles perceberam que eram eles que deveriam se tornar modelos para seus alunos. Isso deu início a um processo de implementação de uma aprendizagem mais autêntica, usando unidades baseadas em problemas que ultrapassaram os limites do conteúdo tradicional e utilizando uma nova política de BYOD. A mudança para o planejamento interdisciplinar e o aumento do uso da tecnologia fizeram os professores saírem de sua zona de conforto. Eles começaram a usar novas estratégias para coplanejar, bem como recursos digitais apoiando uns aos outros e sentindo-se apoiados para assumir riscos e até mesmo falhar no início. Quase imediatamente, eles perceberam que seus papéis com os alunos estavam mudando drasticamente. Os estudantes estavam mais engajados e o tempo do professor na sala de aula era gasto em dar *feedback* e desafiar a próxima etapa da aprendizagem, em vez de passar o conteúdo. À medida que se concentraram na aprendizagem significativa e relevante usando o que chamamos de novas pedagogias, eles também viram um salto de mais de 20% nas pontuações de leitura e escrita ao longo de três anos nos testes nas províncias (WILLIAM..., 2014).

As novas parcerias de aprendizagem que vimos na WG Davis levam tempo e experiência para serem desenvolvidas. As parcerias de aprendizagem significativas com os alunos podem ser aceleradas quando os professores enten-

Coerência **89**

dem os três elementos do modelo de aprendizagem do aluno, representado na Figura 4.4.

Esse modelo vai além das noções de voz e ação do aluno, combinando desenvolvimento interno e conexões externas com o mundo. Não estamos falando aqui sobre fóruns de alunos ou pesquisas de interesse (embora possam fazer parte da abordagem), mas sobre um envolvimento mais profundo dos alunos como coprojetistas e coaprendizes. Os três elementos do modelo contribuem para o desenvolvimento dos indivíduos como estudantes ativos e engajados, preparados para aprender para a vida e vivenciar a aprendizagem como a própria vida. Os educadores precisam estar cientes desses elementos-chave para projetar a aprendizagem e ambientes que maximizem o potencial de sucesso. Além do mais – e isso é crucial –, nenhum desses três componentes são variáveis fixas, podendo ser alterados por meio de intervenção. Esse domínio representa um conjunto amplamente subutilizado de fatores que teriam um rendimento muito alto (baixo custo, alto impacto). O modelo de aprendizagem do aluno concentra-se, então, nos três elementos do desenvolvimento do estudante e nas maneiras como eles se tornam participantes ativos na minha aprendizagem, no meu pertencimento e nas minhas aspirações.

**Figura 4.4** Modelo de aprendizagem do aluno.

## Minha aprendizagem

O primeiro elemento refere-se à necessidade de os alunos assumirem a responsabilidade por sua aprendizagem e compreenderem o processo, a fim de que ele seja maximizado. Isso requer o desenvolvimento das habilidades de **aprender a aprender**, dar e receber *feedback* e exercer **a agência do aluno**.[1]

- Aprender a aprender requer que os alunos construam metacognição sobre sua aprendizagem. Eles começam a definir seus próprios objetivos de aprendizagem e critérios de sucesso, monitorar sua própria aprendizagem e examinar criticamente seu trabalho, e incorporar *feedback* de colegas, professores e outras pessoas a fim de aprofundar sua consciência de como funcionam no processo.
- O *feedback* é essencial para melhorar o desempenho. À medida que os alunos progridem no domínio do processo de aprendizagem, o papel do professor muda gradualmente de uma lógica de estruturar explicitamente a tarefa de aprendizagem para a lógica de fornecer *feedback*, ativar o próximo desafio e desenvolver continuamente o ambiente de aprendizagem.
- O protagonismo dos alunos surge à medida que eles assumem um papel mais ativo no codesenvolvimento de tarefas de aprendizagem e na avaliação dos resultados. É mais do que participação, trata-se de envolvê-los na tomada de decisões real e na vontade de aprender juntos.

## Meu pertencimento

O segundo elemento, definido como meu pertencimento, é base crucial para todos os seres humanos, que são sociais por natureza e anseiam por propósito, significado e conexão com os outros.

- Ambientes **atenciosos** ajudam os alunos a florescer e atender às necessidades básicas de todos os seres humanos de se sentirem respeitados e de pertencerem.
- Os **relacionamentos** são essenciais à preparação para uma aprendizagem autêntica. À medida que os alunos desenvolvem conexões interpessoais e visão intrapessoal, eles são capazes de avançar para tarefas mais complexas em grupos e de forma independente. Gerenciar relacionamentos colaborativos e fazer automonitoramento são habilidades para a vida toda.

---

[1] N. de R. T. O conceito de agência do aluno está relacionado com ação, assumir o protagonismo e ter autonomia em seu processo de aprendizagem.

*Minhas aspirações*

Os resultados dos alunos podem ser drasticamente afetados pelas expectativas que eles têm de si mesmos e pela forma como acham que os outros os percebem (ver também QUAGLIA; CORSO, 2014).

- As **expectativas** são um fator determinante do sucesso, conforme observado na pesquisa de Hattie (2012). Os alunos devem acreditar que podem ter sucesso e sentir que os outros também acreditam nisso. Eles devem codeterminar os critérios de sucesso e estar empenhados em medir seu crescimento. Famílias, alunos e professores podem, juntos, perseguir expectativas mais altas deliberadamente – às vezes, simplesmente discutindo as expectativas atuais e ideais e o que é importante para que sejam alcançadas.
- **Necessidades e interesses** são um poderoso acelerador de motivação e engajamento. Os professores que exploram a curiosidade natural e o interesse dos alunos são capazes de usar isso como um trampolim para envolvê-los profundamente em tarefas relevantes, autênticas e no exame de conceitos e problemas em profundidade.

Professores, escolas e distritos que combinam estratégias para promover os três elementos em seus alunos fomentarão o potencial inexplorado e formarão parcerias de aprendizagem significativas.

## Ambientes de aprendizagem

A segunda vertente que promove a transformação para a aprendizagem profunda é uma mudança no ambiente de aprendizagem. Ambientes de aprendizagem de qualidade que usam as práticas pedagógicas e constroem as parcerias de aprendizagem descritas anteriormente precisam atender a quatro critérios: ser irresistivelmente envolventes para alunos e professores, permitir acesso 24 horas por dia, 7 dias por semana à aprendizagem, cultivar a aprendizagem social e promover a aceitação de riscos e a inovação. Alunos e professores prosperam nesse tipo de ambiente.

Como, então, podemos transformar as salas de aula tradicionais em locais de energia, curiosidade, imaginação e aprendizagem profunda? Um vídeo recente do inventor do cubo de Rubik, Erno Rubik, lança luz sobre o dilema quando pergunta: "como podemos fazer os professores pararem de ensinar respostas e, em vez disso, ajudarem os alunos a gerarem perguntas que estão esperando por respostas?".

Não existe uma receita única para a criação de salas de aula que provoquem uma aprendizagem profunda, mas, quando olhamos para os primeiros inovadores, vemos algumas características comuns. Nas escolas em vias de aprofundar a aprendizagem, há o seguinte:

- **Alunos fazendo as perguntas.** Eles têm habilidades e linguagem para pesquisar e não recebem passivamente as respostas dos professores.
- **Perguntas com valor para além das respostas.** O processo de aprendizagem, descoberta e transmissão é tão importante quanto o resultado final.
- **Modelos variados de aprendizagem.** A seleção de abordagens é adaptada às necessidades e aos interesses dos alunos, que recebem apoio para alcançar o próximo desafio.
- **Conexões explícitas com aplicação ao mundo real.** Os projetos de aprendizagem não são deixados ao acaso, mas estruturados e construídos com base na relevância e no significado.
- **Colaboração.** Os alunos têm habilidades para colaborar dentro e fora da sala de aula.
- **Avaliação da aprendizagem integrada, transparente e autêntica.** Os alunos definem objetivos pessoais, monitoram o progresso em direção a critérios de sucesso e se envolvem em *feedback* com colegas e outras pessoas.

A atenção a esses critérios criará ambientes de aprendizagem nos quais os alunos podem florescer. Escolas, distritos e sistemas devem considerar o grau em que os estudantes se encontram, a fim de proporcionar condições que apoiem esse tipo de ambiente de aprendizagem.

## Alavancagem digital

A terceira vertente do trio de aprendizagem profunda é a alavancagem digital. Mudamos propositalmente do termo **tecnologia** para sinalizar que essa discussão não é sobre dispositivos, mas sobre aprendizagem que pode ser amplificada, acelerada e facilitada pela interação com o mundo digital. Isso exige repensar as maneiras como usamos a tecnologia. Não se trata de colocar um dispositivo na frente de cada aluno e deixá-lo aprender por conta própria, pois isso só resultará em indivíduos isolados digitais. Trata-se de trazer o mundo digital para dentro do processo de aprendizagem e de construir colaboração, dentro e fora da sala de aula, de maneiras autênticas e relevantes.

Alan November (2012), um pioneiro no uso significativo da tecnologia por mais de três décadas, descreve essa nova visão do mundo digital como "uma aprendizagem transformadora além do lápis de mil dólares" (NOVEMBER, 2012)[2]. Apenas adicionar dispositivos não é suficiente; mentalidades e comportamentos precisam mudar tanto para alunos quanto para professores. Ele enfatiza que os alunos devem

---

[2] N. de T. Uma referência ao mau uso do computador na área da educação: usar o computador como se fosse um lápis de mil dólares.

ser ensinados a usar a tecnologia de maneira apropriada, segura e ética para obter compreensão nos níveis mais elevados (taxonomia de Bloom ou profundidade de conhecimento). Então, os professores "orientam os alunos nas tarefas complexas de inovação e resolução de problemas e na realização de trabalhos que contribuam para os processos de aprendizagem de outros" (NOVEMBER, 2012, p. 18).

Em seu livro *Who Owns the Learning*, November desafia os educadores a se fazerem seis perguntas para determinar se estão indo além do uso superficial do digital:

1. A tarefa proposta permitiu o desenvolvimento do pensamento crítico na *web*?
2. A tarefa proposta desenvolveu novas linhas de investigação?
3. Existem oportunidades para ampliar a perspectiva da conversa com públicos autênticos de todo o mundo?
4. Existe uma oportunidade para os alunos publicarem – em várias mídias com capacidade de *feedback* contínuo?
5. Existe uma oportunidade para os alunos criarem uma contribuição (trabalho com propósito)?
6. A tarefa proposta demonstra exemplos de "melhores do mundo" em conteúdo e habilidade?

O desafio para os líderes é ajudar os educadores a passar do uso da tecnologia como substituição para usos do digital que fornecem valor. Por exemplo, se sou um aluno estudando sobre pobreza e uso a tecnologia para criar uma apresentação no computador em vez de escrever um relatório à mão, pode haver pouco valor agregado. Em comparação, se eu entrevistar pessoas em quatro comunidades globais que vivem na pobreza, sintetizar essas informações e criar meu relatório, haverá um enorme valor agregado por meio das camadas de pensamento crítico, comunicação, caráter e cidadania global.

## Fazendo as novas pedagogias "se conectarem"

A construção de capacidades relacionadas às três vertentes das novas pedagogias requer persistência e compromisso. Encontramos um bom exemplo de foco sustentado que obtém resultados novos e melhores em nosso trabalho com o Napa Valley Unified School District. O distrito está progredindo na construção de práticas pedagógicas poderosas, particularmente na aprendizagem baseada em problemas e na alavancagem digital. Napa desenvolveu um foco instrucional sobre o que eles chamam de seus 4Cs, e combina isso com o uso crescente do digital. A abordagem começou há mais de uma década na New Tech High, mas evoluiu para envolver todo o distrito. Napa construiu intencionalmente a capacitação dos professores em todas as escolas, ao longo do tempo, para usar a nova pedagogia e, em seguida, introduziu dispositivos digitais para enriquecer o pensamento e a aprendizagem. Eles abordaram a inovação iniciando com algumas escolas, mas usando esse aprendizado em rápidos ciclos de reflexão e difundindo o conhecimento para todas as escolas. Todos os anos, eles realizam um "intercâmbio de educadores" para compartilhar o conhecimento que estão adquirindo com suas escolas, mas também lateralmente com outros distritos escolares.

Escolas e distritos precisam fomentar a investigação colaborativa nas três vertentes das novas pedagogias: parcerias pedagógicas, ambientes de aprendizagem e alavancagem digital. Não existe uma receita simples; esse é um trabalho para educadores profissionais que devem desenvolver a experiência e a base de conhecimento que é o alicerce para promover uma aprendizagem mais profunda. A simplicidade é conhecer os elementos e integrá-los para que cada criança tenha uma experiência de aprendizagem que a desafie e apoie. O desafio para escolas e distritos é criar entusiasmo em todas as salas de aula.

## MUDANÇA DE PRÁTICAS POR MEIO DA CONSTRUÇÃO DE NOVAS CAPACIDADES

Uma vez que os distritos e as escolas tenham evidenciado os objetivos de aprendizagem e desenvolvido precisão nas práticas pedagógicas, eles devem se concentrar no "como" relacionado às mudanças de práticas. Eles precisam identificar os processos que apoiarão uma mudança na prática para **todos** os educadores. Vamos destacar os principais atributos e, em seguida, ilustrar com exemplos em ação.

Quando observamos os distritos que estão mudando para apoiar a aprendizagem profunda, vemos que várias condições estão presentes. Superintendentes e diretores mudam os comportamentos em grande escala quando combinam as estratégias observadas no Capítulo 3.

- Eles são modelos como líderes aprendizes. Não enviam pessoas para sessões de formação, mas aprendem com elas.
- Eles moldam uma cultura que estimula a expectativa de aprendizagem para todos, assumindo riscos e cometendo erros, mas aprendendo com eles.
- Eles constroem capacitação vertical e horizontalmente na organização com persistência e determinação até que isso influencie a aprendizagem.

Como as escolas e os distritos lidam com a mudança para a aprendizagem profunda?

O primeiro passo para fazer uma mudança é avaliar o ponto de partida. Apresentamos algumas perguntas para reflexão sobre sua capacidade de mudar as práticas em sua escola, seu distrito ou seu estado.

## Avaliação de capacitação

*Professores:*

1. Os professores têm conhecimentos e habilidades nas práticas pedagógicas?
2. Os professores têm conhecimento e habilidades para desenvolver novas parcerias de aprendizagem?
3. Os professores têm o conhecimento e as habilidades para criar ambientes de aprendizagem que vão além da sala de aula tradicional?
4. Os professores têm o conhecimento e as habilidades para usar recursos digitais para acelerar a aprendizagem?

*Escolas:*

1. Os líderes escolares têm o conhecimento e as habilidades para criar uma cultura de aprendizagem para professores e alunos?
2. As escolas têm processos e estruturas de aprendizagem colaborativa?
3. As escolas têm acesso a modelos de práticas eficazes e oportunidades para compartilhar lateral e verticalmente?

*Distritos:*

1. O distrito tem objetivos claros de aprendizagem?
2. As práticas pedagógicas de alto rendimento foram identificadas e compartilhadas?
3. O distrito cria uma cultura de aprendizagem para todos os educadores?
4. O distrito fornece recursos para que estruturas e processos de aprendizagem colaborativa prosperem?

Apresentaremos exemplos para ilustrar como escolas e distritos podem usar os elementos da Estrutura da Coerência para avaliar seu ponto de partida e, em seguida, focar na melhoria contínua dos letramentos básicos ou sustentar esses fundamentos enquanto inovam com uma aprendizagem mais profunda.

O primeiro exemplo de escola é a Cochrane Collegiate Academy, na Carolina do Norte, Estados Unidos, que em 2008 não tinha clareza de objetivos, tinha pouca precisão ou consistência na pedagogia e tinha capacidade e cultura fracas para apoiar a mudança. Eles precisavam se concentrar incansavelmente na melhoria contínua dos fundamentos. O segundo exemplo de escola é a Park Manor Senior Public School, em Ontário, Canadá, que tinha alguma clareza de objetivos, boa pedagogia e capacitação de professores, mas apresentava baixo desempenho. Eles combinaram melhoria contínua, inovação, aprendizagem profunda e digital e viram seus resultados em redação disparar.

## Cochrane Collegiate Academy

Examinaremos primeiro uma escola que foi capaz de engajar uma população estudantil de baixo desempenho com resultados significativos usando precisão pedagógica e construção de capacitação. Em 2007, a Cochrane Collegiate Academy, em Charlotte, Carolina do Norte, foi listada como uma das 30 instituições de ensino de pior desempenho no estado. Em 2011, o número de alunos com desempenho adequado ao ano em que estavam dobrou e a lacuna de desempenho foi reduzida em 35% em leitura e matemática. O mais notável foi que seu crescimento foi 3,5 vezes o da Carolina do Norte em matemática e o dobro da taxa de crescimento em leitura.

A Cochrane atende a uma população de 640 alunos do 6º ao 8º ano, em que 87% se qualificam para receber o almoço sem custo ou com preço reduzido, 60% são afro-americanos e 30% são latinos. Em um vídeo da Edutopia (10 POWERFUL..., 2011), os professores descreveram a situação em 2008 como fora de controle, com alunos correndo e gritando nos corredores, desempenho fraco de 20% em leitura e matemática e bons professores optando por deixar a profissão.

A equipe atribui seu sucesso ao diretor, que conseguiu aproveitar o potencial do grupo por meio de cinco componentes principais:

1. Usar o desenvolvimento profissional de qualidade baseado em pesquisas, consistente, conveniente, relevante e diferenciado.
2. Fazer uso inteligente do tempo, mudando o foco da reunião do corpo docente para se concentrar na aprendizagem, não em questões da administração.
3. Confiar em seus professores para determinar a aprendizagem profissional de que irão precisar em seguida.
4. Facilitar, não dar ordens, fornecendo aos professores o que eles precisam e permitindo que eles tomem decisões.
5. Esperar o melhor, mantendo todos os padrões elevados.

Orientados por pesquisas, eles identificaram suas 10 principais práticas de ensino e se engajaram semanalmente na aprendizagem profissional para ajudá-los a implementar as práticas de forma mais eficaz. Sua lista inegociável de estratégias incluía o seguinte: questões essenciais, estratégia de ativação, vocabulário relevante, palestra com espaço limitado, organizador gráfico, movimento do aluno, questões aprofundadas, construção de resumos, rigor, práticas centradas no aluno.

O que diferencia essa escola não são as 10 principais estratégias de ensino selecionadas, mas o fato de que ela construiu uma linguagem comum, uma base de conhecimento e um conjunto de práticas sobre ensino e aprendizagem de qualidade. Instituiu práticas e processos como a aprendizagem profissional semanal direcionada a esse sistema de orientação educacional. Relações profissionais sólidas, trabalho colaborativo e parcerias de aprendizagem com seus alunos estão fazendo a diferença. A escola tem um trabalho a ser feito, mas está avançando em uma trajetória de sucesso.

### Park Manor Senior Public School

O segundo exemplo de escola é a Park Manor, que atende alunos do 6º, 7º e 8º anos nos arredores de Toronto, Canadá. É uma instituição regular com os mesmos recursos de todas as escolas do distrito. Em *Stratosphere*, Fullan (2013) traçou o perfil das inovações na Park Manor a partir de dois pontos principais. Primeiro, eles aumentaram as pontuações na avaliação de Ontário, que mede habilidades de alto nível, de 42% para 83% em apenas quatro anos. Segundo, eles aplicaram o que estamos chamando de três vertentes das novas pedagogias para mudar a prática em toda a escola.

A missão declarada de Park Manor é desenvolver "pensadores críticos globais que colaborem para mudar o mundo". O objetivo é claro e conciso, e é compartilhado por todos. Muitas escolas têm objetivos inspiradores, mas a Park Manor foi uma pioneira no desenvolvimento de uma estratégia clara para seguir em frente. Sua abordagem foi construir uma cultura colaborativa que focava em aprender juntos como fazer esse trabalho. James Bond, o diretor, e Liz Anderson, a coordenadora de aprendizagem, facilitaram um processo em que eles e os professores desenvolveram clareza sobre como o processo de aprendizagem deveria ser para servir a seus alunos. Eles desenvolveram como equipe o que chamam de **estrutura de aprendizagem acelerada** para orientar a transição das metas para a ação (ver Figura 4.5).

Ao longo de um período de dois anos, eles desenvolveram várias versões da Estrutura da Coerência e ainda a percebem como um trabalho em andamento. Os professores explicaram o seguinte:

> Começamos com o aluno e, em seguida, incorporamos os 6Cs em tudo. A partir daí, desenvolvemos os objetivos de aprendizagem, os critérios de sucesso, tarefas de aprendizagem e, em seguida, tomamos decisões sobre a pedagogia mais adequada. Só então consideramos as ferramentas e os recursos digitais que irão acelerar a aprendizagem (OUR JOURNEY..., 2013, documento *on-line*).

**98** Fullan e Quinn

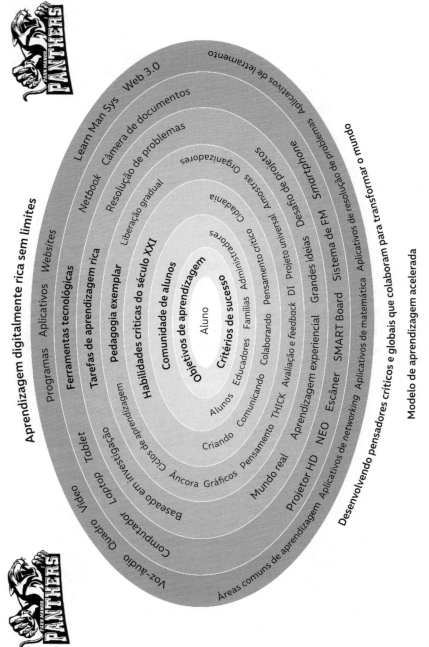

**Figura 4.5** O modelo de aprendizagem acelerada – Park Manor PS.
**Fonte:** Criada por Liz Anderson e James Bond. Cortesia de Park Manor Senior Public School.

Embora estejam comprometidos com a incorporação do digital, eles aprenderam desde o início que a pedagogia deveria ser o direcionador e o digital um acelerador. Os visitantes da escola ficam sempre impressionados com o fato de que cada aluno pode articular seus objetivos de aprendizagem e critérios de sucesso, as razões para a estratégia digital ou pedagógica que podem estar usando e como as ferramentas estão atendendo às suas necessidades de aprendizagem.

Três indicadores de sucesso evoluíram: primeiro, os ganhos no desempenho dos alunos foram significativos; segundo, a escola usa critérios de sucesso e evidências para determinar a eficácia da estrutura proposta à medida que ela se relaciona com a aprendizagem do aluno; e terceiro, a noção de desenvolver uma estrutura de aprendizagem foi adotada por outras escolas na América do Norte. Escolas e distritos estão presenciando o desenvolvimento de uma estrutura de aprendizagem como um processo poderoso para construir linguagem, conhecimento e experiência compartilhados. A estrutura proposta serve para evidenciar o pequeno número de objetivos, identificar as práticas pedagógicas que precisam estar no repertório de cada professor e fornecer foco para uma construção de capacitação que gere resultados.

## MOVENDO SISTEMAS INTEIROS EM DIREÇÃO A UMA APRENDIZAGEM MAIS PROFUNDA

No Capítulo 2, descrevemos uma transformação em grande escala em Ontário, Canadá, onde eles melhoraram significativamente a aprendizagem em uma província inteira (5.000 escolas públicas) usando os elementos da Estrutura da Coerência: construindo direção e foco, cultivando culturas colaborativas, aprofundando a aprendizagem e garantia de responsabilização. Eles desenvolveram uma consistência considerável de práticas pedagógicas nas 5.000 escolas e estão sustentando a melhoria contínua, mas também estão se concentrando em práticas mais inovadoras para alavancagem digital. No nível distrital, mencionamos exemplos como a região de York, Long Beach e Garden Grove que se concentraram intencionalmente na consistência da prática e agora estão avançando em direção à inovação. Isso resultou do atendimento à precisão pedagógica combinada com uma cultura colaborativa que incentiva a aceitação de riscos e uma infraestrutura que apoia as novas abordagens tanto na política quanto na prática.

Um dos poucos exemplos de melhoria de "sistema completo" usando o digital é Mooresville, na Carolina do Norte (EDWARDS, 2015). Com base em princípios alinhados com nosso trabalho, o superintendente Mark Edwards usou liderança, pedagogia e culturas colaborativas para transformar a cultura e o desempenho de um distrito de 6.000 alunos e nove escolas. Para falar apenas de um indicador (os objetivos mensuráveis anuais do estado), Mooresville deixou de ser um dos distritos de pior desempenho para se tornar o de melhor desempenho do estado, apesar de ter um dos menores orçamentos por aluno. Resumindo, o sucesso é possível empregando um pequeno número de princípios-chave e implementando-os bem e persistentemente, aprendendo e adaptando-se conforme se avança.

Começamos o capítulo sugerindo que é hora de uma revolução na aprendizagem. Cabe dizer que exemplos robustos de distritos inteiros que são bem-sucedidos quanto à inovação da aprendizagem profunda ainda não são visíveis. Nós estamos seguindo distritos e países que estão explorando a interseção da pedagogia e do digital. Sendo uma parceria global, a NPDL é particularmente promissora. Centenas de escolas em países como Austrália/Nova Zelândia, Canadá, Finlândia, Holanda, Uruguai e Estados Unidos estão combinando um foco em pedagogia forte com inovação para acelerar a aprendizagem dos alunos alavancada pelo digital. Tão importante quanto, eles estão usando a abordagem de todo o sistema para mudar, fornecendo condições propícias nos níveis escolar, distrital e nacional para que a inovação floresça. Esse é um laboratório de inovação para construir e compartilhar conhecimento sobre o que é a aprendizagem profunda, como a obtemos mais e como medimos essas competências cruciais. Estamos animados para relatar sobre esse crescente movimento social para transformar a aprendizagem.

## CONSIDERAÇÕES FINAIS

A coerência está no radar de todos. Os líderes nos níveis escolar, distrital e estadual reconhecem que os esforços graduais do passado não permitirão que cumpram a promessa dos CCSSs ou as necessidades de seus alunos. Você deve se lembrar de nossa referência no Capítulo 1 ao estudo de Johnson *et al.* (2015) de como cinco distritos alcançaram maior coerência e concluíram que o sucesso não era uma questão de grau de centralização ou descentralização, mas da qualidade da implementação. Em ambos os cenários, a eficácia exigia forte confiança e parcerias verticais e horizontais.

Quando olhamos para esses cinco distritos e outras escolas, estados e distritos citados neste livro, fica evidente que o caminho para o sucesso dos alunos não está relacionado ao seu tamanho, centralização *versus* descentralização, contexto de pobreza *versus* de privilégio ou um programa *versus* outro. O padrão que surge é consistente com a Estrutura da Coerência que propomos.

Em primeiro lugar, todos esses exemplos tiveram uma direção focalizada clara e compartilhada. Eles articularam um pequeno número de objetivos diretamente ligados à melhoria da aprendizagem dos alunos e, então, persistiram em trabalhar para alcançá-los. Muitas vezes, o estímulo era uma urgência para responder a questões graves de pobreza e/ou insucesso. Em todos os casos, essa não foi uma solução simples, mas um esforço concentrado de liderança comprometida em todos os níveis, ao longo de vários anos – é um trabalho árduo e intenso.

Em segundo lugar, eles construíram uma cultura colaborativa com foco no desenvolvimento de capacitação, promoveram relacionamentos fortes com professores, líderes e comunidade, e reconheceram que a capacidade lateral (conectar e aprender entre as escolas) e a conexão vertical (boas relações entre o escritório central e os diretores e professores) com a agenda geral formam a "cola" dos elementos que levam à coerência.

Em terceiro lugar, eles têm um forte compromisso com o nexo de ensino e aprendizagem. Não procuram uma solução rápida, mas a criação de comunidades colaborativas de investigação que examinem profundamente as práticas de ensino e os resultados dos alunos. Alguns estão focados em obter os conhecimentos básicos, enquanto outros estão lidando com a agenda de aprendizagem mais profunda acelerada pelo mundo digital. Nesses locais de aprendizagem profunda, tanto para os adultos como para os alunos, existe um profissionalismo que permeia as relações e as decisões a fim de impulsionar a agenda da aprendizagem.

Os elementos da Estrutura da Coerência não operam isoladamente; em vez disso, o sucesso depende da sinergia de sua integração – de buscar a combinação que faz os elementos se articularem, sabendo que a coerência nunca será alcançada como um estado final, mas sempre precisará ser buscada. Você pode se tornar melhor nisso, alcançar maiores graus de coerência e terminará com maior capacidade de criar coerência em seu sistema. A construção de direção e foco nos leva ao jogo, cultivando culturas colaborativas fornece o caminho para a mudança e o aprofundamento da aprendizagem é a estratégia central para influenciar os resultados dos alunos. Passamos agora ao quarto elemento, garantir a responsabilização, que é essencial se quisermos medir e alcançar o crescimento de maneiras significativas, sermos responsáveis perante nós mesmos e o público.

Revise o conteúdo deste capítulo usando o Infográfico 4 antes de seguir para o Capítulo 5.

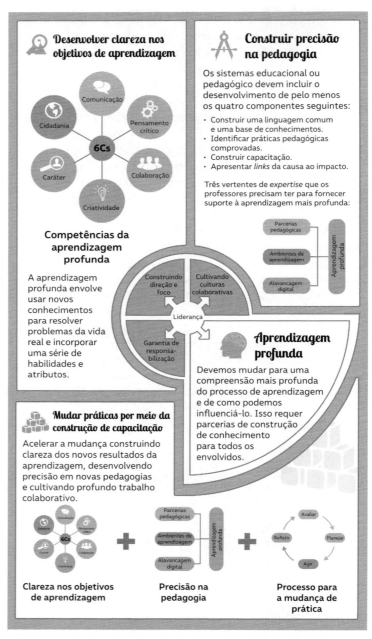

**Infográfico 4.** Aprofundando a aprendizagem.

# 5

# Garantia de responsabilização

Previamente, chamamos a responsabilidade de o grande bicho-papão, e ela realmente é. Pensando bem, definir a responsabilidade é tão simples quanto a humanidade (pense na criação de seus filhos, no relacionamento entre cônjuges, em seu próprio senso de responsabilidade). As pessoas que tomam as decisões tentaram historicamente resolver o problema de responsabilização linearmente, por exemplo, jogue o lixo fora ou você ficará de castigo sábado à noite. Como vimos com Pink (2009), a abordagem de "cenouras e castigos" não funciona para nada que exija iniciativa, julgamento e comprometimento contínuo.

Nós trabalhamos há anos em como posicionar a responsabilidade como um componente eficaz da mudança escolar e da mudança do sistema. Recentemente, reunimos essas ideias em um artigo sobre responsabilidade coletiva (FULLAN; RINCÓN-GALLARDO; HARGREAVES, 2015) e em outro trabalho sobre responsabilidade individual (FULLAN, 2015a). Nós nos baseamos muito nesses relatos para a construção deste capítulo.

O argumento é o seguinte: se você deseja responsabilidade efetiva, precisa desenvolver condições que maximizem a **responsabilidade interna** (condições que aumentem a probabilidade de que as pessoas prestem contas a si mesmas e ao grupo). Em segundo lugar, você precisa estruturar e reforçar a responsabilidade interna com **responsabilidade externa/prestação de contas** (padrões, expectativas, dados transparentes e intervenções seletivas). Este capítulo descreve como essa dinâmica interna-externa funciona e apresenta evidências de que essa é a melhor abordagem para o quarto componente da Estrutura da Coerência: garantia de responsabilização (ver Figura 5.1).

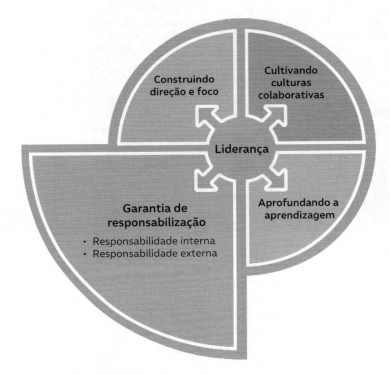

**Figura 5.1** Garantia de responsabilização.

## RESPONSABILIDADE INTERNA

Em termos simples, responsabilização é assumir a responsabilidade pelas próprias ações. No centro da responsabilidade nos sistemas educacionais está a aprendizagem do aluno. Como City *et al.* (2009, p. 23) argumentam, "o sistema de responsabilidade real está nas tarefas solicitadas aos alunos". Melhorar e refinar constantemente a prática educacional para que os alunos possam se envolver em tarefas de aprendizagem profunda talvez seja a responsabilidade mais importante da profissão docente e dos sistemas educacionais como um todo. Nesse sentido, a responsabilidade, conforme definida aqui, não se limita a meros ganhos nas notas dos testes, mas em uma aprendizagem mais profunda e significativa para todos os estudantes.

A responsabilidade interna ocorre quando os indivíduos e os grupos assumem voluntariamente a responsabilidade pessoal, profissional e coletiva pela melhoria contínua e pelo sucesso de todos os alunos (HARGREAVES; SHIRLEY, 2009). A responsabilidade externa ocorre quando os líderes garantem ao público, por meio de transparência, monitoramento e intervenção seletiva, que o seu sistema está funcionando de acordo com as expectativas e os requisitos da sociedade. Argumentamos que a prioridade dos formuladores de políticas deve ser liderar a criação de condições para a responsabilidade interna, porque elas são mais eficazes em alcançar uma responsabilização geral maior, incluindo a responsabilidade externa. Os políticos ou legisladores também têm responsabilidades diretas para lidar com a responsabilidade externa, mas essa última função será muito mais eficaz se eles fizeram a parte interna corretamente.

Pesquisas sobre a eficácia e melhoria da escola e do sistema como um todo (DUFOUR; EAKER, 1998; MARZANO, 2003; PIL; LEANA, 2006; ZAVADSKY, 2009) e nosso próprio trabalho com sistemas educacionais nos Estados Unidos e internacionalmente (FULLAN, 2010; HARGREAVES; FULLAN, 2012; HARGREAVES; SHIRLEY, 2009) sugerem que a responsabilidade interna deve **preceder** a responsabilidade externa se o objetivo for a melhoria duradoura no desempenho dos alunos.

Elmore (2004) conduziu uma série de estudos de caso intensivos de escolas individuais – algumas que não conseguiram melhorar e algumas que melhoraram seu desempenho. Em relação ao primeiro grupo, as escolas que não conseguiram melhorar não foram capazes de alcançar a coerência educacional, apesar de estarem em sistemas com forte responsabilidade externa. Uma minoria delas desenvolveu coerência interna em conjunto e mostrou progresso no desempenho dos alunos. A principal característica das escolas bem-sucedidas é que elas construíram uma cultura colaborativa que combinava responsabilidade individual, expectativas coletivas e ação corretiva, ou seja, responsabilidade interna. Dados transparentes sobre práticas de ensino e desempenho dos alunos eram uma característica dessas culturas, as quais, à medida que se desenvolveram, também conseguiram envolver de forma mais efetiva o sistema de avaliação externa. Destacando o papel fundamental da responsabilidade interna na melhoria da escola, Elmore (2004, p. 197) apontou o seguinte:

> Parece-nos improvável que as escolas que operam no modo padrão – onde todas as questões de responsabilidade relacionadas à aprendizagem do aluno são essencialmente questões de responsabilidade individual do professor – sejam capazes de responder a fortes sistemas de responsabilidade intrusivos de maneiras que levem à melhoria deliberada sistemática do ensino e da aprendizagem do aluno. A ideia de que uma escola vai **melhorar** e, portanto, o desempenho geral dos alunos também, implica uma capacidade de deliberação e ação coletiva que as instituições da nossa amostra não exibiram. Quando virtualmente todas as decisões sobre responsabilidade são tomadas por professores, com base em suas concepções individuais do que eles e seus alunos

podem fazer, parece improvável que essas decisões de alguma forma resultem em melhorias gerais para a escola.

A responsabilidade interna é baseada na noção de que os indivíduos e o grupo em que trabalham podem ser responsabilizados por seu desempenho de forma transparente. Já sabemos que os atuais esquemas de responsabilidade externa não funcionam porque, na melhor das hipóteses, eles nos dizem que o sistema não está funcionando, mas não dão uma pista sobre **como** consertar a situação. Como observa Elmore (2004), se as pessoas não souberem o modo de resolver o problema e, portanto, não puderem fazê-lo, então ocorrerá o seguinte:

> As escolas irão implementar os requisitos do sistema de responsabilidade externa de maneira *pro forma*, sem nunca internalizar os valores de responsabilização e eficácia que são os objetivos nominais desses sistemas (ELMORE, 2004, p. 134).

Elmore (2004, p. 134), então, conclui:

> Os investimentos em responsabilidade interna **devem logicamente preceder** (grifo nosso) qualquer expectativa de que as escolas responderão de forma produtiva à pressão externa por desempenho.

"Preceder logicamente", sim, mas mais especificamente em nossa estrutura, a responsabilidade interna deve preceder **estrategicamente** o envolvimento com a responsabilidade externa. É por isso que focar na direção, cultivar culturas colaborativas e aprofundar a aprendizagem precedem a responsabilidade em nossa Estrutura da Coerência.

Há duas mensagens aqui: a primeira é que os formuladores de políticas e outros líderes são bem-aconselhados a estabelecer condições para o desenvolvimento de culturas de responsabilidade interna. A segunda é que há coisas que outras pessoas podem fazer quando a hierarquia não está inclinada a se mover. A resposta é "ajudar a fazer acontecer em sua própria situação", ou seja, desenvolver um trabalho colaborativo com seus colegas e empurrar para os níveis acima para que esse trabalho seja apoiado.

A história da profissão docente está repleta de pressupostos e condições para a responsabilidade individual e isolada. Mas a responsabilidade atomística, separada de qualquer grupo, nunca pode funcionar. Em suma, a mudança cultural necessária é mudar para culturas colaborativas que honrem e alinhem a responsabilidade individual com as expectativas e ações coletivas.

Elmore (2004) discute várias escolas que ele e sua equipe estudaram. A maioria delas exemplifica o modelo individualista. Os professores trabalham por conta própria e periodicamente lutam ou entram em conflito com os requisitos de responsabilidade externa. No entanto, Elmore (2004) também discute dois casos em que as escolas desenvolveram culturas mais ou menos "colaborativas". O primeiro caso é a St. Aloysius Elementary School:

> Sem exceção, os professores descreveram uma atmosfera de grandes expectativas. Alguns enfatizaram uma alta prioridade em "alcançar todas as crianças" e "certificar-se de que ninguém seja deixado para trás", enquanto outros referiram-se a um ambiente sério e de apoio onde se espera que todos façam um excelente trabalho (ELMORE, 2004, p. 164).

Parece ideal, mas o que acontece quando as coisas não saem como esperado? Em outra escola, Turtle Haven, Elmore (2004) perguntou aos professores: "O que acontece quando os professores não atendem às expectativas coletivas?". Ele relata que "a maioria dos professores acreditava que uma pessoa que não atendia a... expectativas ou conformava-se a uma cultura criada por essas expectativas receberia primeiramente muito apoio do diretor e de outros colegas" (ELMORE, 2004, p. 183).

A maioria dos professores de Turtle Haven disse que, se essa abordagem não produzisse resultados, o professor em questão não ficaria feliz na escola e, eventualmente, "poderia sair de forma voluntária (ou)... se houvesse um sentimento na comunidade de que um certo número de crianças não era capaz de receber o tipo de educação que dizemos estar comprometidos em oferecer... teríamos que pensar se alguém está no lugar certo ou não" (ELMORE, 2004, p. 183).

Esse tipo de cultura não é infalível, mas diríamos que se contrapõe bem ao pensamento de responsabilidade externa que cria demandas que passam despercebidas ou não podem ser postas em prática. Nas culturas colaborativas, o sistema de responsabilidade interna é baseado em expectativas visíveis combinadas com consequências que levam ao não cumprimento das expectativas definidas.

Tais culturas, diz Elmore (2004), estão mais bem equipadas para lidar com os requisitos de responsabilidade externa, acrescentando que uma escola com uma forte cultura de responsabilidade interna pode responder a avaliações externas de várias maneiras, "incluindo aceitá-las e internalizá-las; rejeitá-las e desenvolver defesas contra elas, ou incorporar apenas aqueles elementos do sistema que a escola ou os indivíduos considerem relevantes" (ELMORE, 2004, p. 145).

O que está bastante presente nessa discussão é que as culturas colaborativas, com vistas à melhoria contínua, estabelecem processos internos que lhes permitem resolver as diferenças e tomar decisões eficazes. No nível da microdinâmica da melhoria escolar, Elmore (2004) chega à mesma conclusão que temos no nível do sistema: investir nas condições que desenvolvem a responsabilidade interna é mais importante do que fortalecer a responsabilidade externa.

A Estratégia de Reforma de Ontário, que discutimos nos capítulos anteriores, apresenta um exemplo ilustrativo da importância da responsabilidade interna precedendo a responsabilidade externa em todo o sistema. A província canadense de Ontário, com 4.900 escolas em 72 distritos atendendo a cerca de dois milhões de alunos, começou, em 2004, a investir na construção de capacitação e responsabilidade interna nas escolas e nos distritos. O impulso inicial para a reforma veio da liderança no topo do sistema educacional (Dalton McGuinty, o primeiro ministro da província na época) por meio do estabelecimento de um pequeno número de metas ambiciosas relacionadas a melhorias na alfabetização, na matemática e na retenção no ensino médio. No entanto, os principais investimentos se concentraram no fortalecimento da capacitação coletiva de professores, diretores de escolas e líderes distritais a fim de criar condições para melhorar a prática educacional e o desempenho dos alunos (GLAZE; MATTINGLEY; ANDREWS, 2013).

Houve pouca responsabilidade externa aberta nos estágios iniciais da Estratégia de Reforma de Ontário. Tais medidas foram introduzidas gradualmente na forma de resultados de avaliação no 3º e 6º anos em letramento e matemática, e no ensino médio, números de retenção, transparência de dados e o OFIP para escolas com baixo desempenho. Esse sistema produziu resultados positivos e mensuráveis em letramento, que melhoraram drasticamente nas 4.000 escolas de ensino fundamental e nas taxas de conclusão do ensino médio, que passaram de 68% para 84% nas 900 escolas desse nível de ensino. O número de instituições do OFIP, originalmente mais de 800, foi reduzido para 69, mesmo depois que os critérios para identificar uma escola como necessitando de intervenção foram ampliados para incluir muitas outras instituições de ensino (GLAZE; MATTINGLEY; ANDREWS, 2013; MOURSHED; CHIJIOKE; BARBER, 2010).

Uma avaliação da estratégia de reforma em 10 dos 72 distritos escolares de Ontário, que se concentrou particularmente nos aspectos de educação especial, apontou para um estreitamento significativo da lacuna de aproveitamento nas notas de redação de alunos com deficiências de aprendizagem (HARGREAVES; BRAUN, 2012). Foram expressas preocupações entre os professores pesquisados sobre algumas das consequências deletérias dos testes padronizados no 3º e 6º anos: eles entendiam que os testes chegavam no final do ano, em um momento que era tarde demais para servirem a uma função de diagnóstico, que não eram suficientemente específicos para corresponder a estratégias de ensino diferenciadas, e que os diretores em algumas escolas enfatizaram indevidamente "crianças da bolha" perto da linha de base para proficiência, em vez de em alunos que lutavam mais com a alfabetização. Talvez de forma previsível, os administradores pesquisados nos níveis da escola e do sistema tenham apoiado mais as avaliações padronizadas.

Entretanto, a descoberta mais intrigante foi que os professores de recursos de educação especial, cujo papel estava se movendo cada vez mais para fornecer apoio em sala de aula, acolheram a presença de dados objetivos transparentes. Eles viram isso como uma forma de chamar a atenção dos professores em sala de aula regular para o fato e a constatação de que os alunos com deficiências de aprendizagem poderiam, com o apoio adequado, registrar ganhos válidos e viáveis no seu desempenho mensurável. Juntas, essas descobertas apontam para a necessidade de se revisar a natureza e a forma das avaliações de alto risco – talvez mais diferenciadas, mais *just-in-time* e mais direcionadas às necessidades de todos os alunos –, mas também para o valor de ter dados transparentes que concentram a atenção geral no apoio ao sucesso de todos os alunos, juntamente com dados de diagnóstico e responsabilidade profissional colaborativa para a aprendizagem, o desenvolvimento e o sucesso de todos os estudantes.

Uma abordagem semelhante à melhoria de todo o sistema pode ser encontrada em distritos dos Estados Unidos que receberam o prestigioso prêmio Broad Prize for Urban Education, concedido a distritos escolares urbanos que demonstram o melhor desempenho e melhoria geral, reduzindo as lacunas de desempenho com base em raça, etnia e renda. Em seu estudo aprofundado de cinco desses distritos, Zavadsky (2009) descobriu que, embora diversos em contexto e estratégias, eles enfrentaram o desafio de melhorar o desempenho do aluno em todo o sistema seguindo abordagens notavelmente semelhantes: investir, crescer e permitir a circulação do capital profissional das escolas (o que eles chamam de **construção de capacitação**) para melhorar a prática educacional, promovendo a colaboração do professor e a responsabilidade coletiva. Essas escolas bem-sucedidas definem metas educacionais elevadas, atraindo e desenvolvendo talentos, alinhando recursos às principais prioridades de melhoria, monitorando constantemente o progresso e fornecendo suporte direcionado oportuno quando necessário.

As evidências sólidas e crescentes sobre o impacto primordial da responsabilidade interna na eficácia e melhoria das escolas e sistemas escolares contrastam fortemente com a evidência escassa ou nula de que a responsabilidade externa, por si só ou como o principal motor, pode gerar melhorias duradouras e sustentadas no desempenho dos alunos. Há, de fato, uma percepção crescente de que a responsabilidade externa não é um motivador eficaz da eficácia da escola e do sistema. Na melhor das hipóteses, a responsabilidade externa não obtém os resultados pretendidos; na pior das hipóteses, produz consequências indesejáveis e às vezes inescrupulosas, como o escândalo de fraude em Atlanta[1] (HILL, 2015).

Muitas vezes, pedimos a profissionais que obtiveram sucesso que relatem sobre a forma como eles lidam com o "dilema da responsabilização" (a responsabilidade direta não funciona; a indireta pode ser muito branda). A seguir estão algumas respostas que recebemos pessoalmente à seguinte pergunta: "o que é responsabilidade eficaz?". Não é uma surpresa que essas visões sejam inteiramente consistentes com a de Elmore (2004):

> Agora, a responsabilização é basicamente descrita como uma responsabilidade pela aprendizagem do aluno. É menos sobre o resultado de algum teste e mais sobre aceitar a propriedade do imperativo moral de fazer com que todos os alunos aprendam. Os professores falam sobre "monitoramento" de forma diferente. À medida que se envolvem em um maior compartilhamento do trabalho, eles falam sobre ser responsáveis, pois as pessoas na comunidade escolar sabem o que estão fazendo e procuram ver o que está mudando para os alunos como resultado. E, à medida que continuam a compartilhar seu processo de ensino, falam sobre o diretor e os colegas entrando em suas salas de aula e esperando ver o trabalho (de práticas combinadas) refletido em seu ensino, nas paredes da sala de aula e no trabalho dos alunos (ANÔNIMO, 2014, documento *on-line*).

> Professores e administradores falam sobre responsabilidade abrindo sua prática para os colegas. Se todos souberem no que o outro professor ou administrador está trabalhando e como estão fazendo isso com os alunos, será muito mais fácil falar sobre responsabilidade. Quando todos a compreendem, criando metas claras e etapas para alcançá-las, fica mais fácil falar e trabalhar em ambientes responsáveis (DIRETOR DO NÍVEL FUNDAMENTAL, 2014, documento *on-line*).

> Falei com minha equipe sobre prestação de contas *versus* responsabilidade em um *brainstorming*, sobre qual é o nosso propósito e quem é responsável por o que... sendo explícito e permitindo que os professores determinem coletivamente quais são as nossas responsabilidades (DIRETOR DO NÍVEL FUNDAMENTAL, 2014, documento *on-line*).

---

[1] N. de R. T. Refere-se ao caso ocorrido em 2009 no sistema de escolas públicas de Atlanta, em que professore e diretores foram acusados de trapacear em testes padronizados administrados pelo estado. Fonte: https://en.wikipedia.org/wiki/Atlanta_Public_Schools_cheating_scandal

Estamos nos movendo para definir responsabilização como responsabilidade. Meu distrito tem se empenhado em um trabalho importante que fala sobre motivação intrínseca, eficácia, perseverança, etc., e a responsabilidade é vista como fazer o que é melhor para os alunos... trabalhando juntos para enfrentar qualquer desafio e sendo motivados pelo nosso compromisso e não por alguma orientação externa (SUPERINTENDENTE, 2014, documento *on-line*).

Ao derrubar portas e paredes, você não pode deixar de ser cada vez mais responsável (SUPERINTENDENTE, 2014, documento *on-line*).

Eu acredito que ainda há muito trabalho a ser feito na construção de um entendimento comum sobre a noção de responsabilidade. Muitas pessoas ainda acreditam que alguém acima delas na hierarquia é responsável. Muito poucos assumem responsabilidade pessoal pela aprendizagem e pelo desempenho dos alunos. Ainda existem aqueles que culpam os pais e os antecedentes dos alunos pelas suas realizações (CONSULTOR, 2014, documento *on-line*).

Em uma escola, a conversa sobre responsabilidade foi generalizada à medida que a instituição passou a ser designada como de baixo desempenho. A moral da escola caiu significativamente, e a tensão era onipresente em todas as reuniões. A equipe mudou o foco e passou a discutir sobre motivação, inovação e trabalho em equipe, e a cultura mudou. A escola está revigorada e as notas dos testes aumentaram em um ano. Agora, a equipe está comprometida com resultados e melhoria contínua (CONSULTOR, 2014, documento *on-line*).

Em suma, a responsabilidade interna é muito mais eficaz do que a responsabilidade externa. O resultado é que ela produz responsabilidade contundente de forma que nenhuma hierarquia possa igualar. Mostramos que esse é o caso dos professores, e podemos apresentar o argumento paralelo para os alunos. Se quisermos que os estudantes sejam mais responsáveis, precisamos mudar o ensino em direção a métodos que aumentem sua responsabilidade individual para avaliar sua própria aprendizagem e de trabalharem em grupos para avaliar e fornecer *feedback* uns aos outros sob a orientação do professor. Ainda precisamos de responsabilidade externa e, agora, podemos posicioná-la de maneira mais eficaz.

## RESPONSABILIDADE EXTERNA

A responsabilidade externa, ou prestação de contas, está relacionada a qualquer entidade que tenha autoridade sobre você. Sua presença ainda é essencial, mas precisamos reposicionar a responsabilidade externa para que ela se torne mais influente no desempenho de indivíduos, grupos e do sistema como um todo. Em primeiro lugar, consideramos a perspectiva das autoridades externas e, em seguida, voltamos às entidades locais.

### Autoridades externas

O primeiro aspecto a se observar é que, se o órgão externo investir na construção de uma ampla responsabilização interna, ele estará promovendo seus próprios objetivos de busca de maior organização ou responsabilização do sistema. Quanto mais a responsabilidade interna prosperar, maior a capacidade de resposta aos requisitos externos e menos os responsáveis externos têm que fazer. Quando isso acontece, o centro tem menos necessidade de recorrer a incentivos e punições para incitar o sistema a agir com responsabilidade.

Alterar a lógica clássica de responsabilidade de cima para baixo mostrou-se, ao longo do tempo, extremamente difícil. As pessoas no topo não gostam de abrir mão do controle. Elas se apegam a ele, apesar das evidências óbvias de que esse processo não funciona como esperado. Além disso, os ataques à ineficácia da responsabilidade de cima para baixo falharam porque focaram apenas no conceito. Os críticos parecem estar dizendo que os requisitos de responsabilidade não funcionam, então remova-os. Essa não é a solução completa porque nos leva de volta ao nada. A resposta encontra-se em nosso argumento neste capítulo – confie no desenvolvimento das condições para a responsabilidade interna e reforce-as com certos aspectos da responsabilidade externa. Em especial, as autoridades centrais devem concentrar seus esforços em duas atividades inter-relacionadas:

1. Investir em responsabilidade interna.
2. Projetar e proteger o sistema.

Com o primeiro, queremos dizer investir nas condições que fazem a responsabilidade interna ficar mais forte. A beleza dessa abordagem, como vimos, é que as pessoas em todo o sistema começam a fazer o trabalho de responsabilização. Embora indireta, essa forma de responsabilidade é realmente mais explícita, mais presente e, claro, mais eficaz. Já sugerimos seus componentes:

- Um pequeno número de objetivos ambiciosos, processos que fomentam objetivos compartilhados (e até mesmo metas, se moldadas em conjunto).

- Bons dados que são usados principalmente para fins de desenvolvimento.
- Estratégias de implementação transparentes, em que pessoas e organizações são agrupadas para aprender umas com as outras (usando o grupo para mudar o grupo).
- Exame do progresso a fim de resolver o problema para um melhor desempenho.

É importante investir nessas condições que resultam em maior foco, capacitação e comprometimento no nível da prática do dia a dia. Em outras palavras, deve-se investir no estabelecimento de condições para maior responsabilidade local. Nesse processo, a autoridade central ainda vai querer metas, padrões, avaliação, prova de implementação e evidência de progresso. Isso significa investimento em recursos e mecanismos de responsabilidade interna que as pessoas podem usar para colaborar dentro de suas unidades e entre elas.

Com forte responsabilidade interna como contexto, a função de responsabilidade externa do sistema inclui o seguinte:

1. Estabelecer e promover padrões e práticas profissionais, incluindo avaliação de desempenho, realizada por colegas e líderes profissionalmente respeitados em equipes, sempre que possível, e desenvolver a *expertise* de professores e líderes para que possam assumir essas responsabilidades. Com os julgamentos de líderes e colegas respeitados, avaliar professores e gestores que eventualmente não deveriam estar nesses espaços se torna uma responsabilidade coletiva transparente.
2. Monitorar continuamente o desempenho do sistema, incluindo intervenção direta com escolas e distritos em casos de desempenho insatisfatório persistente.
3. Insistir na responsabilidade recíproca que gerencia "para cima", bem como para baixo, para que os sistemas sejam responsabilizados por fornecer os recursos e apoios essenciais a fim de permitir que escolas e professores atendam às expectativas (p. ex., escolas "reprovadas" não devem ser fechadas quando têm recursos insuficientes, ou os professores individuais devem ser avaliados considerando se foram forçados a diferentes atribuições de série a cada ano ou se experimentaram constante instabilidade de liderança).
4. Adotar e aplicar indicadores de saúde organizacional como um contexto para o desempenho individual do professor e do líder, como taxas de retenção de funcionários, taxas de rotatividade de lideranças, níveis de absenteísmo de professores, número de incidentes relacionados a crises, e assim por diante, além de indicadores de resultados de desempenho dos alunos e bem-estar. Isso incluiria medidas de capital social na profissão docente, como grau de

colaboração e níveis de confiança colegial. As medidas de resultados para os alunos também devem incluir, como afirmado anteriormente, vários aspectos, como bem-estar, senso de controle sobre seu próprio destino (centro de controle), níveis de engajamento na aprendizagem, e assim por diante.

## A perspectiva dos habitantes locais

Recorremos a vários exemplos relativamente bem-sucedidos neste livro. Todos eles estabeleceram fortes níveis de responsabilidade interna (as pessoas sendo responsáveis por si mesmas e pelo grupo) que foram importantes na área de responsabilidade externa. Esses sistemas fortaleceram a responsabilização aumentando o foco, conectando pontos e trabalhando de outra forma na coerência, construindo capacitação (para que as pessoas pudessem ter um desempenho mais eficaz), sendo transparentes sobre o progresso e as práticas e envolvendo o sistema de responsabilidade externo.

Conforme os distritos aumentam sua capacitação, eles se tornam mais fortes em face de demandas de responsabilidade externa nocivas, como será apresentado a seguir por meio de dois exemplos estendidos descritos por Laura Schwalm, ex-superintendente de Garden Grove.

### Exemplo um: Garden Grove lida com pressão externa

**Nas palavras de Laura Schwalm:** pouco depois de termos concluído nossa auditoria e instituído um mandato e sistema em todo o distrito para colocar os alunos em cursos preparatórios para a faculdade (A-G),[2] a Ed Trust e vários outros grupos de defesa, com o apoio do CDE, começaram a "denunciar" as baixas estatísticas de prontidão para a faculdade em grandes distritos urbanos da Califórnia. Todos os grandes distritos urbanos, incluindo Garden Grove, foram chamados (com razão), com a exceção de um distrito no norte, que foi considerado um modelo de solução devido ao fato de terem tornado o requisito A–G obrigatório para todos os alunos, e terem alegado que haviam eliminado todos os outros cursos sem absolutamente nenhum efeito em sua taxa de graduação. Com base neste exemplo, os grupos de defesa começaram uma campanha pública e conseguiram que a maioria dos conselhos escolares, incluindo o Los Angeles Unified School District (LAUSD), adotasse as políticas do distrito do norte com a promessa de que alcançariam 100% A–G sem aumento da taxa de evasão dentro de quatro a cinco anos. Quando Garden Grove se recusou a obedecer (Long

---

[2] N. de R. T. A-G refere-se aos cursos que são requisitos para entrada nos *colleges* da Califórnia. Os requisitos variam, mas cada uma das letras (de A até G) representa uma área. Por exemplo: A – História e ciências sociais, B – Inglês, e assim por diante. Para saber mais sobre requisitos, desempenho esperado e outras informações, acesse: https://www.cde.ca.gov/ci/gs/hs/hsgrtable.asp

Beach também o fez), fomos mais fortemente direcionados e pressionados. A abordagem que adotamos foi não eliminar todos os cursos que não eram preparatórios para a faculdade, mas alguns deles, e alinhar o resto de forma a fornecer uma "rampa" para os cursos preparatórios para a faculdade e, ao mesmo tempo, usar dados de desempenho individual aluno a aluno, em vez da prática anterior de "recomendação do professor" para colocação em cursos preparatórios para a faculdade. Uma das coisas vergonhosas que nossa auditoria revelou, o que não me surpreendeu, foi que se você fosse um aluno asiático com desempenho médio nos testes padrões da Califórnia, você tinha cerca de 95% de chance de ser "recomendado para colocação em cursos A-G". De forma inversa, se você fosse um estudante latino com exatamente as mesmas pontuações, tinha menos de 30% de chance de ser recomendado para realização desses cursos.

À medida que a pressão continuava para a adoção de uma política de obrigatoriedade de um currículo de A–G exclusivo, encontrei-me com alguns dos principais defensores e expliquei que, embora compartilhássemos o mesmo objetivo de aumentar nossa taxa de conclusão de A–G inaceitavelmente baixa, sentíamos fortemente que a abordagem que eles estavam sugerindo não era aconselhável. Colocar alunos em um curso para o qual eles não estavam absolutamente preparados, com base em dados muito objetivos, e então esperar que eles fossem aprovados no curso com nota C ou superior era injusto tanto para os alunos quanto para os professores. Eles continuaram focalizando no exemplo do distrito ao norte, o que me levou a apontar que os dados daquele distrito não sustentavam o que eles afirmavam. Se a abordagem deles realmente estivesse funcionando, então suas pontuações de desempenho, conforme medidas pelo estado, deveriam estar superando as nossas e, na verdade, ficaram muito aquém das nossas, para todos os subgrupos. Além disso, um distrito vizinho que havia adotado a mesma política agora reivindicava uma taxa de conclusão de 90% de cursos A-G, embora 65% de seus alunos do ensino médio tivessem pontuação abaixo da média no teste de padrões estaduais. Esses dados apontavam que nem tudo era como parecia inicialmente e, embora eu não tivesse o desejo de criticar a abordagem de outro distrito, não estava disposta a segui-la. Isso fez com que os defensores parassem e, finalmente, nos deixassem em paz. Nossa taxa, tanto em termos de conclusão de A-G como em dados de desempenho dos alunos por subgrupo, continuou a subir. Em poucos anos, ultrapassamos todos os outros e, com o tempo, a política que o CDE e seus defensores impuseram aos distritos desapareceu silenciosamente. Infelizmente, em muitos lugares onde ele desapareceu, um sistema forte e justo não o substituiu, e esses distritos continuam a lutar com esse problema (SCHWALM, 2014, documento *on-line*).

*Exemplo dois: Garden Grove lida com a burocracia*

**Mais uma vez, nas palavras de Laura Schwalm:** outro exemplo ocorreu durante uma das revisões de conformidade do sistema de três anos do CDE. Embora eu aceitasse a responsabilidade do estado de supervisionar se não estávamos usando fundos especialmente designados para usos inadequados, bem como garantir que estávamos seguindo as leis sobre igualdade e acesso para todos os alunos, o processo que eles tinham para tal era desnecessariamente oneroso, exigindo que dedicássemos uma parte significativa da equipe para coletar, catalogar e preparar a documentação que se encontrava em dezenas de caixas.

Quando a equipe estadual chegou (geralmente, cerca de 10 a 12 pessoas, cada uma examinando programas diferentes com alguém informalmente designado como líder da equipe), a expectativa era que você os tratasse como membros da realeza e que eles tivessem enorme autoridade. Minha visão era um pouco diferente. Eu respeitei o fato de eles terem um trabalho a fazer, mas só porque eles não gostaram da maneira como apresentamos algo não significa que precisávamos fazer de forma diferente, ou só porque eles teriam usado outra abordagem – nossa abordagem, se devidamente apoiada por dados – não estava fora dos limites. Em uma das primeiras avaliações no início de minha superintendência, estabelecemos uma equipe particularmente fraca, mas autoritária, com uma liderança muito fraca. Eles apontaram algumas descobertas mal definidas (ou seja, um membro da equipe nos elogiou sobre como usamos os dados para identificar áreas de foco para grupos-alvo de alunos, enquanto outro membro da equipe nos marcou como não conformes nessa área porque não colocamos isso em um formulário que ela havia desenvolvido – e outros exemplos igualmente absurdos). No final do processo, o superintendente foi solicitado a assinar um acordo validando as conclusões da equipe, bem como um plano e um cronograma para colocar as coisas em "conformidade". Eu disse a eles, de maneira muito profissional, que não concordava com seus resultados e, portanto, não poderia assinar nenhum dos documentos – não iria fingir consertar algo que não tinha intenção de fazer porque, em primeiro lugar, não havia nada de errado. O que fiz foi assinar um documento que redigimos reconhecendo que a equipe tinha, de fato, estado lá e que concordamos com algumas áreas específicas nas quais precisávamos e faríamos algumas alterações, mas não concordei com a maior parte do relatório e não concordaria em realizar nenhuma ação diferente da especificada anteriormente. Isso parecia muito justo para mim, mas aparentemente chocou a eles e ao sistema, o que foi o início da minha impopularidade com muitos no CDE. É provável que isso tenha piorado quando a história se espalhou (não por minha conta), e outros superintendentes perceberam que eles poderiam fazer a mesma coisa (embora eu tenha avisado aqueles que me contataram – e muitos o fizeram

– que sua vida não seria particularmente fácil por um tempo e também que eles deveriam ter os dados e os resultados para apoiar sua posição) (SCHWALM, 2014, documento *on-line*).

Você pode ver por que em outro livro (no qual citei um exemplo ainda mais flagrante de desafio) me referi a Laura como uma "rebelde com uma causa" (FULLAN, 2015a). Há duas lições aqui com o que chamei tanto de problema de liberdade-de como de problema de liberdade-para. Você precisa atender a ambos. O problema de liberdade-de foi o que Laura fez, recusando-se a cumprir exigências ridículas. Mas ela foi respaldada por suas ações de liberdade-para, nas quais construiu uma cultura de coerência, capacitação e responsabilidade interna. Se você fizer o último, estará em boa forma para lidar com o sistema de responsabilidade externa, incluindo ações com base em dados de desempenho externo que realmente mostram que você precisa melhorar.

Na Califórnia como um todo, atualmente eles enfrentam o problema de liberdade-para. Os direcionadores incorretos estão saindo pela porta. Jerry Brown, o governador, suspendeu todos os testes de alunos estaduais por pelo menos dois anos sob o argumento de que é melhor não fazer testes do que fazer o teste errado. Até aqui tudo bem, mas livrar-se de testes ruins não é suficiente para garantir a responsabilidade. Novos testes (Smarter Balanced Assessment Curriculum [SBAC]) estão sendo avaliados em relação aos CCSSs. Acreditamos que os distritos fariam bem em usar nossa Estrutura da Coerência para desenvolver sua responsabilidade focada. Assim, eles terão um desempenho melhor e estarão em melhor posição para garantir sua própria responsabilidade no que se refere aos altos e baixos da responsabilidade externa. A responsabilidade externa, por mais errada que possa parecer, é um fenômeno que o mantém honesto. Os líderes precisam ser qualificados tanto na responsabilidade interna quanto na externa e em seu inter-relacionamento.

## CONSIDERAÇÕES FINAIS

Em suma, os líderes locais devem fazer sua parte no estabelecimento da responsabilidade interna e no relacionamento com o sistema de responsabilidade externa. A maneira mais direta de entender o que é necessário para a responsabilidade interna é trabalhar diligentemente nos três primeiros componentes da Estrutura da Coerência: construindo direção e foco, cultivando culturas colaborativas e aprofundando a aprendizagem. De muitas maneiras, isso equivale a estabelecer as condições para que os indivíduos e o grupo prestem contas a si mesmos. Parte integrante da responsabilidade interna envolve discuti-la entre os funcionários: o que estamos tentando fazer, quão bem estamos progredindo, como definimos responsabilidade entre nós, e assim por diante.

Além disso, é essencial **engajar** a política externa e o sistema de responsabilização. Isso não significa que você segue ordens; mencionamos anteriormente a necessidade de "mover a conformidade improdutiva para o lado do prato" e, certamente, Laura exemplifica essa qualidade. Mas significa que você leva a sério a visão do estado, que você acompanha seu progresso em relação às metas estaduais e a outras escolas e distritos. Uma boa maneira de abordar o exterior é participando dele, o que significa fazer parte de redes, apresentar-se em conferências regionais e estaduais e contribuir para a melhoria do sistema como um todo, ajudando os outros. Significa estar conectado ao que está acontecendo do lado de fora.

Garantir a responsabilidade não é agradar ao sistema (embora não haja nada de errado nisso), mas agir de maneira que seja de seu próprio interesse. Em outras palavras, se você abordar a sequência de responsabilidades interna e externa conforme discutimos neste capítulo, você estará promovendo seus próprios objetivos. Pense na responsabilidade como parte integrante da Estrutura da Coerência. Não é algo que você faz como uma reflexão tardia. Se você abordar a responsabilidade explicitamente como estabelecemos neste capítulo, estará fortalecendo uma visão e direção focadas (ser responsável é ser preciso sobre o que você está fazendo), construindo uma melhor colaboração (porque é por uma causa mensurável) e aprofundando a aprendizagem (porque atualmente a agenda mudou para os objetivos de aprendizagem do século XXI que, até agora, eram negligenciados).

Ao longo dos capítulos, falamos sobre liderança. Agora é hora de dar um passo atrás e abordá-la diretamente. O que você precisa saber e fazer para obter coerência? Mais importante ainda, como você pode cultivar essa liderança em outras pessoas? Líderes eficazes devem ajudar toda a organização a cultivar a Estrutura da Coerência em sua cultura diária.

Revise o Infográfico 5 para consolidar seu conhecimento sobre como garantir a responsabilidade.

Coerência **119**

 **Responsabilidade interna**

A responsabilidade interna baseia-se na noção de que os indivíduos e o grupo no qual eles trabalham podem se responsabilizar de forma transparente por seu desempenho.

 Escolas bem-sucedidas constroem uma cultura colaborativa que combina responsabilidade individual, expectativas coletivas e ação corretiva.

A responsabilidade interna deve preceder a responsabilidade externa se o objetivo for a melhoria no desempenho dos alunos.

Construindo direção e foco

Cultivando culturas colaborativas

Liderança

 **Garantia de responsabilização**

Aprofundando a aprendizagem

A melhor abordagem para garantir a responsabilização é desenvolver condições que maximizem a responsabilidade interna e a reforcem com responsabilidade externa.

**A perspectiva dos habitantes locais**

Sistemas bem-sucedidos estabelecem níveis fortes de responsabilidade interna que atendem bem a arena da responsabilidade externa.

Os formuladores de políticas e outros líderes devem estabelecer condições para desenvolver culturas de responsabilidade interna.

Os indivíduos devem desenvolver trabalho colaborativo com seus colegas e pressionar para que esse trabalho seja apoiado.

Líderes locais devem fazer sua parte no estabelecimento de responsabilidade interna e no relacionamento com o sistema de responsabilidade externa.

 É essencial **engajar** as políticas externas e o sistema de responsabilidade.

 **Responsabilidade externa**

**Autoridades externas**

Quanto maior o sucesso da responsabilidade interna, maior a capacidade de resposta a requisitos externos e menos as partes externas têm a fazer.

As autoridades centrais deveriam concentrar seus esforços em duas atividades inter-relacionadas:

1. Investir em responsabilidade interna
2. Projetar e proteger o sistema

 Uma versão colorida deste infográfico também está disponível para *download* no material complementar a este livro em loja.grupoa.com.br

**Infográfico 5.** Garantia de responsabilização.

# 6

# Liderando para a coerência

A nossa Estrutura da Coerência é definida como uma "simplexidade". Simplexidade não é uma palavra real, mas é um conceito valioso: significa que você inicialmente pega um problema difícil e identifica um pequeno número de fatores-chave (cerca de quatro a seis) – esta é a parte simples. Então, você faz esses fatores se misturem à realidade da ação, com suas pressões, política e personalidades na situação – essa é a parte complexa. No caso de nossa estrutura, existem apenas quatro grandes blocos e suas inter-relações. Esses componentes não são apenas dinâmicos, mas também são aprimorados com o tempo no ambiente em que você trabalha. Você precisa se concentrar nas coisas certas, mas também precisa aprender à medida que avança. Um de nossos *insights* favoritos veio de um CEO aposentado de uma empresa muito bem-sucedida que, quando questionado sobre a coisa mais importante que aprendeu sobre liderança, respondeu: "É mais importante estar certo no final da reunião do que no início" (COTE, 2013, documento *on-line*). Ele estava usando isso como uma metáfora para um bom processo de mudança: os líderes influenciam o grupo, mas também aprendem com ele. Na verdade, a aprendizagem conjunta é o que ocorre em processos de mudança eficazes. Se você está certo no início da reunião, está certo apenas em sua própria mente. Se você estiver certo no final da reunião, significa que processou as ideias com o grupo.

A McKinsey & Company conduziu um estudo com líderes do setor social (educação, entre outros) e abriu seu relatório com as seguintes palavras: "o subinvestimento crônico (no desenvolvimento de lideranças) está colocando demandas crescentes sobre os líderes do setor social" (CALLANAN *et al.*, 2014). Suas conclusões estão alinhadas com o que acreditamos. Na pesquisa com 200 líderes do setor social, os participantes avaliaram quatro atributos essenciais: equilíbrio da inovação com a implementação, construção de equipes executivas, colaboração e gerenciamento de resultados. Os respondentes da pesquisa descobriram que eles próprios e seus colegas apresentavam lacunas em todos os quatro domínios. Em uma tabela, eles mostram as prioridades (capacidade de inovar e implementar, capacidade de se cercar de equipes talentosas, colaboração e capacidade de gerenciar resultados) em termos de como os entrevistados classificaram a si e a seus pares como fortes em determinado domínio. Ambos pares de pontuações foram baixos – todos abaixo de 40%. A colaboração, por exemplo, foi avaliada em 24% (autoavaliação) e 24% (avaliação de seus pares). Portanto, os principais recursos são escassos.

Os líderes constroem coerência quando combinam os quatro componentes de nossa Estrutura da Coerência para atender às necessidades variadas das organizações complexas que lideram. A criação de coerência é um trabalho permanente, porque as pessoas vêm e vão, e a dinâmica situacional está sempre em movimento. Eles desenvolvem ativamente conexões laterais e verticais para que a cultura colaborativa seja aprofundada e conduza à aprendizagem profunda reforçando o foco e a direção.

Alcançar a coerência em um sistema leva muito tempo e requer atenção contínua. A principal ameaça à coerência é a rotatividade no topo com novos líderes que chegam com sua própria agenda. Não é a rotatividade em si que é o problema, mas a descontinuidade de direção. Às vezes, os sistemas com desempenho insatisfatório exigem uma reformulação, mas também vimos situações em que novos líderes atrapalham em vez de desenvolver e avançar a partir das coisas boas que estão acontecendo. E vimos (mais raramente em nossa experiência) distritos como Garden Grove, onde houve uma mudança de superintendentes com base em um plano deliberado para continuar e aprofundar a eficácia do sistema. A lógica da mudança combina de maneira ideal continuidade e inovação. Como dissemos, fazer e refazer a coerência é uma proposição sem fim.

Os capítulos anteriores contêm muitas ideias sobre liderança e esperamos que você tenha aprendido lições importantes em relação a cada um dos quatro componentes da estrutura. Não vamos repetir essas ideias aqui. Em vez disso, aprofundaremos o debate sobre liderança a partir duas grandes recomendações: dominar a estrutura e desenvolver líderes em todos os níveis.

## DOMINE A ESTRUTURA

Embora algum grau de linearidade esteja implícito na estrutura, pretendemos que seja empregada simultaneamente. Pense sistemicamente como você detalha cada componente. Construindo direção e foco e a ideia de colaboração é uma via de mão dupla. Como líder, você deve ter boas ideias sobre o imperativo moral, mas essas ideias não serão refinadas até que você interaja com o grupo. Colaborar com propósito (o processo de mudança de qualidade de que falamos) ajuda a definir o propósito na prática e constrói capacitação que resulta em maior clareza e eficácia. Cada vez mais vemos a agenda da educação imersa em aprendizagem profunda, isso significa que inovação e melhoria contínua coexistem, e é sempre um processo difícil.

A Figura 6.1 contém nossa estrutura completa. Como qualquer plano, além de sua qualidade e abrangência, é essencial construir uma abordagem comum. Os líderes podem ler nosso livro e, se as ideias parecerem ter potencial, eles podem começar a discutir a abordagem com outras pessoas. Então, podem iniciar o desenvolvimento de um plano com base nos quatro componentes da estrutura.

Existem muitas maneiras diferentes de avançar no uso da proposta. Aqui estão algumas delas: crie um inventário mental com outras pessoas, aplicando a estrutura ao seu sistema para examinar se você incluiu tudo e para determinar como está se saindo em cada subitem; discuta a estrutura com sua equipe de liderança, começando com os quatro elementos gerais principais para ver se as ideias ressoam; comece a discutir os principais conceitos com outros líderes do sistema à medida que começa a formular planos e estratégias; e comece por fóruns de ação, trabalhando nos quatro domínios.

**Figura 6.1** A Estrutura da Coerência.

Independentemente de como você fizer isso, siga o conselho que demos no Capítulo 2: **participe como um aprendiz**, trabalhando ao lado de outros para fazer a organização avançar. A estrutura não é um esquema definitivo, mas um lembrete para avaliar se você está realmente tratando dos quatro componentes e dos 13 subcomponentes. Use-a para obter um instantâneo de 360º de como a coerência é percebida em todos os níveis. Para começar, fornecemos uma Ferramenta de Avaliação de Coerência na Figura 6.2, que inclui os quatro componentes e propostas para iniciar discussões sobre os subcomponentes. Nós o incentivamos a se concentrar na identificação das evidências de cada elemento em sua organização. Você pode querer que indivíduos em funções diferentes na organização reflitam e, em seguida, combinem essas reflexões para obter um quadro completo. Considere áreas em que as percepções são semelhantes e use áreas diferentes como pontos de partida para conversas mais profundas – sua abordagem é abrangente o suficiente? Você está abordando todos os quatro componentes? Considere seus pontos fortes, mas também as áreas de maior necessidade, à medida que revisa as quatro partes da estrutura e identifica maneiras de alavancar os objetivos e de desenvolver as necessidades. Não existe uma fórmula certa, o importante é usar o exercício para entrar em ação.

Mais uma vez, o processo de mudança mais forte molda e remolda ideias de qualidade à medida que constrói capacitação e propriedade entre os participantes. Conforme você se torna cada vez mais forte na prática da Estrutura da Coerência, terá mais entusiasmo e melhores resultados que estimularão as pessoas a realizar mais. "Conversar na caminhada", como já dissemos, é, ao mesmo tempo, um ótimo indicador e uma ótima estratégia para o grupo se tornar mais claro e mais comprometido individual e coletivamente. Os líderes em todos os níveis podem descrever claramente a estrutura como ela está sendo usada no sistema?

Ao usar a Estrutura da Coerência para refletir sobre a coerência organizacional, você também pode pensar no progresso em termos de desenvolvimento de competências específicas de liderança. Kirtman e Fullan (2015a) mostram como as sete competências de líderes altamente eficazes combinam com a "melhoria de todo o sistema". As sete competências estão listadas na Figura 6.3.

Essas competências são mapeadas em nossa Estrutura da Coerência. Desafiar o *status quo* é parte integrante de focar em novas direções. Construir confiança e criar um plano comum fazem parte da colaboração com um propósito. Focar na equipe é sobre o desenvolvimento da liderança em outras pessoas. Os próximos dois, senso de urgência em relação aos resultados e melhoria contínua, se relacionam diretamente com as responsabilidades interna e externa. Redes e parcerias externas são um conjunto abrangente de atividades colaborativas que permitem aos líderes usar e contribuir com o ambiente externo.

| Componente | | Evidências |
|---|---|---|
| **Fomentando a direção** | O propósito compartilhado leva à ação. | |
| | Um pequeno número de objetivos vinculados às decisões de aprendizagem dos alunos. | |
| | Todos conhecem uma estratégia clara para atingir os objetivos. | |
| | O conhecimento da mudança é usado para fazer a escola/distrito/sistema avançarem. | |
| **Criando culturas colaborativas** | Uma mentalidade de crescimento é a base da cultura. | |
| | Líderes como modelo, aprendendo em público e criando uma cultura de aprendizagem. | |
| | A capacitação coletiva é promovida acima do desenvolvimento individual. | |
| | Estruturas e processos suportam trabalho colaborativo intencional. | |

*(Continua)*

**Figura 6.2** Ferramenta de avaliação de coerência.

| Componente | | Evidências |
|---|---|---|
| **Aprofundando a aprendizagem** | Os objetivos de aprendizagem são claros para todos e orientam a educação. | |
| | Um conjunto de práticas pedagógicas eficazes é conhecido e utilizado por todos os educadores. | |
| | Processos fortes (investigação colaborativa e exame do trabalho do aluno) são usados regularmente para melhorar a prática. | |
| **Garantindo a responsabilização** | A construção de capacitação é usada para melhorar continuamente os resultados. | |
| | Baixo desempenho é uma oportunidade de crescimento, não algo para culpar alguém. | |
| | A responsabilidade externa é usada de forma transparente para avaliar o progresso. | |

 Uma versão desta figura também está disponível para *download* no material complementar a este livro em loja.grupoa.com.br

Copyright © 2016 por Corwin. Todos os direitos reservados. Reproduzido de *Coherence: The Right Drivers in Action for Schools, Districts and Systems*, de Michael Fullan e Joanne Quinn. Thousand Oaks, CA: Corwin, www.corwin.com. Reprodução restrita para uso sem fins lucrativos.

**Figura 6.2** Ferramenta de avaliação de coerência *(continuação)*.

| 1. Desafia o *status quo* | 5. Tem alto senso de urgência para mudanças e resultados sustentáveis |
|---|---|
| 2. Gera confiança por meio de comunicações e expectativas claras | 6. Compromete-se com a melhoria contínua |
| 3. Cria um plano comum para o sucesso | 7. Constrói redes/parcerias externas |
| 4. Concentra-se na equipe acima de si mesmo | |

**Figura 6.3** Competências de liderança para melhoria de todo o sistema.

A maioria dos líderes, como revelou o estudo da McKinsey & Company (2015), não é competente em liderar o processo de mudança. O domínio de nossa Estrutura da Coerência resolverá esse problema e permitirá que você e seu sistema se tornem muito mais eficazes e com maior probabilidade de se tornarem mais sustentáveis.

E você não precisa fazer isso sozinho; na verdade, isso não pode ser feito sozinho. É necessário que o grupo mude o próprio grupo e esse processo de mudança no grupo envolve muitos líderes. É por isso que desenvolver líderes em todos os níveis é essencial.

## DESENVOLVA LÍDERES EM TODOS OS NÍVEIS

Um dos fatores mais fortes que contribuíram para o sucesso do sistema de Ontário envolveu o desenvolvimento de líderes em todos os níveis – escola, distrito e governo. Uma das marcas de um líder eficaz não é apenas o impacto que ele tem no resultado do desempenho dos alunos, mas também quantos bons líderes ele deixa para trás. Assim, os líderes eficazes escolhem, orientam e desenvolvem outros líderes, e isso tem duas recompensas. Em curto prazo, há mais impacto por causa de uma massa crítica de líderes que estão trabalhando de forma focada na mesma agenda. Em longo prazo, o impacto é ainda mais poderoso porque eles formam uma massa crítica de líderes para a próxima fase. Em outras palavras, os membros juniores de uma organização que aprende estão sendo preparados para o futuro, à medida que se aprimoram no presente. Uma maneira estranha de colocar isso é dizer que líderes eficazes desenvolvem equipes de líderes e, consequentemente, se forem bem-sucedidos, tornam-se mais **dispensáveis** para suas organizações porque desenvolveram um quadro de outros líderes que podem continuar e ir mais fundo, ao passo que, se o líder individual é dominante, ele deixa um vácuo ao partir. Mesmo que tenha sucesso, seu impacto é superficial porque muita coisa depende dele como indivíduo. O objetivo é tornar-se dispensável como líder para que você e sua organização continuem a progredir.

Você deve investir no desenvolvimento de competências de liderança em outras pessoas de maneiras formais e informais. Em primeiro lugar, as culturas colaborativas desenvolvem liderança naturalmente dentro da cultura contínua. Essas culturas são culturas de aprendizagem e, consequentemente, estão sempre trabalhando na formação de líderes, dia a dia construídos na própria cultura. Além da cultura informal, é necessário investir no desenvolvimento de lideranças mais organizadas ou formais. O relatório da McKinsey & Company (2015, p. 3) afirma que "CEOs eficazes cercam-se de pessoas que têm as diversas habilidades de que uma organização de sucesso precisa. Os líderes do setor social parecem reconhecer e priorizar isso, mas suas respostas sugerem que eles não tiveram sucesso". Portanto, a primeira ordem do negócio é que os líderes em educação reconheçam que uma de suas principais funções é desenvolver a liderança de outras pessoas – desenvolver a força de base ativa dos líderes existentes na organização.

Essencialmente, esse é um trabalho normativo. Com isso, queremos dizer que o líder deve estabelecer uma cultura de aprendizagem na qual se espera que muitas pessoas desenvolvam suas habilidades de liderança e ajudem outras a fazer o mesmo. Líderes desenvolvendo outros líderes torna-se a ordem natural do dia. Além disso, a organização deve desenvolver e usar outras ferramentas para promover sistematicamente a liderança. Isso inclui mentoria, *coaching*, *feedback*, estágio e treinamento em habilidades-chave, como comunicação e mídia. Em nosso modelo, a diferença é que essas estratégias mais formais não servem como **direcionadores**, mas como reforçadores da direção da organização gerada por nossa Estrutura da Coerência de quatro partes.

Mais uma vez, Ontário fez isso bem. Trabalharam concentrados em um processo de construção de direção e foco, colaboração, aprendizagem cada vez mais profunda e responsabilidade interna, tudo para servir aos três objetivos principais: melhorar o desempenho dos alunos, reduzir as lacunas e aumentar a confiança das pessoas no sistema escolar público (recentemente, Ontário adicionou um quarto objetivo: o bem-estar dos alunos). Para apoiar isso, a unidade de liderança dentro do ministério desenvolveu (em parceria com os distritos) ferramentas (estruturas e estratégias de liderança) para cultivar a liderança nos distritos e nas escolas (ONTARIO INSTITUTE FOR EDUCATIONAL LEADERSHIP, 2022). Existem dois elementos cruciais nessa estratégia. Primeiro, o desenvolvimento formal da liderança estava expressamente a serviço da implementação da agenda principal dos três objetivos centrais. Eles reforçaram e seguiram a mesma direção da agenda principal. A estratégia de liderança era um apoiador e reforçador, não um direcionador. Segundo – e isso é notável –, a ferramenta de estrutura de liderança nunca foi obrigatória, **mas todos a usam**. Tornou-se comum porque o processo atraiu as pessoas à melhor solução que agora se tornou um requisito (cada distrito deve desenvolver um plano de sucessão de liderança). O resultado é que a evolução diária das atividades semelhantes à

Estrutura da Coerência é reforçada por ações que fomentam ferramentas de desenvolvimento de liderança contínuas.

Revise o Infográfico 6 para esclarecer como você usará a liderança para integrar os quatro componentes da Estrutura da Coerência.

## CONSIDERAÇÕES FINAIS

Nunca houve um momento mais importante para ser seu próprio líder. Quando avaliamos os direcionadores corretos em ação, estamos vendo pequenos sinais de que alguns formuladores de políticas estão percebendo que usar os direcionadores incorretos de responsabilidade punitiva, foco nos indivíduos, compra de tecnologia e pulando de uma política *ad hoc* para outra não é o caminho para alcançar coerência. Nesse momento, existe um vácuo de direção. Esses espaços podem ser preenchidos com ideias infrutíferas e erradas, ou podem ser preenchidos com um processo de construção da direção e do foco, de colaboração com propósito, de aprendizagem profunda, e de responsabilidade própria e de outras responsabilidades. Os líderes no setor social têm uma responsabilidade especial de perseguir, por meio da educação, o imperativo moral do desenvolvimento social: o equilíbrio entre inovação e melhoria contínua, a construção de equipes com foco e eficácia e, por fim, o gerenciamento para alcançar resultados profundos.

A Estrutura da Coerência, e especialmente seu foco no aprofundamento dos resultados da aprendizagem, é crucial nesse momento específico da história. Em geral, a sociedade e as perspectivas para os alunos no presente e no que se projeta para o futuro vêm diminuindo desde a década de 1970. Esse declínio (cada vez menos empregos, a lacuna financeira crescente entre o topo que se estreita e a base que se expande) está se acelerando sem nenhum alívio e nenhuma solução evidente. *The Second Machine Age*, de Brynjolfsson e McAfee (2014), e *Rise of Robots: Technology and the Threat of a Jobless Future*, de Ford (2015), documentam com fortes evidências e pintam esses cenários ameaçadores em termos vívidos (mesmo assim, não é uma questão simples; consulte *A Labor Market that Works: Connecting Talent With Opportunity in the Digital Age*, de MCKINSEY & COMPANY, 2015). Em qualquer caso, o sistema educacional e a sociedade em geral têm sido lentos para responder e agora enfrentam uma corrida pela sobrevivência como nunca experimentamos antes. Não estamos falando de mera coerência dos elementos existentes, mas de uma transformação radical para aprendizagem profunda com todas as suas partes associadas. Esse é o desafio da coerência!

Aqui está um lembrete de que o público deste livro – aqueles que precisam agir – são líderes em todos os níveis do sistema educacional. Os líderes escolares e distritais locais (incluindo pais e líderes comunitários) devem se concentrar na mobilização para a coerência. Além do desenvolvimento interno de suas escolas, eles também devem se vincular à arena política e de políticas mais amplas, envolvendo-se proativamente nas prioridades e políticas estaduais, às vezes desafiando as diretrizes que geram distrações, mas principalmente descobrindo como usar os requisitos externos para melhorar o desempenho local. Políticos e outros formuladores de políticas devem fazer uma mudança decidida, deixando de lado os direcionadores incorretos e tornando os direcionadores corretos o centro de gravidade para ação e avaliação. Cada grupo deve fazer a sua parte, de olho nas parcerias e na união de energias. O resultado será um desempenho maior e sustentável do sistema inteiro.

É hora de agir a fim de encontrar e se conectar com aqueles que estão dispostos a se juntar a você nessa jornada crítica. Realize as ações que delineamos e seja o catalisador que torna mais fácil para você encontrar e ser encontrado pela massa crítica que pode fazer uma diferença duradoura. Outros estão esperando para entrar. Seja o conector que os ativa. Conecte-se localmente, regionalmente e além. Faça a diferença sendo um construtor de coerência em tempos caóticos!

## Domine a estrutura

É essencial construir uma abordagem comum.

Os líderes influenciam o grupo, mas também aprendem com ele. A aprendizagem conjunta é o que acontece em processos de mudança eficazes.

À medida que você fica mais forte na prática da Estrutura da Coerência, você obterá maior entusiasmo e melhores resultados que estimularão as pessoas a realizar mais.

Existem muitas maneiras diferentes de proceder com a Estrutura da Coerência, mas lembre-se de participar como um aprendiz trabalhando junto com os outros para fazer avançar a organização.

Dominar a estrutura fará você e seu sistema tornarem-se mais eficazes e com muito maior probabilidade de se tornarem sustentáveis.

*Liderando para a coerência*

**Liderança**

Nunca houve um momento mais importante para ser seu próprio líder.

Seja um construtor de coerência em tempos caóticos!

## Desenvolva líderes em todos os níveis

Uma das marcas de um líder eficaz não é apenas o impacto que ele tem no resultado do desempenho do aluno, mas também quantos bons líderes ele deixa para trás.

A organização deve desenvolver uma estrutura e ferramentas de liderança para promover sistematicamente a liderança no sistema.

Isso inclui

- Mentoria
- *Coaching*
- *Feedback*
- Estágios
- Construção de capacitação em áreas de habilidades-chave

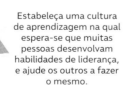

Estabeleça uma cultura de aprendizagem na qual espera-se que muitas pessoas desenvolvam habilidades de liderança, e ajude os outros a fazer o mesmo.

 Uma versão colorida deste infográfico também está disponível para *download* no material complementar a este livro em loja.grupoa.com.br

**Infográfico 6.** Liderando para a coerência.

# Referências

ANÔNIMO. *Comunicação pessoal*. [S. l.: s. n.], 2014.

BOSTON CONSULTING GROUP. *Teachers know best*: teachers' views on professional development. Washington: Bill and Melinda Gates Foundation, 2014. Disponível em: https://usprogram.gatesfoundation.org/-/media/dataimport/resources/pdf/2016/11/gates-pdmarket-research-dec5.pdf. Acesso em: 2 mar. 2022.

BROWN, T. Big Idea 2015: The Unexpected Path to Creative Breakthroughs. *IDEO Design Thinking*, 17 Dec. 2014. Disponível em: https://designthinking.ideo.com/blog/big-idea-2015-the-unexpected-path-to-creative-breakthroughs. Acesso em: 2 mar. 2022.

BRYK, A. *et al*. *Learning to improve*: how America's schools can get better at getting better. Cambridge: Harvard Education, 2014.

BRYK, A. *et al*. *Organizing schools for improvement*: lessons from Chicago. Chicago: University of Chicago, 2010.

BRYNJOLFSSON, E.; MCAFEE, A. *The second machine age*. New York: Norton, 2014.

CALLANAN, L. *et al*. What social-sector leaders need to succeed. *McKinsey & Company*, London, 1 Nov. 2014. Disponível em: https://www.mckinsey.com/industries/public-and-social-sector/our-insights/what-social-sector-leaders-need-to-succeed. Acesso em: 2 mar. 2022.

CAMPBELL, D. *Comunicação pessoal*. [S. l.: s. n.], 2014.

CITY, E. *et al*. *Instructional rounds in education*: a network approach to improving teaching and learning. Cambridge: Harvard Education, 2009.

COHERENCE. *In*: MERRIAM-Webster.com Dictionary. Springfield: Merriam-Webster, 2022. Disponível em: https://www.merriam-webster.com/dictionary/coherence. Acesso em: 2 mar. 2022.

CONSULTOR. *Comunicação pessoal*. [S. l.: s. n.], 2014.

COTE, M. *Comunicação pessoal*. [S. l.: s. n.], 2013.

CSIKSZENTMIHALYI, M. *Flow*: the psychology of optimal experience. New York: HarperCollins, 2008.

DIRETOR DO NÍVEL FUNDAMENTAL. *Comunicação pessoal*. [S. l.: s. n.], 2014.

DUFOUR, R.; EAKER, R. *Professional learning communities at work*: best practices for enhancing student achievement. Bloomington: Solution Tree, 1998.

DUFOUR, R.; FULLAN, M. *Built to last*: Systemic PLCs at work. Bloomington: Solution Tree, 2013.

EDWARDS, M. *Thank you for your leadership*. Hoboken: Pearson Education, 2015.

EELLS, R. J. *Meta-analysis of the relationship between collective efficacy and student achievement*. 2011. 186 f. Advisor: Terri Pigott. Dissertation (Ph. D. in Educational Psychology) – Loyola University Chicago, Chicago, 2011. Disponível em: https://ecommons.luc.edu/cgi/viewcontent.cgi?article=1132&context=luc_diss. Acesso em: 2 mar. 2022.

ELMORE, R. *School reform from the inside out*: policy, practice, and performance. Cambridge: Harvard University, 2004.

FORD, M. *Rise of robots*: technology and the threat of a jobless future. New York: Basic Books, 2015.

FULLAN, M. *All systems go*: the change imperative for whole school reform. Thousand Oaks: Corwin, 2010.

FULLAN, M. California's Golden Opportunity – Status Note. *Michael Fullan*, Toronto, 2014a. Disponível em: https://michaelfullan.ca/californias-golden-opportunity-status-note/. Acesso em: 2 mar. 2022.

FULLAN, M. *Choosing the wrong drivers for whole system reform*. Melbourne: Center for Strategic Education, 2011a. (Seminar Series, 204). Disponível em: https://michaelfullan.ca/wp-content/uploads/2016/06/13396088160.pdf. Acesso em: 2 mar. 2022.

FULLAN, M. *Freedom to change*: four strategies to put your inner drive into overdrive. San Francisco: Jossey-Bass, 2015a.

FULLAN, M. Motion leadership film series. *Michael Fullan*, Toronto, 2014b.

FULLAN, M. *Stratosphere*: integrating technology, pedagogy, and change knowledge. Toronto: Pearson, 2013.

FULLAN, M. *The moral imperative realized*. Thousand Oaks: Corwin, 2011b.

FULLAN, M. *The new meaning of educational change*. 5. ed. New York: Teachers College, 2015b.

FULLAN, M. *The principal*: three keys for maximizing impact. San Francisco: Jossey-Bass, 2014c.

FULLAN, M.; BOYLE, A. *Big-city school reforms*: lessons from New York, Toronto, and London. New York: Teachers College, 2014.

FULLAN, M.; RINCÓN-GALLARDO, S. Developing high quality public education in Canada: the case of Ontario. *In*: ADAMSON, F.; ASTRAND, B.; DARLING-HAMMOND, L. (ed.). *Global education reform*: privatization vs. public investments in national education systems. New York: Routledge, 2016.

FULLAN, M.; RINCÓN-GALLARDO, S.; HARGREAVES, A. Professional capital as accountability. *Education Policy Analysis Archives*, v. 23, n. 15, p. 1–18, 2015. Disponível em: https://epaa.asu.edu/ojs/index.php/epaa/article/view/1998. Acesso em: 2 mar. 2022.

FULLAN, M.; SCOTT, G. *Education plus*. Seattle: Collaborative Impact, 2014.

GALLAGHER, M. J. *Ontario education improvement*: slide deck for international presentations. Toronto: Ministry of Education, 2014.

GALLUP. *Measuring the hope, engagement, and well-being of America's students*. Washington: Gallup, 2013. Disponível em: https://www.gallup.com/services/176723/measuring-hope-engagement-wellbeing-america-students.aspx. Acesso em: 2 mar. 2022.

GLAZE, A. E.; MATTINGLEY, R. E.; ANDREWS, R. *High school graduation*: K–12 strategies that work. Thousand Oaks: Corwin, 2013.

HADFIELD, C. *You are here*: around the world in 92 minutes: Photographs from the International Space Station. Toronto: Random House, 2014.

HAMILTON, S. *Comunicação pessoal*. [S. l.: s. n.], 2014.

HARGREAVES, A.; BOYLE, A.; HARRIS, A. *Uplifting leadership*: how organizations, teams and communities raise performance. San Francisco: Jossey-Bass, 2014.

HARGREAVES, A.; BRAUN, H. *Leading for all*: a research report of the development, design, implementation and impact of Ontario's "Essential for Some, Good for All" initiative. Boston: Boston College, 2012.

HARGREAVES, A.; FULLAN, M. *Professional capital*: transforming teaching in every school. New York: Teachers College, 2012.

HARGREAVES, A.; SHIRLEY, D. *The fourth way*: he inspiring future for educational change. Thousand Oaks: Corwin, 2009.

HATTIE, J. *Visible learning*: a synthesis of over 800 meta-analyses relating to achievement. New York: Routledge, 2009.

HATTIE, J. *Visible learning for teachers*. New York: Routledge, 2012.

HATTIE, J. *What works best in education*: the politics of collaborative expertise. London: Pearson, 2015.

HERMAN, J. *Canada's approach to school funding*: the adoption of provincial control of education funding in three provinces. Washington: Center for American Progress, 2013. Disponível em: http://www.americanprogress.org/wpcontent/uploads/2013/05/HermanCanadaReport.pdf. Acesso em: 2 mar. 2022.

HILL, M. L. (Host). Atlanta teachers face 20 years in cheating scandal. *Huffington Post*, New York, 8 Apr. 2015.

HUFFINGTON, A. *Thrive*: the third metric to redefining success and creating a life of well-being, wisdom and wonder. New York: Harmony Books, 2014.

JENKINS, L. *Permission to forget*. Milwaukee: American Society for Quality, 2013.

JOHNSON, S. M. et al. *Achieving coherence in district improvement*. Cambridge: Harvard Education, 2015.

JOYCE, B.; CALHOUN, E. *Models of professional development*: a celebration of educators. Thousand Oaks: Corwin, 2010.

KIRTMAN, L.; FULLAN, M. *Leadership*: key competencies for whole-system change. Bloomington: Solution Tree, 2015.

KNUDSON, J. *You'll never be better than your teachers*: the Garden Grove approach to human capital improvement. Washington: American Institutes for Research, 2013. (California Collaborative on District Reform). Disponível em: https://files.eric.ed.gov/fulltext/ED557950.pdf. Acesso em: 2 mar. 2022.

LEANA, C. The missing link in school reform. *Stanford School Innovation Review*, v. 9, n. 4, p. 30–35, 2011. Disponível em: https://ssir.org/articles/entry/the_missing_link_in_school_reform#. Acesso em: 2 mar. 2022.

LESKIW-JANVARY, K.; OAKES, L.; WALER, C. Combining for Knowledge: Principal learning teams in the District School Board of Niagara. *OPC Register*, v. 15, n. 2, p. 14–18, 2013.

MAKING IT happen. *New Pedagogies for Deep Learning – A Global Partnership*, 2019. Disponível em: https://deep-learning.global/making-it-happen/. Acesso em: 2 mar. 2022.

MARZANO, R. *What works in schools*: translating research into action. Alexandria: Association for Supervision and Curriculum Development, 2003.

MCKINSEY & COMPANY. *A labor market that works*: connecting talent with opportunity in the digital age. New York: McKinsey Global Institute, 2015. Disponível em: https://www.mckinsey.com/~/media/mckinsey/featured%20insights/employment%20and%20growth/connecting%20talent%20with%20opportunity%20in%20the%20digital%20age/mgi%20online%20talent_a_labor_market_that_works_executive_%20summary_june%202015.pdf. Acesso em: 2 mar. 2022.

MEHTA, J.; SCHWARTZ, R. B.; HESS, F. M. *The futures of school reform*. Cambridge: Harvard Education, 2012.

MICHAEL FULLAN ENTERPRISES; CALIFORNIA FORWARD. *A golden opportunity*: the California Collaborative for Education Excellence as a force for positive change. Toronto: Michael Fullan; Los Angeles: CA FWD, 2015.

MOURSHED, M.; CHIJIOKE, C.; BARBER, M. *How the world's most improved school systems keep getting better*. London: McKinsey & Company, 2010.

NEW HAMPSHIRE. *The New Hampshire Network Strategy*. Concord: Department of Education, 2013.

NEW PEDAGOGIES for Deep Learning. *New Pedagogies for Deep Learning – A Global Partnership*, 2014. Disponível em: https://deep-learning.global/. Acesso em: 2 mar. 2022.

NOVEMBER, A. *Who owns the learning?* Bloomington: Solution Tree, 2012.

ONTARIO. Ministry of Education. *Schools on the move*. Toronto: Queen's Printer for Ontario, 2009. (Lighthouse Program).

ONTARIO. Ministry of Education. *Teacher moderation*: collaborative assessment of student work. Toronto: Queen's Printer for Ontario, 2007. (Capacity Building Series).

ONTARIO. Ministry of Education. *Achieving excellence*: a renewed vision for education in Ontario. Toronto: Ministry of Education, 2014. Disponível em: https://www.oise.utoronto.ca/atkinson/UserFiles/File/Policy_Monitor/ON_01_04_14_-_renewedVision.pdf. Acesso em: 2 mar. 2022.

ONTARIO INSTITUTE FOR EDUCATIONAL LEADERSHIP. *IEL*, Toronto, 2022. Disponível em: https://www.education-leadership-ontario.ca/en. Acesso em: 2 mar. 2022.

OUR JOURNEY to Awesome – Park Manor Public School. [*S. l.: s. n.*], 2013. 1 vídeo (12 min 36 s). Publicado pelo canal Michael Fullan. Disponível em: https://www.youtube.com/watch?v=ysURrEovM5Q. Acesso em: 2 mar. 2022.

OUR TEAMWORK Approach – Peters K-3 Elementary. [*S. l.: s. n.*], 2014. 1 vídeo (10 min 58 s). Publicado pelo canal Michael Fullan. Disponível em: https://www.youtube.com/watch?v=Xb0Z8UiYe8Q. Acesso em: 2 mar. 2022.

PARK, S.; TAKAHASHI, S. *90-day cycle handbook.* Stanford: Carnegie Foundation for the Advancement of Teaching, 2013.

PARTNERSHIPS at Home. *New Pedagogies for Deep Learning – A Global Partnership*, 2019. Disponível em: https://deep-learning.global/making-it-happen/partnerships-at-home/. Acesso em: 2 mar. 2022.

PIL, F.; LEANA, C. Applying organizational research in public school reform. *Academy of Management Journal*, v. 52, n. 6, p. 1101–1124, 2006.

PINK, D. *Drive*: the surprising truth about what motivates us. New York: Penguin Books, 2009.

QUAGLIA, R.; CORSO, M. *Student voice*: the instrument of change. Thousand Oaks: Corwin, 2014.

RIES, E. *The lean startup*: how today's entrepreneurs use continuous innovation to create radically successful businesses. New York: Crown Publishing, 2011.

ROBINSON, V.; LLOYD, C.; ROWE, K. The impact of leadership on student outcomes. *Education Administration Quarterly*, v. 44, n. 5, p. 635–674, 2008.

SATTLER, P. Education governance reform in Ontario: Neoliberalism in context. *Canadian Journal of Educational Administration and Policy*, n. 128, p. 1–28, 2012. Disponível em: https://journalhosting.ucalgary.ca/index.php/cjeap/article/view/42825. Acesso em: 2 mar. 2022.

SCHMIDT, E.; COHEN, J. *The new digital age*: reshaping the future of people, nations and business. New York: Knopf, 2013.

SCHWALM, K. *Comunicação pessoal*. [*S. l.: s. n.*], 2014.

SUNSTEIN, C.; HASTIE, R. *Wiser*: getting beyond groupthink to make groups smarter. Boston: Harvard Business Review, 2014.

SUPERINTENDENTE. *Comunicação pessoal*. [*S. l.: s. n.*], 2014.

10 POWERFUL Instructional Strategies: The students at a previously failing school have made big gains since all of their teachers started using these strategies every day. *Edutopia*, 2011. Disponível em: https://www.edutopia.org/stw-school-turnaround-student-engagement-video. Acesso em: 2 mar. 2022.

THE PERFECT Storm – Central Peel Secondary School. [*S. l.: s. n.*], 2014. 1 vídeo (9 min 28 s). Publicado pelo canal Michael Fullan. Disponível em: https://www.youtube.com/watch?v=VsMqgPqecXo. Acesso em: 2 mar. 2022.

TIMPERLEY, H. *Realizing the power of professional learning*. London: McGraw-Hill, 2011.

TUCKER, M. *Standing on the shoulders of giants*: an American agenda for education reform. Washington: National Center on Education and the Economy, 2011.

WILLIAM, G. Davis Sr. Public School. *Michael Fullan*, Toronto, 21 Jan. 2014. Disponível em: https://michaelfullan.ca/ontario-wg-davis/. Acesso em: 2 mar. 2022.

ZAVADSKY, H. *Bringing school reform to scale:* five award-winning urban districts. Cambridge: Harvard Education, 2009.

## Leituras recomendadas

CUBAN, L. *Inside the black box of classroom practice:* change without reform in American education. Cambridge: Harvard University, 2014.

FULLAN, M. *Great to excellent:* launching the next stage of Ontario's education agenda. 2013. Disponível em: http://michaelfullan.ca/wp-content/uploads/2016/06/13599974110.pdf. Acesso em: 2 mar. 2022.

FULLAN, M. The new pedagogy: Students and teachers as learning partners. *LEARNing Landscapes*, v. 6, n. 2, p. 23–28, 2013. Disponível em: https://www.learninglandscapes.ca/index.php/learnland/article/view/Commentary-The-New-Pedagogy-Students-and-Teachers-as-Learning-Partners. Acesso em: 2 mar. 2022.

JOHNSON, S. M. *Finders and keepers:* helping new teachers thrive and survive in our schools. San Francisco: Jossey-Bass, 2004.

KIRTMAN, L. *Leadership and teams*: the missing piece of the education reform puzzle. Upper Saddle River: Pearson Education, 2013.

KLUGER, J. *Simplexity*. New York: Hyperion Books, 2008.

ONTARIO. Ministry of Education. *Ontario focused intervention partnership*. Toronto: Queen's Printer for Ontario, 2007.

ONTARIO. Ministry of Education. *Ontario leadership strategy and frame work*. Toronto: Queen's Printer for Ontario, 2012.

ONTARIO. Ministry of Education. *Schools on the move*. Toronto: Queen's Printer for Ontario, 2009. (Lighthouse Program).

ONTARIO. Ministry of Education. *Achieving excellence*: a renewed vision for education in Ontario. Toronto: Ministry of Education, 2014. Disponível em: https://www.oise.utoronto.ca/atkinson/UserFiles/File/Policy_Monitor/ON_01_04_14_-_renewedVision.pdf. Acesso em: 2 mar. 2022.

ORGANISATION FOR ECONOMIC COOPERATION AND DEVELOPMENT. *Teachers for the 21st century*: using evaluation to improve teaching. Paris: OECD, 2013. Disponível em: https://www.oecd-ilibrary.org/education/teachers-for-the-21st-century_9789264193864-en. Acesso em: 2 mar. 2022.

# Apêndice

## Como tornar o sistema educacional bem-sucedido*

Michael Fullan

### INTRODUÇÃO

Este conteúdo destina-se a fornecer uma solução abrangente para o que aflige o atual sistema escolar público e seu lugar no desenvolvimento social – um sistema que está falhando diante de desafios cada vez mais complexos para nossa sobrevivência, sem falar em nossa prosperidade como espécie. O que se segue é uma "grande" proposta. Uma vez iniciados, os "quatro direcionadores" se relacionam mutuamente como um sistema em movimento. Mais importante: **este é o momento adequado**.

A pandemia de covid-19 abalou praticamente todos os aspectos da humanidade como a conhecemos, atingindo nossa civilização em seus alicerces. Em meio à morte e à destruição, há uma ruptura tão fundamental que afrouxa e desconcerta o

---

* Agradeço à Stuart Foundation por financiar nosso trabalho na Califórnia – uma fundação notável que mantém o curso. Ao grupo magnífico da *Deep Learning* no centro do nosso trabalho sobre competências globais: Joanne Quinn, Bill Hogarth, Jean Clinton, Max Drummy, Mag Gardner, Bailey Fullan, Miguel Brechner, Claudia Brovetto, Tom D'Amico, Lynn Davie, Margot McKeegan, Georgina Lake, Tony Stack e muitos mais. À multidão de pensadores, realizadores e apoiadores: Eleanor Adam, Bruce Armstrong, Athina, Bruno e Liz da SA, Cecilia Azorin, Carol Campbell, Davis Campbell, líderes da CEWA,WA, Michael Chechile, Claudia Cuttress, Mark Edwards, Charles Fadel, Josh Fullan, Mary Jean Gallagher, Avis Glaze, Andy Hargreaves, John Hattie, Peter Hill, Terry Jakobsmeier, Mike Jancik, Lyle Kirtman, Dalton McGuinty, John Malloy, Ed Manansala, Steve Martinez, Jal Mehta, Sandra Milligan, Steve Munby, Pedro Noguera, Charles Pascal, Glen Price, Santiago Rincón-Gallardo, Claude St Cyr, Pasi Sahlberg, Andreas Schleicher, Laura Schwalm, Geoff Scott, Brendan Spillane, Michael Stevenson, Sue Walsh, Derek Wenmoth, Jay Westover, Barbara Watterston, Jim Watterston, Greg Whitby. E aos milhares de profissionais em todo o mundo que ajudaram a formar a base fundamental do nosso trabalho. À minha família, Wendy e todos que me apoiam em todos os sentidos. A Tony Mackay, do CSE, por lembrar nosso 10º aniversário e patrocinar o novo escrito. Assumo a responsabilidade por quaisquer formulações finais neste texto, mas não poderia ter feito isso sem o apoio ativo de muitos.

sistema, criando aberturas para transformar o *status quo*, gerando, de forma significativa, condições que conduzem à busca do próprio paradigma que descrevo aqui.

Não vou me concentrar em detalhes sobre a pandemia em si, exceto para definir o contexto de uma mudança radical. A consequência imediata é o caos, capturado de forma impressionante por Nicholas Christakis (2020) em sua análise *Apollo's Arrow: The Profound and Enduring Impact of* **Coronavirus** *on the Way We Live*. Usando pandemias passadas e considerando o que vivemos atualmente, Christakis (2020) analisa o que rotula como "período pandêmico imediato", "período pandêmico intermediário" e "período pós-pandemia" – que abrange de 2020 a 2024. Em termos práticos, os humanos devem lidar com caos, sobrevivência, avanços inovadores, elementos destrutivos e muito mais. A melhor postura que podemos adotar é saber que quase tudo será diferente.

Em suma, essa ambiguidade prolongada cria uma oportunidade tangível para uma mudança positiva acontecer. Assim, uma prioridade imediata é buscar compreender a agitação de primeira ordem. Nossa equipe de aprendizagem profunda ofereceu uma análise inicial estruturada em um relatório lançado em junho de 2020 chamado *Education Re-imagined: The Future of Learning* (FULLAN et al., 2020). Uma atualização foi colocada à disposição em meados de 2021. Esses relatos pedem atenção, em primeiro lugar, ao bem-estar – atendendo às necessidades básicas como alimentação, segurança, abrigo, acesso a recursos – em favor do uso da oportunidade para avançar em direção às "competências globais" (caráter, cidadania, colaboração, comunicação, criatividade, pensamento crítico). Acima de tudo, recomendamos evitar uma mentalidade de "perda de aprendizagem" que nos levaria de volta ao modelo tradicional – um sistema que sabemos que não estava funcionando para a maioria dos alunos.

Como seria então o novo modelo? O ano de 2021 foi o 10º aniversário de um artigo de política popular que publiquei – "Choosing the wrong drivers for whole system reform" (FULLAN, 2011). A reforma nesse sentido se refere a todo o sistema – um estado, um município, um país. Um direcionador é uma política – um direcionador incorreto é uma política que não funciona ou que piora as coisas. Nossa equipe vinha trabalhando ativamente na reforma do sistema desde 1997, quando avaliamos a English National Literacy and Numeracy Strategy, seguida imediatamente pela reforma de Ontário (2003 em diante), aconselhando e construindo um processo de capacitação na Califórnia, em Victoria e outros lugares. Também passamos uma década realizando centenas de *workshops* na Austrália, na Nova Zelândia, no Reino Unido, no Canadá, entre outros países.

Em uma ocasião, após um *workshop* muito produtivo em Melbourne, os organizadores (o Centre for Strategic Education) observaram que nossas ideias estavam acertando o alvo, mas que as propostas não eram nada parecidas com as políticas que estavam em vigor. Eles perguntaram se eu produziria um trabalho sobre o assunto. Como estávamos lidando com essas ideias, rapidamente criamos o título "Escolhendo os direcionadores incorretos". O artigo (FULLAN, 2011) concentrou-se em quatro pares de direcionadores:

- responsabilidade (*versus* desenvolvimento de capacidades/competências);
- qualidade individual (*versus* qualidade do grupo);
- tecnologia (*versus* pedagogia);
- fragmentado (*versus* sistêmico).

| ESCOLHENDO OS DIRECIONADORES INCORRETOS |||
|---|---|---|
| Responsabilidade<br>Qualidade individual<br>Tecnologia<br>Fragmentado | *versus* | Desenvolvimento de capacidades<br>Qualidade do grupo<br>Pedagogia<br>Sistêmico |

O artigo de 2011 focou muito sobre como as políticas e as ações estratégicas parecem ser dominadas por suposições relacionadas aos direcionadores incorretos. Não que eles não tivessem mérito, mas não serviam como caminho para "conduzir" a mudança do sistema. O artigo foi um grande sucesso, sobretudo na Austrália, nos Estados Unidos e no Reino Unido. Profissionais da área reconheceram instantaneamente que estavam do lado errado (e acredito que muitos formuladores de políticas também, mas eles não tinham uma alternativa). Na época, eu não estava prestando muita atenção aos resultados de alfabetização, matemática e ciências do Programa Internacional de Avaliação de Alunos (PISA), da Organização para a Cooperação e Desenvolvimento Econômico (OCDE), que mostravam novos líderes: Hong Kong, Japão, Cingapura, Xangai e Coreia do Sul (falaremos mais sobre eles adiante).

Ao longo da última década, o artigo "Choosing the wrong drivers for whole system reform" foi recebido favoravelmente em muitas localidades (tanto por escolas quanto por autoridades locais) e até atraiu algum interesse no nível político (p. ex., na Califórnia e em Victoria). No entanto, a análise nunca resultou em uma mudança de reformulação do sistema. Uma razão era que os holofotes estavam sobretudo no termo "errado". Em segundo lugar, os chamados *direcionadores corretos* não representavam uma teoria coerente. Terceiro, os direcionadores corretos nunca foram suficientemente completos para influenciar a complexidade crescente da sociedade no século XXI – eles nunca foram fortes o bastante para afetar a desigualdade, que é endêmica no sistema que temos.

A questão agora é se este pode ser o melhor momento para acertar os "direcionadores corretos" e, claro, quais seriam eles. Existem várias razões pelas quais a hora é agora: a sociedade global está piorando rapidamente e tem piorado há algum tempo, há colapso climático e desigualdade galopante, a desconfiança é cada vez maior e o estresse permanece crescente para adultos e jovens – tudo isso já era uma realidade antes da pandemia de covid-19 (ver FULLAN; GALLAGHER, 2020).

O próprio fenômeno da pandemia pode servir para acelerar as soluções à medida que encontramos alguns possíveis lados bons, precisamente por causa da insatisfação cada vez maior com o *status quo* e as novas aberturas que a dissolução da covid-19 revela. O momento também é propício, porque nos últimos cinco anos entendemos muito mais sobre aprendizagem, tecnologia, pessoas e os catalisadores mais poderosos para uma transformação positiva. A pandemia nos fez dar dois ou mais passos para trás e, de fato, expôs falhas fundamentais em nossos sistemas de aprendizagem. A covid-19 pode vir a ser o estímulo necessário para avançar, mas apenas se agirmos de forma assertiva no que chamo de "direcionadores corretos".

O modelo de educação atualmente em vigor está muito desatualizado. Da mesma forma, um sistema educacional novo e melhor seria um dos poucos caminhos para sobreviver em curto prazo, quanto mais para prosperar no futuro de mais longo prazo. Thomas Kuhn (1962), em seu livro *The Structure of Scientific Revolutions*, argumentou que os modelos científicos – ou paradigmas, como ele os chamou – às vezes seguem seu curso. Ele disse que duas condições são necessárias para que a mudança aconteça: uma é que o sistema atual se torne "catastroficamente ineficaz" (eu diria que já é), e a outra é a presença de um paradigma alternativo para substituí-lo.

Os quatro direcionadores corretos, em combinação – o que chamei de "paradigma humano" – constituem o novo modelo proposto para governar o futuro da educação (Figura 1). Defino um direcionador como uma força que atrai poder e gera movimento em uma base contínua. Os quatro novos direcionadores não estão se movimentando em uma rota dividida. Pelo contrário, eles representam um modelo único e integrado que gera o desenvolvimento contínuo.

**Os direcionadores corretos para o sucesso do sistema**

| O paradigma humano | O paradigma "sem vida" |
|---|---|
| Bem-estar e Aprendizagem | Obsessão Acadêmica |
| Inteligência Social | Inteligência de Máquina |
| Investimentos em Igualdade | Austeridade |
| Sistematicidade | Fragmentação |

**Figura 1** Os direcionadores.

Os quatro direcionadores incorretos não são totalmente errados. A questão é que, se forem usados separadamente e sem restrições, eles nos levam em uma direção negativa. Vamos nomeá-los e dar-lhes apelidos (entre parênteses).

1. Obsessão Acadêmica (egoísmo)
2. Inteligência de Máquina (falta de cuidado)
3. Austeridade (crueldade)
4. Fragmentação (inércia)

Eles atuam há 40 anos com intensidade cada vez maior. Juntos, são o "paradigma sem vida", carecendo de cuidado, empatia e consciência cívica – coisas que nos tornam humanos. Os novos direcionadores corretos, por sua vez, capturam e impulsionam o espírito humano. Novamente, são oferecidos com apelidos.

1. Bem-estar e Aprendizagem (essência)
2. Inteligência Social (ilimitada)
3. Investimentos em Igualdade (dignidade)
4. Visão sistêmica (totalidade)

Eles são o paradigma humano e atualmente constituem um trabalho em andamento. Mal começamos a explorar seu potencial.

Uma análise fascinante da evolução da América, do final de 1800 até o presente, foi divulgada recentemente por Putnam e Garrett (2020). O livro deles é intitulado *The Upswing: how America Came Together a Century Ago and How WE Can Do It Again*. Usando evidências temáticas sobre economia, política, sociedade e cultura, os autores argumentam que os Estados Unidos passaram por períodos de

- Egocentrismo – 1870 a 1890;
- Preocupação com os outros – 1900 a 1970; e de volta ao presente período de
- Egocentrismo excessivo – final dos anos 1970 até o presente.

Observando os sinais, Putnam e Garrett (2020) especulam que, de 2021 em diante, pode ser outro período de preocupação com os outros. De muitas maneiras, a perspectiva de combinar os direcionadores corretos é um caso muito positivo. Então, quais são os novos direcionadores corretos mais promissores para a mudança do sistema?

Para cada par de direcionadores, começaremos com os incorretos – o que são e como se enraizaram nas últimas quatro décadas. Eles não formam um sistema deliberado, mas dependem um do outro.

- A obsessão acadêmica[1] favorece a elite. Os privilegiados, por sua vez, desvendam e exploram o restrito sistema de avaliação acadêmica.
- As máquinas têm vida própria, porque o sistema de mercado e as grandes empresas contribuem de modo inerente e implacável para sua expansão sem fim. O crescimento voraz é o seu hábito.
- A austeridade evolui naturalmente em um sistema em que os ricos ficam com a maior parte dos lucros e todos os outros ficam com pouco.
- A fragmentação por padrão favorece a inércia e aprofunda os sistemas existentes de preconceito e discriminação.

Este é o atual estado das coisas – um sistema destinado a afundar. Os quatro direcionadores corretos, por sua vez, têm o potencial de mudar radicalmente a dinâmica. Em um sentido real, eles são nossa possível solução e única esperança de alterar o atual caminho catastrófico que vai em direção à destruição. O conjunto de direcionadores corretos requer uma profundidade de compreensão e ação em muitos níveis. Para alcançar esse tipo de mudança radical, precisaremos apelar para quatro grupos diferentes que rotularei locais, regionais, estaduais (estaduais e federais) e globais (líderes que trabalham em todos os países).

- Os locais incluem estudantes, pais e membros da comunidade.
- Os regionais são funcionários distritais e municipais.
- Os estaduais são atores estaduais e federais.
- Os globais são aqueles que atuam entre as entidades (e, claro, fazem parte dos outros três grupos).

Os direcionadores se alimentam uns dos outros e, como tal, estimulam a ação recíproca. A dificuldade maior está em como colocar os indicadores corretos em ação de maneira que eles impulsionem uma ação coordenada e sustentada. Esse é o foco deste texto. Expresso os pares de direcionadores com a interjeição: *vis-à-vis*, que significa "em relação a" e não "contra". Faço essa pontuação para observar que os direcionadores nem sempre se opõem, mas podem formar pares complementares, desde que o direcionador correto conduza as ações. Dito de outra forma, os "direcionadores incorretos" podem ser úteis desde que apoiem os corretos – algo que é eminentemente factível se posicionarmos os direcionadores corretos como dominantes.

A principal recomendação consiste em uma mudança radical de foco em direção aos poderosos direcionadores corretos como um conjunto, enquanto presta atenção aos incorretos ou "auxiliares" a fim de reposicioná-los para contribuir da maneira

---

[1] Merriam-Webster, via Wikipedia, fornece a seguinte definição. "Disciplinas acadêmicas: cursos realizados em uma escola ou faculdade".

que deveriam. Por exemplo, a tecnologia tem muito a contribuir – potencialmente. Em certo sentido, grande parte do problema é que os humanos ficaram para trás, não apenas que a tecnologia se tornou mais poderosa. A desigualdade galopante (em recursos e oportunidades) aumentou desde o final da década de 1970, **apesar de novos investimentos consideráveis direcionados à equidade**. Ao longo dessas décadas, a meta de buscarmos maior equidade fez pouca diferença objetiva no sistema, exceto por alguns "pontos positivos fora da curva". Não há impacto discernível porque as soluções tentadas foram fragmentadas. Como tal, elas não atacaram seriamente a desigualdade. Vou abordar isso mais diretamente quando chegarmos ao direcionador correto 3, "Investimentos em Igualdade". O sistema econômico que resultou no rápido aumento da desigualdade econômica não é o único que impede muitas pessoas de alcançarem a igualdade fundamental. Os "sistemas" de dominação colonial, racial, de gênero/sexual, de classe e outros também contribuem de forma importante. Em suma, existem vários "sistemas de opressão" em ação.

Alguns avanços serão alcançados por meio de ações políticas e insurreições. Ao mesmo tempo, precisamos examinar como o próprio sistema (aqui considerando todos que fazem parte dele) pode ser alterado por meio de ações decorrentes da crescente insatisfação em todos os níveis com a situação atual e sua trajetória. Um fio de esperança é nossa descoberta provisória de que todos os alunos podem se beneficiar de uma educação melhor, **sobretudo aqueles que estão atualmente mais desconectados** (FULLAN; QUINN; MCEACHEN, 2018). Eles têm a experiência e a conexão mais emocional com o que está incorreto e, como tal, podem ser as principais fontes de ação pessoal e coletiva necessárias para uma mudança positiva. A emoção e a nova dignidade podem ser a força mais poderosa e a esperança de mudança. Os quatro direcionadores corretos, de forma integrada, representam uma mudança de sistema potencialmente poderosa em ação.

À medida que trabalhamos com o modelo, começarei em cada caso com uma discussão sobre o que há de errado com o direcionador incorreto em questão, seguindo-se uma consideração de como o direcionador correto funcionaria. Direcionadores incorretos em equilíbrio reforçam o *status quo*. Cada direcionador correto pode inicialmente se mover em um ritmo diferente, mas, mais cedo ou mais tarde, eles devem convergir, ganhando força adicional da interação entre o conjunto.

Como parte da configuração dos direcionadores corretos, também podemos adotar medidas para transformar os direcionadores incorretos em coadjuvantes melhores. O efeito prático seria a aceleração de mudanças positivas e novos avanços. Uma pergunta importante seria: quem é responsável por ativar os direcionadores corretos? E a resposta é **todos** (ver direcionador correto 4). Mais útil: qualquer grupo ou subgrupo pode e deve agir e conectar direcionadores, buscando aliados o tempo todo e alavancando novos desenvolvimentos consistentes com o conjunto de direcionadores.

Na conclusão, revisitarei a grande questão sobre quais são as perspectivas de mudança radical nas tendências do tipo imaginado por Putnam e Garrett. O mundo está agora em um estado precário, o que significa dizer que o futuro pode seguir qualquer caminho: o colapso da sociedade – a trajetória atual – ou a transformação do sistema global nas linhas dos quatro direcionadores corretos. O agente-chave para a prosperidade futura da humanidade e do planeta é a ativação de um novo sistema de aprendizagem construído sobre a vantagem evolutiva que possuímos, mas corremos o risco de desperdiçar. Primeiro, investigamos a própria aprendizagem, que foi muito distorcida nos últimos 50 anos ou mais. Estamos visivelmente perdendo terreno nas medidas que importam.

Passemos agora aos próprios direcionadores, começando pelo primeiro par: Bem-estar e Aprendizagem.

## BEM-ESTAR E APRENDIZAGEM VIS-À-VIS OBSESSÃO ACADÊMICA

### Obsessão Acadêmica

Deixe-me estruturar o argumento de forma objetiva, já que existem nuanças. A obsessão com títulos acadêmicos e as correspondentes recompensas de uma elite às custas de outras pessoas (e vou mostrar às custas dos próprios "vencedores") resulta em uma aprendizagem limitada que distorce severamente aquilo que as pessoas aprendem e precisam no século XXI. Mesmo aqueles alunos que são "bem-sucedidos" não estão preparados para a vida. Em vez disso, meu argumento será que, ao integrar bem-estar e educação formal, estabelecemos a aprendizagem como algo que prepara todos os alunos para o mundo cada vez mais complexo em que vivemos. Na próxima seção (Bem-estar e aprendizagem) estabeleceremos a relação fundamental entre os Objetivos de Desenvolvimento Sustentável (ODS) da Organização das Nações Unidas (ONU) – Objetivo 3 (boa saúde e bem-estar) e Objetivo 4 (educação de qualidade). Com efeito, eles se tornam parceiros integrados como codirecionadores para transformar o sistema atual.

Na medida em que o bem-estar vem à tona, há uma tendência inicial de tratá-lo como "ausência de mal-estar". Programas para tratar o mal-estar, como iniciativas antibullying, de tratamento de drogas e álcool e de redução do estresse, são essenciais, mas são reativos a problemas óbvios na cultura da escola e da sociedade. Não são programas para promover o bem-estar em si. O objetivo deveria ser promover ações para que os alunos percebam a escola como um lugar onde se sentem bem consigo mesmos e com a pessoa que estão se tornando; onde têm oportunidades de desenvolver ou fortalecer valores positivos em si mesmos e em seus colegas; onde influenciam seus próprios ambientes (na escola, na comunidade, em seu mundo); e onde sua voz e suas iniciativas não são tão "permitidas", mas são deliberadamente ativadas como um subproduto natural da cultura construída e no sistema como um todo.

Entretanto, prevalece a Obsessão Acadêmica, envolvendo tanto o sistema de aprendizagem quanto a respectiva avaliação dos resultados. Sandra Milligan é professora e diretora do Assessment Research Center da Melbourne Graduate School of Education. Em sua pesquisa atual, ela reuniu um grande número de jovens que estavam nos anos finais do ensino médio, ou eram recém-formados no ensino médio, e perguntou: "em que grau seus 12 anos de escolaridade o prepararam para o que você está fazendo agora ou espera fazer?". Como Milligan relata, "eles foram praticamente unânimes em dizer que sua escolarização era muito limitada para o que estão fazendo agora e espera-se que façam no futuro; e que sua escolarização era dominada por academicismo e por um foco restrito de assuntos". Quando questionados sobre o que realmente valorizavam, mencionaram trabalho de meio período, atividades comunitárias e outras experiências complementares além da escola. Foram essas experiências "fora da escola" que deram a eles *know-how*, atitudes, valores, habilidades e confiança – coisas que acreditavam não ter vivenciado na escola e que eram realmente valiosas para prepará-los para desafios futuros (MILLIGAN, 2020a; ver também MILLIGAN, 2020b).

Heather Malin é diretora de pesquisa do Stanford University Center on Adolescence. Em vários estudos, Malin (2018) investigou os alunos sobre a educação e seu propósito na escola. Na melhor das hipóteses, ela descobriu que os alunos queriam tirar boas notas, ir para a universidade e conseguir um bom emprego. No final de vários estudos, Malin concluiu que apenas 24% dos alunos do ensino médio "identificaram e estão buscando um propósito para a vida" (MALIN, 2018, p. 1).

Vamos analisar o que está acontecendo até esse momento. A Obsessão Acadêmica **não é um motivador intrínseco primário** para a maioria dos alunos (nem mesmo para muitos dos aparentemente bem-sucedidos). Veremos em breve que o bem-estar (propósito, significado, pertencimento, controle, contribuir para algo maior) possui um maior interesse intrínseco, o que, por sua vez, pode levar a uma formação mais profunda. Vamos focar no grupo "bem-sucedido" por um momento. Passamos para os alunos extremamente bem-sucedidos nos Estados Unidos, com base em *The Meritocracy Trap*, de Daniel Markovits. Markovits (2019) descreve como o elitismo extremo nos últimos 40 anos criou uma barreira entre a classe média e os ricos nos Estados Unidos. Ele documenta como a educação elaborada da elite produz "trabalhadores superordenados" que privilegiam suas posições na hierarquia do trabalho, dentro da qual "a nova elite investe sua renda em uma educação ainda mais elaborada para seus filhos" (MARKOVITS, 2019, p. 11). E assim o ciclo continua. Com o tempo, a diferença entre os super-ricos e a classe média aumenta à medida que os primeiros são impulsionados para cima e a última, para baixo, até o ponto atual em que "a diferença de desempenho acadêmico entre crianças ricas e de classe média é agora marcadamente maior do que a diferença de desempenho entre crianças de classe média e pobres. Em 2018, por exemplo, a diferença de renda entre ricos e classe média tornou-se quase o dobro do que era em 1970 (MARKOVITS, 2019).

Poucos de nós sentirão pena da elite acadêmica, mas Markovits (2019) documenta como essas escolas de elite têm taxas de suicídio quatro vezes maiores que a média nacional e que "54% dos alunos apresentaram sintomas moderados a graves de depressão e ansiedade" (MARKOVITS, 2019, p. 42).

Aliás, vemos esse fenômeno nos melhores desempenhos do PISA/OCDE na Ásia (Coreia do Sul, Xangai), onde os pais forçam seus filhos (ou talvez não precisem, pois seus filhos se colocam nessa posição) a estudar e a frequentar escolas preparatórias para entrar em escolas de elite (e, inclusive, frequentar escolas preparatórias não tão boas para ingressar em escolas preparatórias melhores). A ansiedade, o estresse e a taxa de suicídio aumentaram drasticamente na última década, com muitas crianças estudando quatro ou mais horas por dia além do horário de aula. O ponto é que a Obsessão Acadêmica prejudica a todos no sistema. Markovits (2019) conclui que "o treinamento excessivo e implacável por meio do qual a meritocracia faz a elite não eleva o espírito humano tanto quanto o esmaga" (MARKOVITS, 2019, p. 116). O subproduto negativo danifica todo o sistema.

Na mesma linha, e mais profundamente, Michael Sandel (2020) expõe *The Tyranny of Merit*. O autor começa com um ponto semelhante ao de Markovits, de que o sistema é manipulado para favorecer a elite (p. ex., dois terços dos participantes de instituições da Ivy League vêm dos 20% que ocupam o topo da escala de renda). A "obsessão por admissões", diz Sandel (2020, p. 12), "tem suas origens na crescente desigualdade das últimas décadas". Acima de tudo, os pais de elite queriam "o prestígio meritocrático que a admissão em faculdades de elite confere" (SANDEL, 2020, p. 1).

Durante as décadas recentes (os 40 anos desde 1980), essa obsessão acadêmica e seus correlatos sociais serviram bem à superelite. Desde o final da década de 1970, nos Estados Unidos, "a maior parte dos ganhos de renda do país foi para os 10% mais ricos, enquanto a metade inferior não recebeu praticamente nada. ...Em termos práticos, a renda média dos homens em idade produtiva, cerca de US$ 36.000, é menor do que era há quatro décadas" (SANDEL, 2020, p. 22). Também sabemos que a taxa de mobilidade (que avalia se estamos melhor do que nossos pais), após 30 anos de movimento ascendente constante (1945-1975), está praticamente estacionária desde o final da década de 1970. Não é preciso ser um gênio para saber que, durante esse mesmo período, a desigualdade avançou a uma velocidade cada vez maior. É preciso algum *insight* para saber que o remédio para isso não é focar apenas no "indivíduo" a fim de obter uma educação melhor. **É o sistema que precisa ser consertado**: "a retórica da ascensão agora soa vazia", diz Sandel (2020, p. 25). Assim, "das crianças nascidas na década de 1940, quase todas (90%) ganhavam mais do que seus pais; das crianças nascidas na década de 1980, apenas metade superava a renda dos pais" (SANDEL, 2020, p. 75). Sandel (2020) conclui que o ideal meritocrático, rígido, limitado e injusto como é, gera "atitudes moralmente pouco atraentes"; "entre os vencedores, gera arrogância; entre os perdedores, humilhação e ressentimento" (SANDEL, 2020, p. 25). Deixe essa mistura tóxica se infiltrar por algumas décadas e você terá Donald Trump (ou o Brexit, etc.).

Vamos falar de "direcionador incorreto" aqui. A desigualdade nas circunstâncias da extrema meritocracia não se deve principalmente ao fracasso da educação; é mais uma falha do sistema em vigor (tanto nas regras básicas quanto no conteúdo). Não faça sua estratégia depender de dizer àqueles que fracassam que devem **se tornarem melhores em um jogo ruim**! Claro, queremos que as pessoas acessem a faculdade e tenham sucesso, mas minha conclusão é que o sistema atual é incapaz de realizar isso em qualquer escala (mas os quatro direcionadores corretos podem).

Tem mais. Aqueles que têm sucesso em um jogo ruim não necessariamente saem incólumes. Sandel (2020) chama esse grupo de "vencedores feridos". Há uma longa lista de impactos de alto estresse e ansiedade nos alunos que se encontram jogando o jogo ruim, levando à seguinte conclusão, citada por Sandel (2020, p. 179):

> Apesar de suas vantagens econômicas e sociais, eles experimentam as mais altas taxas de depressão, abuso de substâncias, transtorno de ansiedade, queixas somáticas e infelicidade entre qualquer grupo de crianças estadunidenses.

E aqueles que se tornam adultos aparentemente bem-sucedidos, chegando a CEOs e políticos ou outros líderes proeminentes? Novamente, há exceções, mas comecemos com a pergunta: "pessoas inteligentes altamente escolarizadas são boas na vida?" (é uma pergunta retórica). A proporção de membros eleitos do governo com diploma universitário vem aumentando nos últimos 40 anos. Atualmente, na Inglaterra, 88% deles têm diploma universitário, e a maioria veio de escolas particulares (SANDEL, 2020, p. 101). O presidente Obama seguiu o mesmo padrão, com todos, exceto três membros do gabinete, tendo diplomas de ensino superior.

Aqui está a parte das nuanças. Eles são inteligentes, mas eles são bons na vida – deles próprios e daqueles cujas vidas eles devem melhorar? Digamos que a maioria seja "academicamente" capacitada, mas são bons líderes para o sistema – mobilizando e melhorando a vida da população em geral? Eis a conclusão de Sandel (2020, p. 90):

Ter pessoas bem instruídas comandando o governo é desejável, desde que também tenham bom senso e uma compreensão solidária da vida dos trabalhadores – o que Aristóteles chamou de sabedoria prática e virtude cívica –, mas a história mostra pouca conexão entre credenciais acadêmicas prestigiosas e sabedoria prática ou instinto para o bem comum.

De forma ainda mais complexa, pessoas instruídas sem histórico de luta podem ser cognitivamente empáticas, mas não "emocionalmente" empáticas em relação a pessoas em circunstâncias difíceis. Além disso, e para completar o argumento, há 40 anos temos pouca mobilidade socioeconômica, assim não nos beneficiamos a partir da experiencia de pessoas que tiveram sucesso percorrendo caminhos tortuosos – sacrifícios dos pais, que resultam em filhas ou filhos beneficiados que, por sua vez, criam seus próprios filhos –, o que, de fato, constrói um fluxo de pessoas com sabedoria prática e acadêmica. Existem alguns que têm sucesso apesar de suas circunstâncias, mas tendem a ser exceções que confirmam a regra. No geral, somos menos abastados socialmente porque não nos beneficiamos da mobilidade que poderia ter acompanhado essas quatro décadas de desenvolvimento do capital humano e social. Mais amplamente, o "papel de classificação" da Obsessão Acadêmica produz líderes em todos os setores que provavelmente não têm plenamente equilibradas e desenvolvidas as qualidades cognitivas e de bem-estar que são essenciais para liderar no século XXI (ver FULLAN, 2020). É claro que critérios adicionais, além do desempenho acadêmico, são usados para nomear líderes. Podemos ver isso em ação nas nomeações da vice-presidente Kamala Harris e do secretário de Educação Miguel Cardona, ambos representantes de minorias nos Estados Unidos e indicados ao cargo pelo presidente Joe Biden. Contudo, por que não fazer com que qualidades como caráter, cidadania e empatia façam parte de uma educação básica em primeiro lugar, para que o conjunto de candidatos se torne mais amplo e profundo? Por que não ser guiado pelo direcionador correto 1, em vez de por sua contraparte limitada? Por que não produzir dezenas de graduados que são "bons em aprendizagem e bons na vida"?

Até que façamos essa mudança, nunca alcançaremos equidade. Uma razão pela qual o aumento da igualdade não ocorreu, apesar de 50 anos de investimento, é que os direcionadores incorretos, incluindo a Obsessão Acadêmica, prevaleceram nesse período. Obsessão Acadêmica serve para minar a equidade. Um caso em questão é o estudo aprofundado de Lewis e Diamond (2015) da Riverview High School, uma escola diversa, localizada nos Estados Unidos, abertamente comprometida a atender a todos os seus alunos. Apesar dos objetivos de igualdade defendidos, 90% dos estudantes brancos acabam em cursos universitários de quatro anos em comparação com 50% dos negros e latinos. Lewis e Diamond (2015, p. xix) descobriram que "é na interação diária (leia-se cultura) entre a política escolar, a prática cotidiana, a ideologia racial e a desigualdade estrutural que surgem contradições entre boas intenções e maus resultados".

Em uma escala maior, no ensino superior, tanto Kirp (2019) quanto Tough (2019) encontraram enormes barreiras sutis e flagrantes para as minorias, do momento em que poderiam ter iniciado os estudos após o ensino médio, passando por suas experiências até "não ter se formado" (apenas 40% se formaram em seis anos). Tough (2019) conclui que o ensino superior, que presumivelmente estabelece ser um "poderoso motor de mobilidade social", funciona como algo mais próximo do oposto: um obstáculo à mobilidade, um instrumento que reforça uma rígida hierarquia social e impede determinados grupos de ultrapassar as circunstâncias do seu nascimento (TOUGH, 2019, p. 19–20).

Eis mais um exemplo de quão insidiosas são as barreiras. Linda Nathan foi diretora e fundadora da Boston Arts Academy, uma escola de ensino médio comprometida em preparar estudantes de minorias desfavorecidas para a universidade. Muitos se formaram e foram para a universidade, onde encontraram vários obstáculos não acadêmicos (falta de apoio, sutilezas burocráticas e afins) que resultaram em uma alta taxa de evasão.

Nathan (2017) fornece a ponte para o nosso "direcionador correto" quando lamenta: "o que toda a conversa sobre garra parece perder é a importância de colocar a experiência das crianças em primeiro lugar. [...] Quando a ênfase na garra termina como uma pedagogia autônoma, o contexto da vida do aluno e as circunstâncias familiares são ignorados" (NATHAN, 2017, p. 76).

## Avaliação

À medida que avançamos no fenômeno da Obsessão Acadêmica, devemos abordar explicitamente o papel da avaliação. Nesse contexto, e reforçando o sombrio sistema atual, temos que considerar como a "avaliação externa da aprendizagem" alimenta a Obsessão Acadêmica (notas, cursos avançados, testes externos). Avaliações não são um instrumento de melhoria quando combinadas com uma responsabilização punitiva de alto risco. As pessoas raramente são motivadas por serem julgadas, e isso é impossível se o julgamento não contém possíveis linhas de soluções. Jal Mehta, da Harvard University, abordou esse problema em *The Allure of Order*, de 2013, concluindo que "padrões e responsabilidade são uma tecnologia fraca para produzir os resultados que os formuladores de políticas buscam. Melhorar o ensino e a aprendizagem requer o desenvolvimento de habilidade e *expertise*; simplesmente elevar as expectativas (mesmo quando acompanhado de evidências) não é suficiente para trazer resultados" (MEHTA, 2013, p. 7). Eu não vou continuar a criticar um assunto que eu gostaria que já estivesse superado, mas para uma revisão mais abrangente e detalhada veja *The Testing Charade*, de Daniel Koretz (2017). O subtítulo do livro diz tudo: "fingindo tornar as escolas melhores" (do inglês, *pretending to make schools better*).

Algumas jurisdições tentaram combinar testes com estratégias que abordam habilidades e conhecimentos dos professores necessários para obter melhores resultados. Isso pode funcionar em pequena escala, em que algumas escolas, que não estão indo muito bem, aprendem com outras que estão sendo mais bem-sucedidas. Como existem algumas jurisdições bem-sucedidas (às vezes chamadas de "pontos positivos fora da curva"), isso pode nos encorajar. Esse, no entanto, é de fato um caso de "exceções" que comprovam a regra. No fim das contas, a regra – testes padronizados de alto risco que se tornam fins em si mesmos – sempre prevalecerá, porque é preciso um esforço heroico para superá-la.

Tomemos a Austrália como estudo de caso. Desde 2008, a Austrália tem o National Assessment Program: Literacy and Numeracy (NAPLAN), um programa nacional com testes anuais no 3º, no 5º, no 7º e no 9º anos. Nos últimos 12 anos, as escolas, em geral, mostraram pouca ou nenhuma melhora (eu argumentaria que por razões diretamente relacionadas aos direcionadores incorretos). Em 2019, o governo reuniu uma equipe proeminente de pesquisadores para conduzir uma revisão e fazer recomendações para melhorias. Os pesquisadores recomendaram que os testes fossem feitos no 3º, no 5º, no 7º e no 10º ano (este último preferido em relação ao 9º ano; o 10º ano é equivalente à 1ª série do ensino médio no Brasil), e que fossem estendidos para incluir letramento científico (MCGAW; LOUDEN; WYATT-SMITH, 2020). Essa manipulação do sistema reforça meu ponto: a preocupação com as notas acadêmicas (NAPLAN) restringirá o currículo, sem abordar a motivação dos alunos ou daqueles que os ensinam.

Os mesmos problemas continuam a confrontar os alunos nos Estados Unidos, na Inglaterra e em outros países. A Ásia é mais complexa. Em geral, o continente foi bem-sucedido no domínio acadêmico, mas, como observei anteriormente, **a um preço**. Pode-se dizer que suas culturas possibilitaram mais Obsessão Acadêmica, mas também identificam mais ansiedade, estresse e o tipo de intensidade disfuncional que Markovits (2019) descreveu em "armadilha da meritocracia" sobre os Estados Unidos (ver também NG, 2016, sobre Cingapura). Quando você adiciona a questão dos testes de admissão restritos de alto risco para instituições de ensino superior (como Scholastic Aptitude Test [SAT] e ACT* nos Estados Unidos), a Obsessão Aca-

---

* Wikipedia: "O ACT (originalmente uma abreviação de American College Testing) é um teste padronizado usado para admissões em faculdades nos Estados Unidos. Atualmente é administrado pela ACT, uma organização sem fins lucrativos com o mesmo nome. O teste ACT abrange quatro áreas de habilidades acadêmicas: inglês, matemática, leitura e raciocínio científico. Ele também oferece um teste de escrita opcional. É aceito por todos os cursos universitários de quatro anos nos Estados Unidos, bem como por mais de 225 universidades fora do país."

dêmica completa o ataque à equidade e à aprendizagem significativa. O capítulo de Paul Tough (2019) "Fixing the test" é uma história assustadora de distorção, pois alunos e pais procuram tutores caros e outros meios para obter pontuações mais altas a qualquer custo, a fim de obter acesso a universidades de elite. Até mesmo um dos tutores cujo sustento dependia de tais alunos procurarem seus serviços disse a Tough que ele diz às universidades o oposto, ou seja, "minimize os testes padronizados em favor de avaliações mais sutis da habilidade dos alunos" (TOUGH, 2019, p. 103). Felizmente, testes como o SAT e o ACT estão perdendo popularidade na medida em que mais e mais instituições terciárias estão buscando critérios mais qualitativos para admissões.

A Austrália tem o mesmo problema. Existe um *ranking* baseado principalmente nas avaliações do 12º ano (equivalente à 3ª série do ensino médio) chamado Australia Terciary Admission Rank (ATAR), que de fato classifica todos os alunos em potencial com um número que influencia as admissões. A professora Sandra Milligan e sua equipe da Melbourne University escreveram um artigo chamado "Beyond ATAR: A Proposal For Change" (O'CONNELL; MILLIGAN; BENTLEY, 2019) em que argumentaram que o ATAR favorece academicismos restritos, ao mesmo tempo em que negligencia outras qualidades que poderiam avaliar o potencial de aprendizagem dos alunos (como perfis de aprendizagem e afins).

Quando as apostas são tão altas, algumas pessoas fazem qualquer coisa para enganar o sistema, incluindo trapaças e comportamento ilegal. Depois, há o dano colateral do currículo restrito, alto estresse e abuso de privilégios. Se você agrupar tudo isso como Andy Hargreaves (2020a) fez em uma revisão recente de avaliações em larga escala, descobrirá que "testes de alto risco" e até testes de médio porte encontram uma série de problemas que prejudicam o programa de melhorias e a eficácia da avaliação.

Resumindo:

1. A Obsessão Acadêmica antecipa um programa melhor de aprendizagem nos ensinos fundamental e médio ou no ensino superior, deixando a maioria dos alunos fora do jogo.
2. Mesmo aqueles que são "bem-sucedidos" não são bem atendidos.
3. Os objetivos educacionais mais importantes (como o conjunto de competências globais que apresentarei em breve) são pouco abordados.
4. A estratégia de avaliação de resultados em si quase nunca leva à melhoria.
5. Precisamos de um sistema que simplifique as avaliações externas, mantendo a capacidade de monitorar o sistema com melhores medidas de engajamento e desempenho.

Em suma, precisamos de um novo direcionador primário!

## Bem-estar e Aprendizagem

Em nosso mundo cada vez mais complexo e contencioso, não podemos mais separar bem-estar e aprendizagem. Isso porque bem-estar é aprendizagem. À medida que a complexidade do mundo evoluiu, bem-estar e aprendizagem passaram a representar um conceito integrado. Assim, não é possível ser bem-sucedido em um sem o outro. Eles se alimentam mutuamente gerando um ciclo virtuoso, em que sucesso gera sucesso. Como veremos, os avanços na neurociência da aprendizagem favorecem a integração perfeita desses dois elementos. Tudo isso reforça o ponto que mencionei anteriormente, que o bem-estar é muito mais do que a ausência de mal-estar.

Uma das principais razões pelas quais Bem-estar e Aprendizagem devem ser um forte direcionador correto é a possibilidade de gerar **motivação intrínseca**. Educação formal, ao menos no início, é um motivador extrínseco – um meio para um fim. Por mais complexa e desafiadora que a vida tenha se tornado, é improvável que a atração **inicial** para a aprendizagem seja o interesse acadêmico em si. Nathan (2017) estava se aproximando da verdade quando observou que a ênfase superficial em notas e títulos acadêmicos não é um motivador para a maioria dos alunos.

Ela defende a necessidade de "imaginar um currículo estruturado de forma a fortalecer o senso de identidade dos alunos e seu senso de inclusão em uma comunidade de apoio" (NATHAN, 2017, p. 142) – e apresenta sua conclusão contundente.

> É frustrante saber que o tipo de aprendizagem envolvida para passar em testes padronizados não reforça o senso de urgência e pertencimento dos alunos, e há pouco espaço para o tipo de aprendizagem que faria isso (NATHAN, 2017, p. 158).

Resumindo, os títulos são valiosos e a aprendizagem profunda ainda mais, mas, para a maioria dos alunos em 2021, enfatizar a aprendizagem acadêmica não é o ponto de partida.

Nesta seção, apresento alguns dos elementos básicos de um modelo de Bem-estar e Aprendizagem que serão necessários. Os outros três "direcionadores corretos", nas seções subsequentes, serão parte da mudança de paradigma necessária e essencial. Um dos membros de nossa equipe é a neurocientista e psiquiatra infantil Jean Clinton. Conversamos com a Dra. Jean sobre o que poderia ser a melhor definição inicial de bem-estar. Aqui está sua resposta:

> As pessoas se tornam boas na vida quando se sentem seguras, valorizadas e têm um senso de propósito e significado. Há uma necessidade de se envolver em atividades significativas que contribuam para o bem-estar dos outros. Diante da adversidade, poder navegar até os recursos que você precisa para sair da situação – a resiliência – é um componente essencial. Para chegar lá é preciso identifi-

car valores, objetivos e necessidades, bem como pontos fortes pessoais. Acho que são seis as competências que você precisa para conseguir isso [os 6Cs, mais sobre isso em breve], desde que a compaixão e a empatia sejam enfatizadas (CLINTON, 2020, documento *on-line*).

O sistema atual está a quilômetros de distância de atender às necessidades de bem-estar e aprendizagem dos alunos. Os sociólogos Jal Mehta e Amanda Datnow (2020), depois de considerar as escolas públicas na perspectiva dos últimos 100 anos, concluem que há uma "lacuna enorme entre como as escolas são organizadas e como os jovens aprendem", a organização escolar fica lamentavelmente aquém em relação à:

- oportunidades para desenvolver um trabalho com propósito e significado;
- fortes conexões com adultos e pares (relacionamentos/pertencimento);
- necessidade de serem vistos como seres com valor;
- valorização de suas identidades;
- seu desejo de ter a oportunidade de contribuir para o mundo.

O direcionador correto 1 substitui a Obsessão Acadêmica por um foco fundamental em Bem-estar e Aprendizagem. Tanto o bem-estar quanto a aprendizagem sofreram por causa da sua separação. Combiná-los gera uma força interativa que representa uma nova e poderosa **proposta de aprendizagem unificada** que se torna o elemento central para enfrentar e transcender as crescentes complexidades agora enfrentadas pela humanidade.

A solução deve ser específica, abrangente e sucinta para se tornar um substituto viável para o sistema atual. Nos termos de Kuhn (1962), a solução deve representar uma alternativa prática ao atual sistema falho. Nosso grupo, bem como outros pesquisadores, está desenvolvendo essa alternativa desde 2014. Essencialmente, o novo paradigma consiste em competências fundamentais que integram aprendizagem e bem-estar e que fornecem os componentes para implementação, como pedagogia eficaz e avaliação do progresso.

O Center for Curriculum Redesign (CCR) concluiu recentemente uma revisão do campo ao analisar o currículo de 22 jurisdições de todo o mundo (TAYLOR *et al.*, 2020). Eles identificaram 12 competências no total: quatro habilidades (criatividade, pensamento crítico, comunicação, colaboração), seis elementos de caráter (atenção plena [*mindfulness*], curiosidade, coragem, resiliência, ética e liderança) e dois de metaprendizagem (metacognição e mentalidade de crescimento). Nos 22 sistemas, os autores descobriram que a maioria das jurisdições "nomeou" as 12 competências em seus documentos oficiais de política curricular; cerca de um quarto continua referência a "progressões" da competência; mas quando se tratava de "pedagogia" e "avaliação" **não havia** referência nos documentos de política. Assim, as metas curriculares apareciam nos documentos de política, mas não havia caminhos para a implementação! Nas palavras dos autores: "nenhuma das 22 jurisdições tinha documentos publicamente disponíveis que incluíam pedagogias (e avaliações) visando às 12 competências" (TAYLOR *et al.*, 2020, p. 7). Isso não significa que não havia escolas usando as competências, mas não havia "presença sistêmica" em relação ao novo paradigma.

Em nosso próprio trabalho, fomos mais longe nessa direção. Após sete anos de desenvolvimento, nosso trabalho foi testado em campo, foi bem recebido e cobre grande parte do território (QUINN *et al.*, 2020). Não vou comparar aqui os detalhes (como quantas e quais competências deveriam existir, etc.), mas é preciso enfatizar que a estrutura do CCR e a nossa são essencialmente compatíveis.

Fundamentalmente, a CCR e também a nossa proposta mudaram o objetivo principal da aprendizagem para **Bem-Estar e Aprendizagem** no que diz respeito a como prosperar e melhorar no mundo complexo em que vivemos. Os elementos comuns a essa nova abordagem incluem:

- Você precisa provocar e desenvolver a motivação intrínseca dos alunos para aprender em um mundo dinamicamente complexo. Central para alcançar isso é a constelação de propósito, significado, pertencimento, conexão e contribuição para o mundo. Um tema-chave que surge a partir desse conjunto de motivadores está relacionado à ideia de "envolver o mundo, mudar o mundo" – um tema que descobrimos trabalhando com os alunos; aquele que se tornou o subtítulo do nosso primeiro livro (FULLAN; QUINN; MCEACHEN, 2018).
- Aprendizagem profunda é o processo de desenvolver, compreender e utilizar o que chamamos de competências globais: caráter, cidadania, colaboração, comunicação, criatividade e pensamento crítico. Vale a pena notar que as chamadas habilidades do século XXI (as últimas quatro) estão presentes há pelo menos 30 anos; e não chegaram a lugar algum. Sim, o momento pode ter sido prematuro, mas o mais revelador é que descobrimos que caráter e cidadania são "habilidades fundamentais" catalíticas para fazer a diferença no mundo – qualidades não incluídas nas quatro habilidades originais do século XXI e características diretamente relacionadas com a motivação intrínseca dos estudantes contemporâneos.
- As seis competências incluem o desenvolvimento de conhecimentos e habilidades socioemocionais e acadêmicas por meio de uma pedagogia eficaz e da avaliação do progresso. Nosso modelo consiste em quatro elementos de um *design* de aprendizagem (Figura 2): práticas pedagógicas, parcerias de aprendizagem, ambientes de aprendizagem e alavancagem digital. Esse *design* de aprendizagem – os quatro elementos combinados – inclui usar e desenvolver

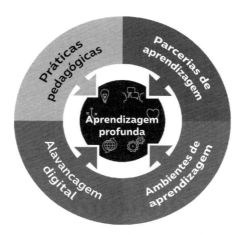

**Figura 2** Os quatro elementos de um *design* de aprendizagem.

ainda mais o que é conhecido sobre a neurociência da aprendizagem, questões como: "aluno como investigador e construtor de conhecimento", "a aprendizagem se conecta significativamente ao interesse e à voz do aluno", "conecta os alunos ao mundo com a autêntica resolução de problemas", "cometer erros e aprender com eles fortalece a aprendizagem", "colaboração e outras formas de conexão com outras pessoas e ideias", "melhora os caminhos neurais e a aprendizagem", e assim por diante.

- Essa perspectiva de bem-estar e aprendizagem se aplica a **todos** os alunos, incluindo o compromisso com a igualdade para todos. A aprendizagem moderna é uma aprendizagem de qualidade que fica com você. Também descobrimos que essa aprendizagem profunda é boa para todos os alunos, mas é especialmente boa para aqueles que estão desconectados. O que precisamos fazer adicionalmente é uma parceria com sistemas comprometidos em abordar explicitamente os múltiplos "sistemas de preconceito" atualmente em funcionamento. Os avanços que se seguirão serão bons para os alunos, suas famílias e o mundo.

Em nosso modelo de aprendizagem profunda, Bem-estar e Aprendizagem são essenciais e inseparáveis. Juntos, eles são "o direcionador correto". É fundamental notar que o nosso paradigma e o da CCR são abrangentes e **integrados no mesmo modelo unificado**.

Nosso modelo NPDL contrasta com outros modelos de bem-estar atuais, como a aprendizagem socioemocional (SEL, do inglês *social emotional learning*). Adicionar SEL é útil até certo ponto, mas representa uma concepção incompleta de bem-estar que inclui equidade e um maior senso de propósito, significado e conexão com o mundo. A Obsessão Acadêmica é tão poderosa que corremos o risco de "bloquear" a SEL para melhorar o desempenho acadêmico em vez de desenvolver um novo sistema de aprendizagem único e poderoso. Bem-estar e Aprendizagem devem se tornar o novo direcionador fundamental que inclui maior igualdade, conhecimento, engajamento e conexão espiritual no mundo.

Afinal, estamos falando de uma mudança de paradigma em que um modelo substitui outro. Pensamos que as condições para fazê-lo estão se tornando mais favoráveis. Como afirmado anteriormente, estamos integrando aprendizagem e bem-estar – Objetivos de Desenvolvimento Sustentável da UNESCO, ODS 3 (saúde/bem-estar) e ODS 4 (educação) – em um único modelo. O letramento (incluindo o digital e o financeiro) e a matemática fazem parte da educação básica para todos. Acima de tudo, sabemos que alunos e professores (e eventualmente pais) adoram aprender e viver no novo paradigma. Em nossa mentalidade de "ir devagar para ir rápido", descobrimos que, após algum desenvolvimento inicial de capacidade, a taxa de mudança de qualidade acelera.

Ainda assim, será necessário um grande esforço para destituir os "academicismos restritos" como o principal direcionador, porque este último tem um domínio sobre como as escolas são organizadas, o que é ensinado atualmente e como é avaliado. Essa obsessão com academicismo e testes relacionados limita severamente a possibilidade de grandes mudanças. A transformação de que estamos falando exigirá uma mudança política em nível estadual que, por sua vez, será mais provável de ocorrer quando houver elementos de apoio em todo o sistema – na base, no meio, e assim por diante.

Grande parte da nova solução consiste em reduzir a dependência de testes padronizados e substituí-los por um sistema integrado de avaliação formativa, vinculado a testes periódicos somativos de indicadores-chave. Alguém observou que quando o *chef* prova a sopa temos uma ação formativa; quando o cliente a prova, é somativo. A avaliação formativa diz respeito a ideias, dados e ações que **melhoram** a aprendizagem como um processo contínuo; a avaliação somativa é um inventário periódico sobre o quanto foi aprendido em um determinado período de tempo. Historicamente, na educação, há uma escassez de dados sobre a melhoria contínua. Embora os professores individualmente coletem informações rotineiramente, elas não são amplamente compartilhadas e não são valorizadas para fins de prestação de contas. Qualquer tentativa de mudar isso por imposição provavelmente falhará. Com imposição, tanto o desenvolvimento interno quanto o conhecimento externo utilizável ficam comprometidos. A chave do sucesso é ter um sistema que monitore e intervenha para ajudar na melhoria contínua. Um lembrete aqui é que essas avaliações abrangem tanto o bem-estar quanto a aprendizagem acadêmica. Assim, desenvolvemos ferramentas que permitem ao professor avaliar progressões em uma rubrica que varia de "evidência limitada" a "emergente", "desenvolvendo", "acelerando" ou "proficiente", de acordo com quatro ou mais dimensões que definem cada competência (ver QUINN *et al.*, 2020). Os professores usam a rubrica para rastrear se os alunos estão progredindo da menor para a maior incorporação da competência em questão. Eles podem então agir em conformidade. Seja qual for a medida, a melhora formativa e contínua é o direcionador.

Para que essa transformação aconteça, professores e alunos terão que mudar para um novo modo de aprender e avaliar. Como parte integrante da aprendizagem dos 6Cs, professores e alunos precisarão conhecer o novo currículo de competências globais o suficiente para avaliar o progresso de forma confiável e sistemática. Eles não podem alcançar um alto nível de pensamento e ação se não souberem como é o progresso. Em suma, a capacidade de professores e seus alunos de validar seus padrões e práticas de avaliação deve ser central para qualquer sugestão de que a avaliação formativa deve conduzir o sistema. A Inteligência Social (direcionador correto 2) desempenhará um papel importante nesses desenvolvimentos.

Voltando à nova pesquisa e desenvolvimento, Milligan *et al.* (2020) estão explicitamente engajados nessas novas avaliações formativas que se concentram em avaliar continuamente os alunos em relação às novas competências (assim como nossas próprias avaliações de progressões de aprendizagem, QUINN *et al.*, 2020). Ao mesmo tempo, Milligan *et al.* (2020) estão se esforçando para realizar "avaliações de resultados" na forma de portfólios de progresso de credenciamento em relação às competências globais. Nossa única discussão é que ela não inclui "caráter" e "cidadania", que são fundamentais em nossa estrutura (e para o aprendiz como cidadão). Seja qual for o caso, a avaliação formativa com foco em "perfis de alunos" e "exibições públicas de trabalho" ou outras formas de credenciamento representa um grande avanço em relação ao direcionador correto 1. Essa avaliação deve incluir medidas somativas de "competências globais" como resultados, da mesma forma que nós, e outros como Milligan, estamos abordando agora.

Outros pesquisadores proeminentes chegaram à conclusão de que a avaliação formativa é o direcionador para melhores resultados. Dylan Wiliam enfatiza que o foco deve ser no "currículo, na pedagogia e na avaliação, nessa ordem" (WILIAM, 2020). Em seu livro, Wiliam (2018) descreve seu sistema como **avaliação formativa incorporada**. O poder da avaliação formativa é apresentado em detalhes: esclarecendo e entendendo as intenções de aprendizagem, produzindo evidências e *feedback* que fazem a aprendizagem avançar, ativando os alunos como recursos instrucionais uns para os outros e ativando os estudantes como detentores de sua própria aprendizagem (WILIAM, 2018). Tomados em conjunto, esses elementos representam uma grande mudança na **cultura da aprendizagem** na maioria das escolas. A única questão que destaco é a necessidade de aplicar esse pensamento às competências globais.

A covid-19 oferece uma oportunidade de confiar menos em testes padronizados e mais em avaliações formativas por professores em grupos (sobrepondo-se, assim, ao direcionador 2, Inteligência Social). Em muitos lugares, os testes externos em geral foram temporariamente suspensos. A preocupação é que, quando as coisas se acalmarem, haverá pressão para se concentrar apenas em "compensar o terreno perdido", o que nos leva de volta ao direcionador incorreto 1. A oportunidade se apresenta para reformular o sistema de avaliação em favor da avaliação formativa, reduzindo a dependência de um sistema externo de avaliação. O efeito prático poderia estimular a motivação da aprendizagem por meio da alavancagem da avaliação formativa, diminuindo as ações punitivas precoces, com foco no crescimento e afins. Ironicamente, a avaliação formativa, quando bem-feita, também serve para monitoramento somativo e resultados relacionados. No geral, deve haver uma ação deliberada para criar uma nova estrutura construída sobre os quatro direcionadores corretos e sua síntese.

O primeiro direcionador correto traz à tona atenção e recursos sobre Bem-estar e Aprendizagem relacionados às competências globais. Essa será a melhor maneira de motivar os alunos (e seus professores) e o melhor vínculo com os conceitos básicos de letramento, matemática e outras disciplinas. Ao mesmo tempo, o foco em Bem-estar e Aprendizagem obriga-nos a considerar **todos os alunos**. Temos uma oportunidade única para atacar os "sistemas de desigualdade" que identifiquei anteriormente.

Em suma, a agenda da estratégia consiste em:

1. Estabelecer a premissa de que a estratégia principal enfatizará a melhora sobre a avaliação (exceto em casos de má conduta); os dados mostrarão o grau de progresso ou não de todos os alunos.
2. Comprometer-se a focar em todos os alunos, especialmente no que se refere àquilo que chamei de "sistemas de preconceito".
3. Ampliar a perspectiva de Bem-estar e Aprendizagem para que o foco de melhora seja nas competências globais e na aprendizagem nelas contidas, incluindo a ligação a disciplinas acadêmicas.
4. Focar na pedagogia da aprendizagem profunda, em termos dos papéis relativos de professores, alunos, pais e comunidade.
5. Aprender uns com os outros, usando o que sabemos sobre aprendizagem colaborativa, com base nas condições de desenvolvimento de grupo eficaz que incluem precisão (não prescrição), transparência, não julgamento, evidência, apoio mútuo, redes externas (mais sobre isso no direcionador correto 2, Inteligência Social).
6. Ser um ator do sistema contribuindo e aprendendo com os outros. Deve-se prestar atenção em quais tipos de avaliação somativa periódica serviriam melhor tanto para a prestação de contas quanto para o crescimento.

Ao fazer isso, uma atenção maior e mais efetiva pode ser dada aos alunos que não estão indo tão bem. O mal-estar será tratado, mas, em última análise, o bem--estar prevalecerá. Alunos desconectados precisam de testes diagnósticos periódicos (disponíveis atualmente) que abordam especialmente o bem-estar e sua ligação com a aprendizagem. Maior equidade resulta em melhor desempenho de todos os estudantes. No total, haveria um aumento acentuado no envolvimento e na aprendizagem dos alunos. De forma crucial (e um ponto ao qual retornarei na conclusão), a mudança na aprendizagem que proponho produzirá **alunos como impulsionadores de mudança na sociedade**.

Agora podemos passar para o quadro maior ao considerarmos os papéis da Inteligência Social em relação à Inteligência de Máquina e o aumento do Investimento em Igualdade no sistema como um todo.

## INTELIGÊNCIA SOCIAL VIS-À-VIS INTELIGÊNCIA DE MÁQUINA

A hipótese de trabalho aqui é a de que temos máquinas supervalorizadas e humanos desvalorizados. É fascinante desvendar isso porque está acontecendo em tempo real na fronteira da civilização. Dito de outra forma, a tecnologia avançou porque não conseguimos desenvolver a inteligência social.

### Inteligência de Máquina

Estamos falando de uma mudança de paradigma. Com o fantástico desenvolvimento da tecnologia acelerado ainda mais pela pandemia, a questão não é se uma grande mudança acontecerá, mas sim que forma ela tomará e se será boa para os humanos ou não. Bem-vindo aos caprichos do "vale misterioso". Como de costume, começo com o "direcionador" menos preferido do par de direcionadores. Como lembrete, em cada um dos quatro conjuntos, queremos que o direcionador desejável seja parceiro, e não que destrua sua contraparte. A Inteligência de Máquina ou Inteligência Artificial (IA) apresenta uma potência para o bem ou para o mal. Queremos acabar com o direcionador potencialmente incorreto (máquinas), trabalhando construtivamente com o poder do direcionador correto (inteligência social).

Meredith Broussard é desenvolvedora de *software*, professora assistente na New York University e autoproclamada *nerd* da tecnologia desde pequena. Após anos de imersão no desenvolvimento de tecnologia, ela escreveu um livro intitulado *Artificial Unintelligence: How Computers Misunderstand the World* (BROUSSARD, 2018). Ela observa que "ser bom com computadores não é o mesmo que ser bom com as pessoas", e afirma que "os sistemas computacionais são projetados por pessoas que não se importam ou não entendem os sistemas culturais nos quais todos nós estamos inseridos" (BROUSSARD, 2018, p. 83). Broussard (2018) afirma que "quando olhamos para o mundo através das lentes da computação, ou tentamos resolver grandes problemas sociais usando apenas a tecnologia, tendemos a cometer o mesmo conjunto de erros previsíveis que impedem o progresso e reforçam a desigualdade" (BROUSSARD, 2018, p. 7). De acordo com a autora, "quando você acredita que uma decisão gerada por um computador é melhor ou mais justa do que uma decisão gerada por um ser humano, você para de questionar a validade das entradas do sistema" (BROUSSARD, 2018, p. 44). A professora de ciência política Virginia Eubanks (2017) confirmou essa premissa quando realizou um estudo aprofundado de dois sistemas automatizados de serviços sociais – um sobre habitação e o outro, uma agência de assistência social à criança. Aqui está sua principal conclusão.

> O que encontrei foi impressionante. Em todo o país, as pessoas pobres e da classe trabalhadora são alvo de novas ferramentas de gestão digital da pobreza... Sistemas de elegibilidade automatizados desencorajam-nas a reivindicar recursos públicos de que precisam para sobreviver e prosperar... Modelos e algoritmos preditivos as rotulam como investimentos arriscados e pais problemáticos... a tomada de decisão automatizada destrói a rede de segurança social, criminaliza os pobres, intensifica a discriminação e compromete nossos valores humanos mais profundos (EUBANKS, 2017, p. 11–12).

Broussard (2018) ressalta que não há utopia digital: "Nunca houve e nunca haverá uma inovação tecnológica que nos afaste dos problemas essenciais da natureza humana" (BROUSSARD, 2018, p. 8). As complexidades de projetar a tecnologia e depois deixá-la fazer nosso trabalho são reveladas pelo autor Brian Christian (2020) em trabalho de quase 500 páginas por meio do que ele chama de "The alignment problem". Reconhecimento facial, carros autônomos, aprendizagem de máquina para decidir sobre casos de liberdade condicional, maximização de recompensas e muito mais. Christian identifica linhas fantásticas de desenvolvimento e adverte claramente que será sempre um trabalho em andamento. Há muita coisa que dá certo e muita coisa que pode dar errado, mas a máquina não se importa, embora possa se corrigir tardiamente.

Vamos direto para a educação. Holmes, Bialik e Fadel (2019), do CCR, nos Estados Unidos, fornecem um excelente relato abrangente e um guia sobre a situação em relação à Inteligência Artificial na Educação (AIED, do inglês *artificial intelligence in education*) (HOLMES; BIALIK; FADEL, 2019). Eles relatam que empresas e governos estão despejando enormes somas de dinheiro em IA, aumentando os investimentos em oito vezes de 2013 a 2017, com o valor anual estimado em US$ 6 bilhões em 2024 (HOLMES; BIALIK; FADEL, 2019, p. 136). De especial interesse para nós, eles observam que as "competências" (pense nas seis competências) "são mais difíceis de medir do que o conhecimento do conteúdo, (portanto) as avaliações raramente se concentram nelas" (HOLMES; BIALIK; FADEL, 2019, p. 12). Assim, o sistema tende a ficar com o que é mais fácil de medir, ou seja, com o conteúdo (em outras palavras, disciplinas acadêmicas). Os autores argumentam que as máquinas são melhores em tarefas repetitivas; tarefas que dependem do poder computacional, classificações e tomadas de decisão com base em tarefas concretas, enquanto os humanos são melhores em experimentar emoções autênticas e construir relacionamentos, formular perguntas em todas as escalas, decidir como usar recursos limitados, tornar produtos e resultados utilizáveis para humanos, e tomar decisões de acordo com valores abstratos (HOLMES; BIALIK; FADEL, 2019, p. 24–25). Com as máquinas, ainda podemos ficar presos à questão da relevância em relação à motivação do aluno (lembre-se de nossa discussão sobre a "lacuna enorme" entre as disciplinas da escola e o que os estudantes podem querer em relação a propósito, significado, pertencimento e contribuição para o mundo).

Holmes, Bialik e Fadel (2019) revisam os temas e as variações no papel da IA: algoritmos, aprendizagem de máquina, aprendizagem supervisionada, aprendizagem não supervisionada, aprendizagem por reforço, instrução auxiliada por computador, e assim por diante. Eles então os vinculam a aplicativos educacionais, incluindo sistemas de tutoria inteligentes (ITS, do inglês *intelligent tutoring system*), redes neurais e de classificação, juntamente com exemplos concretos dessas formas de aprendizagem. Os autores também apontam para extensões mais recentes, que incluem aprendizagem colaborativa, monitoramento de fóruns de alunos, avaliação contínua, companheiros de aprendizagem por meio de IA, assistentes de ensino baseados em IA e AIED como uma ferramenta de pesquisa nas ciências da aprendizagem. A principal conclusão dos pesquisadores do CCR é que novas formas de AIED estão sendo desenvolvidas a cada dia e suscitam – pelo menos para esses autores – questões éticas emergentes.

> Em todo o mundo, praticamente nenhuma pesquisa foi realizada, nenhuma diretriz foi fornecida, nenhuma política foi desenvolvida e nenhum regulamento foi promulgado para abordar as questões éticas específicas levantadas pelo uso da inteligência artificial na educação (HOLMES; BIALIK; FADEL, 2019, p. 169).

Para ser franco, a IA é apoiada por muito dinheiro e grandes negócios (Broussard chamou de **tecnochauvinista**), tem vida própria, é magnífica em sua presença e em seus poderes, mas em nossos termos é **sem vida**. É claro que algumas formas de IA funcionam bem, mas a tecnologia geral não é diretamente controlável. O elemento humano é subestimado. Por essas e outras razões, não devemos permitir que a tecnologia seja o principal direcionador, embora esteja facilmente se tornando por padrão.

## Inteligência Social

Vamos deixar as máquinas um pouco de lado e falar sobre Inteligência Social. A Inteligência Social é uma parte essencial da nova ciência da aprendizagem (e como tal junta-se ao direcionador 1, Bem-estar e Aprendizagem, como crucial para o desenvolvimento humano). Perguntei à nossa neurocientista residente, Dra. Jean, se os humanos têm uma propensão inata para se conectar com outros humanos. Ela afirmou que sim e me enviou um vídeo que mostrava um homem carregando uma braçada de livros enquanto tentava abrir a porta de um armário. Uma criança pequena estava com sua mãe do outro lado da sala e por acaso olhou para o homem. Essa criança então caminhou até o homem, estendeu a mão, abriu a porta e voltou para sua mãe sem qualquer alarde. Christian (2020) comentou sobre a mesma pesquisa: "Bebês humanos de até 18 meses identificarão com segurança um companheiro humano enfrentando um problema, identificarão o objetivo desse humano e o obstáculo no caminho e o ajudarão espontaneamente se puderem, mesmo que sua ajuda não seja solicitada, mesmo que o adulto não faça contato visual com eles e mesmo que eles não esperem (nem recebam) nenhuma recompensa por fazê-lo" (CHRISTIAN, 2020, p. 251). Os pesquisadores originais (WARNEKEN; TOMASELLO, 2006 apud CHRISTIAN, 2020) observam que tal comportamento de ajuda é "extremamente raro evolutivamente" (quando comparado a outras espécies). Como Tomasello et al. (2005 apud CHRISTIAN, 2020, p. 252) colocam, "a diferença crucial entre a cognição humana e a de outras espécies é a capacidade de participar com outros em atividades colaborativas com objetivos e intenções compartilhados".

Os seres humanos nascem para colaborar, mas então ocorre a socialização, por meio da qual eles podem se isolar, ficar presos a um determinado grupo ou florescer em empreendimentos cooperativos com outros. Disso vem o poder do grupo, para melhor ou para pior. Uma variável-chave interveniente é a confiança. Encontramos uma preocupação de larga escala no estudo longitudinal de Putnam e Garrett (2020) sobre a evolução do "egocentrismo" e da "preocupação com os outros" nos Estados Unidos (voltaremos a isso na conclusão). Eles descobriram, por exemplo, que em 1960, 58% das pessoas relataram alta "confiança social", em comparação com 2010, quando a confiança social caiu para 33%. Com tal tendência, a inteligência social (trabalhar com outras pessoas para resolver problemas complexos) fica fundamentalmente enfraquecida.

De qualquer forma, a Inteligência Social é a propensão a trabalhar com outras pessoas para alcançar objetivos comuns. Na educação, oriunda de uma tradição individualista, várias formas de colaboração começaram a ocorrer ao longo do tempo, mas, em geral, elas tendiam a ser superficiais (não mudavam, por exemplo, a cultura da escola, muito menos a profissão). Em suma, a inteligência social do grupo e dos indivíduos não foi bem cultivada na evolução da aprendizagem.

Na última década, vimos algumas formas mais eficazes de professores trabalhando juntos com maior foco e resultados. Por exemplo, John Hattie e seu grupo se concentram no que eles chamam de "Aprendizagem Visível", examinando as práticas dos professores e como elas afetam resultados de aprendizagem do aluno (HATTIE; SMITH, 2020). Demorou um pouco para eles se familiarizarem com o trabalho em equipe, rotulado de "eficácia coletiva". Eles calculam os tamanhos de efeito (impacto) de diferentes práticas relacionadas à aprendizagem do aluno e sugerem que um tamanho de efeito de cerca de 0,40 é estatisticamente significativo, mas não muito poderoso. A maioria de seus cerca de 250 achados está abaixo de 1,0 (o uso da avaliação formativa chega a 0,9, que é bastante alto). Quando eles se voltaram para avaliar a eficácia coletiva, encontraram em 1,57 o maior tamanho de efeito, muito maior do que todos os outros. A questão-chave é o que constitui ou causa a eficácia. Hattie e Smith (2020) encontraram quatro fatores, que são

- uma crença compartilhada por parte de professores e líderes escolares de que poderiam produzir resultados;
- "evidência de impacto" como base para a crença;
- uma cultura de colaboração para implementar estratégias de ensino de alto rendimento; e
- um líder escolar que participa de colaboração específica frequentemente.

Esses são fatores específicos e passíveis de serem colocados em prática. Eles refletem a inteligência social do grupo.

Outro exemplo positivo de um dos principais pesquisadores é o trabalho sobre "profissionalismo colaborativo" de Hargreaves e O'Connor (2018). Estudando sete redes de aprendizagem profissional de todo o mundo, eles destacam três fatores:

- colaboração incorporada na cultura e na vida da escola;
- educadores apoiando uns aos outros ao enfrentarem um trabalho desafiador; e
- trabalho colaborativo que inclua a cultura dos alunos e da comunidade.

Todos esses exemplos são baseados em uma forte inteligência social, que é incorporada à cultura das escolas, das novas redes e do próprio sistema.

Mais amplamente, a colaboração é vista como cada vez mais valiosa. A pesquisa de 2018 da OCDE, Teaching and Learning International Survey (TALIS), realizada com professores em vários países, faz inúmeras referências ao valor da colaboração entre educadores (ORGANISATION FOR ECONOMIC COOPERATION AND DEVELOPMENT, 2018). Um trabalho recente de Victoria estende a natureza da inteligência social no relatório *Unleashing the Power of the Collective* (SINGHANIA; HARD; BENTLEY, 2020) – um estudo de 50 instituições de ensino que atendem escolas desfavorecidas em redes chamadas "Connection". Os dados de avaliação mostram ganhos no envolvimento do aluno, na aprendizagem e no desenvolvimento do estudante, na aprendizagem relacionada a STEM (do inglês, *science, technology, engineering and mathematics*), na voz do aluno, na metacognição e em recursos gerais. Outro exemplo do mesmo grupo estende a aplicação da inteligência social a uma possível mudança no sistema (BENTLEY; SINGHANIA, 2020). Além de descobrir que as redes focadas conseguiram mais, os autores também descobriram que prestaram mais atenção ao "alinhamento com as prioridades do sistema e ao engajamento com uma gama diversificada de atores" (BENTLEY; SINGHANIA, 2020, p. 7) – um ponto ao qual retornarei ao considerar o direcionador correto 4 sobre a perspectiva sistêmica.

Todos esses exemplos devem ser vistos no contexto da inteligência social como fortes ou fracos; e/ou em termos de sua eficácia ou não. Se você acha que os humanos nascem com uma tendência a uma forte inteligência social a serviço do bem, não importa. O fato é que ela pode naturalmente ser mobilizada para o bem. O problema é que a inteligência social, comparada à tecnologia, tem sido significativamente **subdesenvolvida**. É a fraqueza do direcionador correto, não apenas a força do direcionador incorreto, que é a fonte do problema.

Há um grande problema se aproximando – máquinas e sua IA. Já vimos que as máquinas não são tão maravilhosas quanto algumas pessoas pensam que são, mas podem ser intimidantes quando enfrentamos seu colossal poder computacional. Superestimamos as máquinas e subdesenvolvemos a inteligência social. Quando olhamos mais de perto, será que as máquinas não são tão sofisticadas quanto pensamos que são, e os humanos não são tão inteligentes quanto poderiam ser? Eu me pergunto o que aconteceria se realmente acreditássemos nisso e agíssemos de acordo. Que premissa fantástica para desenvolver! Esse é o poder potencial do direcionador correto 2.

Rosemary Luckin é professora do Learner Centered Design na University College London. Seu livro é apropriadamente intitulado *Machine Learning and Human Intelligence*. Ela começa dizendo: "estou preocupada que nossa obsessão por medições e por simplicidade esteja roubando nossa capacidade de pensar e decidir por nós mesmos o que tem valor. Em particular, está nos levando a simplificar demais e a subestimar a inteligência humana e a valorizar a inteligência artificial de forma inadequada" (LUCKIN, 2018, p. 2). Ela poderia muito bem ter dito: "não dê tanto crédito aos direcionadores incorretos 1 e 2 enquanto fortalece suas contrapartes, os direcionadores corretos". Eu gosto do desafio dela porque ela basicamente diz que não fizemos nossa parte como humanos.

Em particular, falhamos em desenvolver nossa inteligência social em relação à agenda mais ampla de que tipo de educação os jovens precisam para o resto do século XXI. Luckin está basicamente dizendo que os humanos não estão conseguindo atingir **seu** potencial. O sistema educacional que temos atualmente não faz justiça ao nosso melhor eu evolutivo.

Estamos muito impressionados com as máquinas, diz Luckin (2018), porque "subestimamos o que significa ser humano em vez de ser um reflexo real da inteligência das tecnologias" (LUCKIN, 2018, p. 62). Ela propõe a existência de sete elementos de inteligência, dos quais apenas um é a inteligência acadêmica. Os outros seis são: inteligência social (capacidades de interação social), metassaber (conhecimento sobre conhecimento), inteligência metacognitiva (habilidades de regulação), inteligência metassubjetiva (reconhecer nossas emoções e as emoções dos outros), inteligência metacontextual (ambiente físico) e autoeficácia percebida (julgamento baseado em evidências sobre nós mesmos) (LUCKIN, 2018, p. 65-66).

Luckin (2018) diz que a IA é brilhante em realizar as habilidades cognitivas rotineiras de aquisição de conhecimento (o primeiro elemento dos sete). Ela pode ajudar os humanos a aumentarem a sofisticação de sua inteligência, mas "não pode produzir o rico repertório de inteligência disponível para os humanos". Isso ocorre principalmente porque a IA não entende a si mesma, não pode explicar ou justificar suas decisões e não tem autoconsciência" (LUCKIN, 2018, p. 91).

Luckin (2018) reconhece que a vida dos educadores vai mudar de maneira significativa, "não porque seus papéis provavelmente serão automatizados, mas porque eles precisarão ensinar um currículo diferente e provavelmente de uma maneira diferente" (LUCKIN, 2018, p. 95), como ensinar as seis competências e as respectivas pedagogias e avaliações. Precisaremos ensinar "além do processamento cognitivo rotineiro do assunto acadêmico para abranger todos os elementos do modelo de inteligência entrelaçado" (p. 95). Tudo o que dizemos sobre aprendizagem profunda exige ir além das disciplinas acadêmicas. O desenvolvimento da Inteligência Social requer "que as políticas educacionais e de treinamento forneçam oportunidades apropriadas de interação social para ajudar os alunos a construir uma compreensão avançada do mundo" (LUCKIN, 2018, p. 101).

Luckin (2018, p. 121) enfatiza que "a beleza de usar a IA (para melhor adquirir conhecimento acadêmico) é que isso significa que nossos educadores humanos podem concentrar sua atenção nos seis elementos restantes de nossa inteligência". Além disso, "é tecnicamente simples desenvolver IA para ensinar conhecimentos e habilidades acadêmicas e interdisciplinares, incluindo o fornecimento de avaliação contínua sobre o progresso de cada indivíduo em direção a cada objetivo. O uso de tais sistemas liberaria nossos educadores humanos para se concentrarem no desenvolvimento holístico da inteligência entrelaçada de seus alunos" (LUCKIN, 2018, p. 125). Um cuidado aqui: acho que Luckin (2018) exagerou. A aprendizagem de conhecimentos e habilidades acadêmicas por meio de máquinas não é tão "tecnicamente simples" – ainda requer uma boa pedagogia incorporada ao *design*, com professores organizando e aumentando a aprendizagem da IA. Seu ponto principal, no entanto, permanece. A IA pode ajudar os professores de maneiras importantes, aliviar parte do fardo deles e fazer algumas coisas com mais eficiência e eficácia. Nesse sentido, o que aprendemos na pandemia sobre o potencial da tecnologia pode ser bem aproveitado para acelerar a aprendizagem. Além disso, a principal mensagem de Luckin (2018) é que precisamos encontrar melhores maneiras de reconhecer e desenvolver (nossa) inteligência humana muito além do poder e do potencial da IA (LUCKIN, 2018, p. 139).

A última vez que houve uma análise cuidadosa da "corrida entre educação e tecnologia" as máquinas venceram. Claudia Goldin e Lawrence Katz, de Harvard, realizaram o que hoje é considerado um estudo clássico abrangendo o período desde 1900 ao início dos anos 2000 (GOLDIN; KATZ, 2008). Eles documentaram como os três primeiros quartos do século XX "foram uma era de crescimento econômico de longo prazo e *declínio da desigualdade*" (GOLDIN; KATZ, 2008, p. 3, grifo das autoras) – um tema que abordo explicitamente no direcionador 3. Em outras palavras, "na primeira metade do século XX, a educação correu à frente da tecnologia, mas, no final do século, a tecnologia correu à frente dos ganhos educacionais" (GOLDIN; KATZ, 2008, p. 8). A premissa de Goldin e Katz (2008) é que "o capital humano (nossa inteligência social), incorporado em cada povo, é a parte mais fundamental da riqueza das nações" (GOLDIN; KATZ, 2008, p. 41); e, ao dizer isso, eles entrelaçam os direcionadores 1 e 2.

No período de 1980 a 2005 (seus dados param nesse ponto, dada a publicação de 2008), foi feita a alegação de que a tecnologia prejudicou o trabalho (na época, alguns disseram que "os computadores podem ter feito isso"), mas a explicação, segundo Goldin e Katz (2008), "é principalmente encontrada na desaceleração na oferta de habilidades, e não na aceleração na demanda por habilidades". A tecnologia avançou porque a educação estagnou. A elite ficou com a maior parte dos lucros impulsionados pela tecnologia, enquanto a força de trabalho chafurdava.

Como fica o trecho seguinte em relação a uma observação angustiante ao contemplar nosso futuro imediato em 2021?

> Quase todos esses autores (os fundadores da Declaração de Independência) escreveram de forma convincente sobre a importância fulcral da educação em uma democracia para permitir que os norte-americanos desempenhem suas funções cívicas, como votar, e prepará-los para concorrer a cargos e liderar a nação (GOLDIN; KATZ, 2008, p. 135). (No período de 1900 a 1970 mais ou menos), o movimento do ensino médio surgiu de um desejo popular de mobilidade social (GOLDIN; KATZ, 2008, p. 167).

De volta à competição: "na corrida entre mudança tecnológica e educação, a educação correu mais rápido durante a primeira metade do século (XX) e a tecnologia correu à frente da claudicante educação nos últimos 30 anos (1978-2008)" (GOLDIN; KATZ, 2008, p. 292). Durante o mesmo período, as diferenças de renda e qualidade de vida se expandiram drasticamente entre os ricos e a classe média.

Em suma, educação, tecnologia e igualdade estão conectadas. Dito de outra forma, você não pode lidar com a desigualdade sem melhorar a educação para todos em uma sociedade baseada em habilidades. O fracasso em fazê-lo é o motivo pelo qual todas as tentativas de abordar a desigualdade falharam nos últimos 50 anos. A tecnologia ganhou a primeira corrida porque não estávamos prestando atenção. O ponto dos direcionadores corretos – **todos os quatro** – é que temos a oportunidade de configurar a competição de forma mais deliberada. Dessa vez, a educação, mais especificamente a aprendizagem, será um ator definido, e o resultado será diferente. Com o poder da tecnologia bastante aprimorado desde 2008, quando Claudia Goldin e Lawrence Katz publicaram seu livro (o iPhone foi inventado em 2007), as máquinas podem se tornar um aliado muito mais poderoso se acertarmos a sequência (inteligência social alavancando a digital). Nesse cenário, haverá vários ganhadores: aprendizagem, tecnologia, igualdade.

No que diz respeito ao direcionador correto 2, subdesenvolvemos muito nossa Inteligência Social. As máquinas não são o inimigo; nós somos! Vários autores chegaram a uma conclusão semelhante, expressa aqui por Broussard (2018, p. 175): "humanos mais máquinas superam humanos sozinhos ou máquinas sozinhas".

Vamos agora para o nosso terceiro par de direcionadores. Os recursos desempenham um grande papel. Até agora, não funcionaram de forma a favorecer o desenvolvimento equilibrado.

## INVESTIMENTOS EM IGUALDADE VIS-À-VIS AUSTERIDADE

Quase 250 anos atrás, Adam Smith escreveu *A riqueza das nações* (originalmente publicado em 1776), no qual apresentou o conceito da mão invisível como uma metáfora para as forças invisíveis do interesse próprio e da liberdade de produção combinadas com o consumo, que regularia a oferta e a demanda sem intervenção do governo (SMITH, 1999). Entretanto, em algum lugar, no curso do tempo, a mão invisível adormeceu enquanto os privilegiados (proprietários e acionistas) assumiram o controle dos lucros, distorcendo grosseiramente o mercado a seu favor, eventualmente colhendo a maior parte dos lucros em comparação com os trabalhadores e a classe média. Como de costume com os direcionadores, começaremos com o "incorreto" – Austeridade para as massas em meio à extrema prosperidade para os muito ricos.

## Austeridade

Cada um dos dois primeiros direcionadores incorretos bloqueia a igualdade a todo momento; o terceiro direcionador incorreto – Austeridade – sela o acordo. Nos últimos 40 anos, os ricos conseguiram colher porcentagens maciças de lucro, enquanto a maioria da população sofre sob o disfarce do produto interno bruto (PIB), tratado como um indicador de crescimento da sociedade. A consequência, como veremos, é que a maioria das pessoas experimenta cada vez mais austeridade. Foram necessárias três economistas para expor em detalhes como isso aconteceu: Heather Boushey (2019), Mariana Mazzucato (2018) e Kate Raworth (2017). As descobertas em seus três livros podem ser usadas como um trampolim para nosso terceiro direcionador (ver também HARGREAVES, 2020b).

Poderíamos preencher páginas de detalhes sobre o que ocorreu financeiramente desde 1980. Por exemplo, nos Estados Unidos, no que diz respeito à renda relativa dos ricos e dos pobres (e cada vez mais da classe média, que caiu consideravelmente), há uma série de indicadores que documentam a diferença crescente e como ela aconteceu. Entre o final da Segunda Guerra Mundial e o final da década de 1970, a qualidade de vida da maioria das pessoas melhorou alinhada com o crescimento da produção geral. Em seguida, mudou drasticamente, e com intensidade crescente, a partir aproximadamente de 1980 até o presente, o que ainda continua. Entre 1980 e 2016, os 90% de renda mais baixa experimentaram um aumento de renda mais lento do que a média nacional. Por exemplo, os trabalhadores no quadragésimo percentil viram sua renda crescer 0,3% ao ano, de US$ 26.400 para US$ 29.800. No mesmo período, os 0,1% do topo viram sua renda pós-imposto quadruplicar desde 1980 (BOUSHEY, 2019).

A chave para entender a dinâmica do crescimento diferencial, diz Boushey (2019, p. 24), é "ver como as tendências de renda, riqueza e mobilidade interagem". Renda mais alta pode ser economizada em estoques de riqueza, o que, por sua vez, possibilita investimentos que geram cada vez mais riqueza. Aqueles que continuamente perdem terreno ficam excluídos de vantagens que podem aumentar seu poder de ganho futuro. Outra forma de expressar a distorção é por meio do PIB (o tamanho da economia ajustado pela inflação). Entre 1975 e 2017, o PIB real dos Estados Unidos triplicou de US$ 5,49 trilhões para US$ 17,29 trilhões (MAZZUCATO, 2018). O impacto sobre a desigualdade é profundo, porque a maior parte dos ganhos vai para os muito ricos. Um indicador óbvio é que a mobilidade ascendente (ganhar mais do que seus pais e a qualidade de vida relacionada) despencou para aqueles na classe média baixa e na classe trabalhadora nascidos desde 1980. Boushey (2019) cita Chetty: "No passado, tínhamos um crescimento econômico muito mais igualitário... Hoje, grande parte (do crescimento da renda) vai para as pessoas no topo da distribuição de renda. Como resultado, menos crianças – de classes média e baixa – acabam se saindo melhor do que seus pais" (BOUSHEY, 2019, p. 23).

Dito de outra forma, os lucros ao longo das décadas desde 1980, medidos pelo crescimento constante do PIB (não obstante a recessão de 2008), foram sistematicamente para o capital (os ricos) e não para o trabalho (os trabalhadores e a classe média). Avanços significativos em tecnologia, por exemplo (inicialmente financiados por governos em muitos casos), resultaram em enormes lucros que, eventualmente, resultaram em mais capital para as empresas e seus acionistas, mas não para os trabalhadores.

Podemos calcular a distorção da distribuição de renda de muitas maneiras diferentes, todas levando ao declínio da sociedade (incluindo, como veremos, danos aos que estão no topo). De 1980 a 2007, a participação na renda do 1% mais rico aumentou de 9,4 para 22,6% da riqueza total. Em 2015, a riqueza combinada das 62 pessoas mais ricas do planeta era aproximadamente a mesma da metade inferior da população mundial – 3,5 bilhões de pessoas (MAZZUCATO, 2018). Mazzucato fornece uma análise detalhada, mostrando que o PIB contém muitos elementos que exageram o valor e outros que não capturam o valor real, e defende que ele não deve ser a principal medida de crescimento. O ponto principal continua sendo que a maioria dos países em todo o mundo viu desigualdades crescentes dentro de suas fronteiras, resultando no esvaziamento de suas classes médias (RAWORTH, 2017). Dito de outra forma, o fosso entre os pobres e a classe média é menor do que o fosso entre as classes média e alta. Só os muito ricos prosperaram.

Fica pior. Os ricos aumentaram seu poder social e político. Manter os impostos e os gastos públicos baixos torna-se uma prioridade em muitas jurisdições "já que aqueles com mais dinheiro manipulam os processos políticos" (BOUSHEY, 2019, p. 105). Diz Boushey (2019, p. 105), "o consenso emergente é o de que a política e a formulação de políticas hoje estão cada vez mais voltadas para as prioridades dos muito ricos, em vez de focar nas necessidades da nação como um todo".

Acompanhando a brecha monetária, mas não causada apenas por ela, é a maior depreciação de todas – a quase inescapável indignidade de quem está perdendo (ver ARNADE, 2019). A falta de meios e a interseccionalidade dos sistemas de discriminação tornaram praticamente impossível para a maioria das pessoas escapar de suas situações de desvantagem inicial. Essa não é uma declaração de desespero, mas mais uma conclusão de que o dinheiro não será suficiente para alcançar um avanço. Durante os anos Trump, houve uma explosão na literatura tentando capturar os fenômenos de divisão, miséria, raiva mútua e crescente desconfiança. Não vou comentar isso aqui. Na conclusão, voltarei à questão de saber se os "direcionadores corretos" podem ajudar a reverter a história.

Enquanto isso, sabemos com certeza que austeridade para as massas e generosidade para os muito ricos é um mau direcionador.

## Investimentos em Igualdade

O direcionador correto 3 – Investimentos em Igualdade – é essencial para o futuro da sociedade. O princípio é que os novos investimentos devem ser direcionados para a infraestrutura e em relação aos recursos e à capacidade das pessoas nos escalões médios e inferiores. É reconhecido e aceito que o déficit financeiro aumentaria em curto prazo (observando-se também que as taxas de juros são extremamente baixas). Pode-se também expressá-lo de forma diferente. O sistema educacional atual não está funcionando muito bem (muitos alunos desmotivados e insatisfeitos, por exemplo). Como tal, representa um investimento financeiro ruim; diminui as chances de vida de dezenas de jovens e custa muito dinheiro à sociedade, tanto direta (saúde, bem-estar, encarceramento) quanto indiretamente (perda de renda e gastos). Um novo sistema, baseado nos quatro direcionadores corretos, seria mais caro em curto prazo, mas logo se pagaria na sociedade com maior produtividade (assim como ocorreu em 1950-1980 nos Estados Unidos, quando igualdade e prosperidade se estimularam).

As propostas particulares devem ter um toque de sensibilidade e coerência e, portanto, não podem ser uma lista de "dê-nos dinheiro" para isso e aquilo. Devem ser plausíveis e até mesmo previsíveis de que serão investimentos inteligentes: produzindo benefícios sociais e monetários para o sistema em um futuro previsível. Deve haver um compromisso explícito de servir a todos os alunos, ressaltando o antirracismo e o anticlassismo – tudo isso é mais fácil de fazer quando os quatro direcionadores corretos estão trabalhando em conjunto.

Essa linha de pensamento leva aos seguintes tipos de investimentos.

1. Coordene os dois primeiros direcionadores corretos como um conjunto: Bem-estar e Aprendizagem e Inteligência Social. O atual sistema educacional não funciona. Mude o paradigma para um em que a educação irá motivar hordas de alunos e educadores a se engajarem para obter resultados – impulsionados pela motivação intrínseca mantida por indivíduos e grupos.
2. Aproveite o paradigma dos economistas modernos de que os déficits são essenciais sob certas circunstâncias. Certifique-se de que você não apenas defende a ideia, mas que está comprometido com a implementação da qualidade. A seguir está a lista provável de "para que vale a pena se endividar" no caminho para uma prosperidade maior e mais estável.
    a. Fornecer acesso universal a creches e pré-escolas de alta qualidade, incluindo cuidados de saúde.
    b. Estabelecer programas estaduais de licença familiar remunerada.
    c. Investir em escolas públicas de qualidade, com base nos modelos de Bem-estar e Aprendizagem e Inteligência Social descritos nos direcionadores 1 e 2.

d. Fazer da antiopressão de determinados grupos uma prioridade.
   e. Investir na qualidade da profissão docente em todas as escolas e faixas etárias com "Inteligência Social" (professores colaborando para melhores resultados) no centro.
   f. Investir em parcerias escola-comunidade de pais para uma melhor aprendizagem.
   g. Conectar-se a redes mais amplas local, estadual, nacional e globalmente.
3. Na macroeconomia, como Raworth (2019, p. 148) afirma: "Não espere que o crescimento econômico reduza a desigualdade, porque ele não reduzirá. Em vez disso, crie uma economia que seja distributiva por *design*".
   a. Forneça cuidados de saúde universais.
   b. Reformule o imposto de renda e a distribuição.
   c. Estabeleça um plano de "renda básica universal".
   d. Elabore novas medidas de crescimento econômico e prosperidade além do PIB.
4. Gere ideias a partir do meio e da base. A evolução é invariavelmente de baixo para cima; não espere pelo topo (ver WILSON, 2014).
5. Exercite a liderança além de suas fronteiras. Precisamos de liderança internacional para implementar os quatro direcionadores corretos. Parcerias globais serão essenciais.

Essas recomendações são obviamente demasiado complexas. Se bem implementados em relação aos outros três fatores, os investimentos citados, ao longo de uma década ou mais, trarão grandes benefícios econômicos e sociais para a sociedade e para o bem-estar global em geral. Felizmente, as análises dos economistas pró-investimento estão começando a fornecer diretrizes cuidadosas para a ação (na conclusão, acrescentarei pontos sobre isso por meio das recomendações da proposta ousada de MAZZUCATO, 2022, em seu novo livro, *Mission Economy: A Moonshot Guide to Changing Capitalism*). Teremos que investir nos elementos de alta alavancagem e monitorá-los cuidadosamente. A execução levará ao aperfeiçoamento, com ajustes à medida que os padrões se desenrolam. Os componentes da nova economia são geradores de impulso e devem seguir nosso conhecimento sobre mudança complexa: vá devagar para ir rápido. No início, as dificuldades iniciais serão formidáveis, mas em algum ponto inicial o efeito das quatro forças relacionadas ao direcionador começa a se manifestar, e novos padrões criam um impulso acelerado. A pandemia torna as coisas mais difíceis, mas, ironicamente, pode ter tirado algum peso do que é claramente um sistema educacional disfuncional. Os quatro direcionadores podem ser o elixir perfeito para a prosperidade pós-pandemia.

Um ponto final interessante: Chrystia Freeland é uma jornalista, escritora e política canadense. Atualmente é vice-primeira-ministra e ministra das Finanças do governo liberal do Canadá. Ela publicou um livro em 2012 intitulado *Plutocrats*, no qual descreveu em detalhes a ascensão de bilionários e outros super-ricos em todo o mundo desde o final da década de 1970 (um desenvolvimento com o qual estamos familiarizados). Freeland (2012) documenta, ainda, como o sistema foi cada vez mais manipulado em favor dos ricos (p. ex., entre 2000 e 2006, as leis que aumentavam a regulamentação das finanças tinham apenas 5% de chance de serem aprovadas, enquanto as leis que desregulamentavam tinham três vezes mais chances de serem aprovadas) (FREELAND, 2012, p. 222-223). O que chama a atenção é a natureza e a quantidade de argumentos dos financistas de que o sistema estava certo e era justo! Freeland (2012) cita, literalmente, argumentos como: "o trabalhador norte-americano pouco qualificado é o trabalhador mais bem pago do mundo", "confie em nós para regular e redistribuir nosso caminho de volta à prosperidade", "meu dinheiro não vai ser desperdiçado em seu sumidouro deficitário", "é o 1% do topo que provavelmente contribui mais do que os 99% para tornar o mundo um lugar melhor" (todas as citações são de FREELAND, 2012, capítulo 6).

O mais notável não é a arrogância dos vencedores, mas sua ousadia. Isso foi em 2011. É encorajador, suponho, que uma década depois estejamos menos propensos a ouvir tal conversa fiada e mais propensos a ouvir de alguns dos ricos que pode haver algum problema. Além disso, há o problema mais fundamental que mencionei antes: a igualdade econômica não é a única questão; da mesma forma, se não mais assustadores, são os "sistemas de desigualdades" relativos a colonialismo, raça, gênero/sexo, classe e outras formas de dominação. Precisamos de medidas adicionais que tenham como meta a redução da discriminação. Poderíamos dizer de outra forma: as desigualdades econômicas sempre existirão enquanto subsistirem outras formas de discriminação. Precisamos de uma abordagem que englobe tanto dinheiro quanto justiça. A economia por si só não trará a solução. Precisamos dos três primeiros direcionadores integrados, juntamente com um impulso explícito para mudar o sistema. É por isso que chamo o direcionador 4 de metadirecionador.

## SISTEMATICIDADE (PERSPECTIVA DE SISTEMA) VIS-À-VIS FRAGMENTAÇÃO

O quarto par de direcionadores é o único dos originais que sobreviveu do conjunto de 2011 – ou melhor, sobreviveu de certa forma. O par original se chamava: Fragmentado *versus* Sistêmico. Agora temos a Fragmentação colocada sob uma nova luz e a Sistematicidade substituindo o sistêmico. Sistematicidade é uma postura de mente-e-ação, enquanto sistêmico é um termo analítico.

## Fragmentação

Fragmentação significa algo separado em pedaços, por extensão, desconexo. Existem duas maneiras pelas quais isso pode não ser algo ruim em certas circunstâncias. Primeiro, se o sistema tiver um modelo disfuncional, for impositivo ou estiver no caminho errado, a fragmentação pode representar graus de liberdade – obviamente não é algo ruim. Segundo, se o sistema não for capaz de trabalhar em todos os quatro direcionadores como um conjunto, pode ser útil trabalhar em um ou dois deles no curto prazo e/ou ajudar a tornar um direcionador incorreto anterior mais favorável. Talvez o modelo da Obsessão Acadêmica possa ser melhorado por novos desenvolvimentos curriculares, alterando a estrutura do ensino médio para permitir mais trabalho individual ou em pequenos grupos, e assim por diante. Ou pode ser necessário um novo currículo. Se o conteúdo curricular atual é uma barreira para todos ou para alguns alunos, então a remoção dessa barreira seria importante no caminho para a construção do sistema correto. Poderíamos pensar em dezenas de mudanças *ad hoc* que poderiam ser valiosas mesmo que alterações mais sistemáticas não fossem possíveis em curto prazo. Portanto, mudanças parciais devem ser encorajadas se forem benéficas, especialmente se aumentarem a pressão por avanços adicionais.

No entanto, eu me arriscaria a dizer que grandes grupos de professores, pais, alunos, defensores da educação – você pode escolher um grupo – acreditam que **o sistema** pode não saber o que está fazendo. De fato, muitos alegariam que não há nenhum sistema em funcionamento. Existem padrões ali, avaliações aqui; avaliação do professor em outra caixa; comunicações que se contradizem, e assim por diante. A mão direita sabe o que a esquerda está fazendo? Os níveis do sistema são coordenados? E a outra constante: a troca de líderes? Pode-se concluir que nos últimos 40 anos o problema não é a ausência de mudança, mas a presença de muitas políticas, programas e líderes *ad hoc*, descoordenados, efêmeros (isso também passará), políticas, programas fragmentados e líderes que vêm e vão.

Em todo caso, como já sabemos que o sistema educacional tem tido cada vez menos sucesso desde a virada do século, há pouca credibilidade na posição de que não precisamos mudá-lo. Minha posição aqui é a de que temos essa chance agora – uma oportunidade única em uma geração, que não deveríamos perder ou estragar.

## SISTEMATICIDADE (PERSPECTIVA DE SISTEMA)

Em meu trabalho ativo com o tema mudança do sistema (desde 1997), estive em todo o mapa – de baixo para cima, de cima para baixo, do meio para fora, novamente de baixo para cima. Nada funciona por muito tempo. Em 2004, eu tinha (pensei) os ingredientes de uma solução em um pequeno livro de 21 páginas que escrevi para o England's Department for Education and Skills em parceria com o National College for School Leaders. O livreto chamava-se *System Thinkers in Action* e escrevi:

Um novo tipo de liderança é necessário para romper o *status quo*... serão necessárias poderosas forças proativas para transformar o sistema existente (para mudar o contexto). Isso pode ser feito direta e indiretamente por meio do pensamento sistêmico em ação. Esses novos teóricos são líderes que trabalham diretamente em suas próprias escolas... e participam do quadro maior. Mudar organizações e sistemas exigirá que os líderes adquiram experiência na ligação com outras partes do sistema. Esses líderes, por sua vez, devem ajudar outros com características semelhantes (FULLAN, 2004, p. 9).

Eu tinha outras boas ideias. Oito em particular foram:

1. serviço público com propósito moral;
2. compromisso com a mudança de contexto em todos os níveis;
3. capacitação paralela por meio de redes;
4. novas relações verticais de codependência;
5. aprendizagem profunda;
6. duplo compromisso com resultados de curto e longo prazos;
7. estímulo cíclico; e
8. a longa alavanca da liderança.

Não está ruim, mas também não é bom o suficiente. De alguma forma, como um bando de pensadores do sistema, espalhados pelos níveis da hierarquia, transformaria a coisa toda? É hora de ter um daqueles momentos de "eu costumava pensar, mas agora eu penso". Claro, os sistemas não podem mudar com um monte de líderes mostrando o caminho. A reformulação a seguir está prevista em um livro que publiquei com Mary Jean Gallagher (ex-chefe da Ontario's Literacy Numeracy Strategy), apropriadamente chamado *The Devil Is in the Details* (FULLAN; GALLAGHER, 2020). É hora de formular uma nova solução de sistematização em relação aos quatro conjuntos de direcionadores descritos. A definição aqui representa exatamente essa nova solução. Coloca a responsabilidade pela mudança do sistema igualmente em cada um dos três níveis do sistema – local, regional e central. **A sistematicidade está para o sistêmico como a coerência está para o alinhamento.** O último elemento em cada par é racional, enquanto o primeiro elemento no par é **subjetivo**. A perspectiva de sistema está dentro de indivíduos e grupos – é como eles pensam, agem e sentem em relação ao sistema. Em outras palavras, é dentro do humano, e não do paradigma sem vida, que residem as emoções e a motivação. Vamos explorar isso mais a fundo antes de traçar as principais implicações da ação.

Em primeiro lugar, "sistematicidade" é definida como a sensação que as pessoas têm em todos os níveis do sistema de que elas são, de fato, o sistema. Isso significa que elas têm a responsabilidade de interagir, aprender, contribuir e ser um membro vivo do sistema à medida que ele evolui. Os quatro conjuntos de direcionadores combinados destinam-se a ajudar a estabelecer essa mentalidade. De fato, cultivar as 6 competências globais produz cidadãos com esse mesmo perfil.

Em segundo lugar, o direcionador correto 4 é um **metadirecionador**. Está acima dos outros três – destina-se a coordenar e aprender com a interação entre os direcionadores.

Terceiro, o sistema consiste em (vou simplificar aqui) três níveis: local, médio, central; ou, se preferir: micro, meso, macro.

Quarto, todos os integrantes de cada nível **são** o sistema. Como tal, são **igualmente** autônomos, interdependentes e responsáveis pelo que acontece. Têm responsabilidades dentro de seu subsistema e em todo o sistema.

Quinto, se quisermos inspirar as pessoas a seguirem para a adoção dos direcionadores corretos (antes que tudo desmorone), precisamos direcioná-las para o caminho certo. Essa direção significa que a mudança do sistema não pode ser apenas de cima para baixo, nem de baixo para cima, nem apenas de meio para fora. Acontece que o sistema não pode ser alterado sem que todas as suas camadas assumam a responsabilidade da mudança. No momento em que qualquer camada reivindicar essa responsabilidade total, o sistema falhará.

Sexto, a aprendizagem onipresente dentro e entre os níveis nos ensina como as partes constituintes do sistema se inter-relacionam e funcionam ao longo do tempo e como podem ser melhoradas.

Isso nos levou ao conceito de **autonomia conectada**. Não são dois conceitos, mas um fenômeno único e integrado que flutua de acordo com o contexto. A solução do sistema significa que é preciso ser simultaneamente conectado e autônomo, ajustando-se à situação. Os quatro direcionadores corretos, trabalhando em conjunto, tornam mais provável que o estado de autonomia conectada seja dinamicamente equilibrado de uma forma que favoreça tanto os indivíduos quanto o grupo. A ideia inovadora que surge da sistematicidade é que todos os três níveis do sistema, individualmente e em conjunto, são essenciais e têm responsabilidade independente e conjunta pela mudança do sistema. À medida que os níveis se esforçam para implementar os quatro direcionadores, eles devem tentar se conectar com outros ao seu redor (dentro e entre os níveis) para compartilhar a jornada e aprender uns com os outros. Inteligência Social significa expandir a autonomia conectada de forma paralela na própria camada e verticalmente para as outras duas camadas.

O pensamento sistêmico em cada nível significa focar na maneira como as partes constituintes se inter-relacionam e como o sistema funciona ao longo do tempo. O nível da política pode definir a direção em conjunto com os outros dois níveis, mas a jornada bem-sucedida deve ser independente e compartilhada. No fim das contas, você sempre pode recorrer à sua própria autonomia (e do seu grupo), mas se não fortalecer a conexão dentro do grupo e o relacionamento entre os níveis, não será capaz de realizar a mudança do sistema.

Muitas mudanças no sistema falham porque as pessoas falam e visualizam a mudança isoladamente, sem aceitar a responsabilidade pelo trabalho pessoal, pela ação e pela aprendizagem que devem acompanhá-la para alcançar o sucesso.

No direcionador incorreto 3, a economista Mariana Mazzucato expôs as consequências fatais de longo prazo da Austeridade prolongada. Identifiquei várias soluções alternativas de Mazzucato e de outros autores no direcionador correto 3, Investimentos em Igualdade. Agora Mazzucato (2022) se tornou mais assertiva em seu novo livro. A partir de uma entrevista que concedeu (GIRIDHARADAS, 2020) ainda antes do lançamento do livro, fica claro na citação a seguir que Mazzucato sabe sobre mudança de sistema e sobre a própria sistematicidade:

> Meu objetivo é criar mudanças. Mas a mudança não acontece se você apenas fizer campanha a favor dela ou apenas teorizar sobre isso. E há poucas organizações, na minha experiência, que são lugares onde duas coisas estão presentes, têm liderança de pensamento real – por exemplo, mudar a forma como os livros didáticos são escritos – e têm paciência, humildade e empatia, porque é necessário saber ouvir. É necessário saber trabalhar realmente por um período longo e paciente para ajudar os agentes de mudança a realizá-la. É fácil recomendar. Há muitos para recomendar o que é bom fazer. São poucos os que sentam e fazem (GIRIDHARADAS, 2020).

Como metadirecionador final, precisamos de ativistas da sistematicidade para liderar e persuadir seus pares e aqueles em todos os níveis do sistema. O poder e a persuasão serão necessários. A boa notícia é que estamos ouvindo pedidos de mudança de sistema tanto da base e do meio quanto do centro. É crucial que as pessoas mantenham o rumo; sistematicidade significa compreender e influenciar a dinâmica do sistema ao longo do tempo.

Os líderes sábios que se encontram no topo perceberão que seu papel é um recurso importante – o de ser um líder de pensamento para a mudança do sistema e seus direcionadores corretos, em vez de ser reparador e executor. Se seguirem as recomendações deste texto, descobrirão que os alunos, inclusive os muito jovens, são os mais poderosos agentes de mudança de todos.

## PARA MUDAR O PARADIGMA

Se você deseja que o sistema mude, tem que **mudar o sistema**! Tautologias à parte, é um lembrete importante. Além disso, lembre-se dos apelidos dos direcionadores, pois eles representam o campo de batalha do futuro da humanidade: egoísmo, descuido, crueldade, inércia, essência, ilimitada, dignidade e totalidade.

Se existe uma diretriz geral, é esta: faça um balanço de cada um dos quatro domínios e decida por onde começar. Lembre-se de que o direcionador correto 4 é um metadirecionador, portanto, volte sempre a ele e considere como está interagindo com os outros três. A Figura 3 é sua agenda.

Lembre-se de Thomas Kuhn. Ele argumentou que "mudanças de paradigma" (alterações nos princípios que governam os modelos de pensamento e ação) ocorrem sob duas condições (KUHN, 1962). Um requisito é que o modelo atual não esteja mais funcionando. Em termos sociais – colapso climático, desigualdade extrema, confiança social em rápido declínio, deterioração da saúde mental e física –, não se pode argumentar que podemos nos proteger sem uma nova ação significativa. A própria educação espelha a sociedade. Atualmente, a escolarização representa uma colossal subutilização de recursos. O declínio em ambas as frentes (sociedade e educação) ocorre há pelo menos 50 anos e está se agravando rapidamente.

O segundo requisito de Kuhn (1962) diz respeito à presença de uma alternativa viável. Os quatro direcionadores corretos em combinação representam tal opção. Desde *O príncipe*, de Maquiavel (publicado pela primeira vez em 1532), sabemos que as lutas pelo poder inicialmente favorecem o *status quo*, porque aqueles que lideram

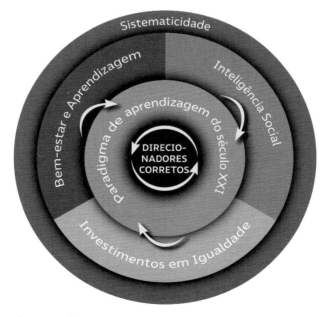

**Figura 3** Os direcionadores.

a "nova ordem das coisas" são combatidos por aqueles que estão no poder, que se beneficiam do *status quo*, e aqueles potencialmente a favor da mudança são "defensores indiferentes", em parte porque se opõem a forças poderosas, e também porque "não acreditam prontamente em coisas novas até que tenham uma longa experiência com elas" (MACHIAVELLI, 1992). O objetivo agora é dar às pessoas uma nova experiência com os direcionadores corretos, desenvolvendo um sistema de novos atores e correspondentes novos adeptos.

A questão então é: como o novo modelo se consolida como uma alternativa atrativa? Para que isso aconteça, é melhor pensar no poder dos "movimentos sociais" (ver RINCÓN-GALLARDO, 2020). Os sistemas mudam quando há graus de insatisfação em **todos os níveis** – base-meio-centro. Tal é o poder das mudanças de paradigma que, quando as coisas parecem impossíveis, elas ainda podem ter vários suportes potenciais sob a superfície decadente, que se tornam forças revolucionárias para a mudança individualmente e em combinação.

Tenha em mente que os quatro pares de direcionadores se apresentam como um conjunto. Eles dependem um do outro, se estimulam e têm sinergia entre si. Eles se tornam poderosos juntos. Aqui, estou argumentando que esse é o caso, ou o que podemos fazer para que seja esse o caso agora. Quando o momento é o certo, a mudança de paradigma, uma vez iniciada, pode ser incrivelmente rápida (p. ex., 10 anos, não 50).

Alguns aspectos críticos do meu argumento apelam para o interesse próprio de (quase) todos, incluindo os ricos. Os epidemiologistas Richard Wilkinson e Kate Pickett reúnem dados maciços que mostram que sociedades mais igualitárias "melhoram o bem-estar de todos" (WILKINSON; PICKETT, 2019). A evidência mostra isso, mas também o senso de perigo da maioria das pessoas sobre para onde o planeta está indo. Raworth (2017, p. 132) afirma o seguinte:

> [...] a direção predominante do desenvolvimento econômico global está presa na dinâmica gêmea da crescente desigualdade social e do aprofundamento da degradação ecológica. Para ser franco, essas tendências ecoam as condições sob as quais civilizações anteriores... entraram em colapso.

Sempre que as massas experimentam dificuldades prolongadas, crescentes e implacáveis, enquanto uma pequena elite prospera, a sociedade fica vulnerável. Estratégias que potencialmente melhoram a sorte da maioria das pessoas podem ser atraentes para todos. Eventualmente, apelam para o senso de humanidade e destino que muitas pessoas abrigam. Vale a pena recorrer brevemente aos estudos sobre **evolução**. O biólogo Edward O. Wilson (2017), vencedor do Pulitzer, lembra que foi apenas quando a humanidade se alfabetizou que passou a influenciar indiretamente o futuro, por meio do que ele chama de **evolução cultural**. A maioria de nós concordaria que tal influência foi uma combinação do que é bom e ruim para os humanos – sendo a maldade a tendência atual. Então, de uma maneira estranha, o futuro depende de influenciarmos a parte boa de nossas tendências culturais.

Wilson (2017, p. 70) faz a fantástica afirmação:

> A ciência tem a garantia de explorar tudo considerado factual e possível, mas as humanidades, sustentadas tanto pelo fato quanto pela fantasia, têm o poder de tudo não apenas possível, mas concebível.

O efeito geral dos direcionadores corretos em ação, para mim, representa um possível primeiro passo em aberto na evolução contínua da humanidade. Acredito que esse pode ser o domínio ao qual Luckin (2018) estava se referindo quando disse que os humanos estão operando bem abaixo de seu potencial. Não acredito de modo algum que as coisas vão melhorar automaticamente. O objetivo dos direcionadores corretos é moldar o futuro aproveitando o melhor de nós mesmos, o que acho que evolutivamente se inclina para os aprimoramentos social e cultural. Por razões baseadas nos fundamentos da evolução e da neurociência, creio que o futuro imediato se inclinará para a bondade e para o uso dos quatro direcionadores corretos, porque um número suficiente de pessoas será atraído e reconhecerá que o que é bom para elas como indivíduos é bom para nós como coletividade, e se construirá sobre tendências promissoras. No entanto, temos que fazer a bola rolar na direção certa. Em outro livro, Wilson (2014, p. 162) disse: "os neurocientistas... trabalham implacavelmente de baixo para cima". Os movimentos sociais vinculam forças de baixo para cima, intermediárias e de cima para baixo para uma mudança revolucionária. Os quatro direcionadores em nossa lista de "paradigma humano" fornecem ideias para ajudar a fazer isso acontecer com todos os níveis como potenciais instigadores e parceiros.

Quero encerrar retornando à análise provocativa de Putnam e Garrett (2020) sobre as tendências do "eu-nós" nos Estados Unidos de 1890 a 2020. Você deve se lembrar de que eles traçaram a evolução da região por meio dos períodos "eu-nós" terminando no tempo atual de excessivo egocentrismo. Priorize os direcionadores corretos e você estabelecerá uma nova ordem em que tanto o "eu" quanto o "nós" prosperam em conjunto; autonomia conectada no seu melhor.

Estamos atualmente em crise e há apenas uma instituição social que tem potencial para ser central para as soluções, ou seja, um novo sistema de aprendizagem baseado nos direcionadores corretos. Os jovens em particular (a quem considero 50% um feixe de nervos e 50% querendo mudar o mundo para melhor) são a principal fonte de sucesso futuro – agentes de mudança em movimento, qualificados nas seis competências e liderados por caráter e cidadania. Não investimos o suficiente nos jovens. Em nosso trabalho de aprendizagem profunda, não encontramos uma criança jovem o suficiente que não queira ser um agente de mudança. Quando nos aprofundamos nas competências globais, o que nos chamou a atenção foi um fenômeno claramente individual e coletivo. Nós imediatamente o rotulamos: "Envolva o mundo Mude o mundo". Aprenda e viva – melhor e por mais tempo.

Os novos modelos econômicos nos provarão que igualdade e crescimento podem se alimentar mutuamente, se também pudermos abordar os sistemas de discriminação que estão arraigados atualmente. Uma vez que a nova tendência é iniciada, o sucesso gerará mais sucesso. Descobriremos que a inteligência social é um recurso importante que mal desenvolvemos, muito menos aproveitamos. Os seres humanos (o que inclui o social) serão o parceiro dominante na próxima fase por causa da autonomia conectada. Não temos que resolver todos os problemas da década atual, mas temos que reverter a tendência provando que igualdade e inclusão são parte integrante da prosperidade para todos. Os paradigmas são tais que se alimentam de seu próprio impulso interno. Se conseguirmos os ingredientes certos, podemos esperar crescimento e melhoria acelerados.

Além da persuasão do argumento e do impacto dos quatro direcionadores, é certo que as forças políticas e o poder também serão essenciais para alterar o *status quo*. Haverá alguns perdedores, mas a maioria ganhará, mesmo entre aqueles que duvidavam que melhorias radicais pudessem ser feitas. Em algum momento, um grande número de pessoas em todos os níveis do sistema atual precisará reconhecer que pode ser melhor em uma nova ordem social.

Os resultados que podemos esperar e que precisamos acompanhar podem ser definidos em termos micro e macro. Em nível micro, podemos esperar melhores desempenhos e pontuações em engajamento e pertencimento, progresso acadêmico até a graduação, redução de lacunas de desempenho entre subgrupos, evidência demonstrável de proficiência nas seis competências globais, maior satisfação de professores e líderes escolares e distritais e mais participação de pais e membros da comunidade. Em nível macro, e levando mais tempo, haverá mais mobilidade entre gerações, redução nas diferenças de riqueza, mais engajamento cívico e aumento da confiança social em toda a sociedade. Eventualmente, a cooperação entre os países melhorará. Tudo isso reflete o papel adequado da aprendizagem em sociedades complexas – para que a maioria prospere em meio à complexidade.

Eu costumava dizer que esperança não é uma estratégia. O cientista da complexidade Thomas Homer-Dixon, da University of Waterloo, Ontário, publicou recentemente sua última análise, *Commanding Hope: The Power We Have to Renew a World in Peril*, na qual confirma a sensação que a maioria de nós tem hoje em dia: "uma sensação assustadora de que o mundo está dando errado" (HOMER-DIXON, 2020, p. 2). Ele então apresenta grande quantidade de evidências: "o acúmulo de evidências científicas mostra que as principais linhas de tendência que avaliam o bem-estar da humanidade – econômica, social, política e ambiental – de fato caíram drasticamente" (HOMER-DIXON, 2020, p. 2).

Dadas as condições implacáveis e deterioradas de nossa sociedade, muitas pessoas desenvolveram um forte senso de "desesperança aprendida" – a única coisa que lhes resta é atacar ou desistir. O futuro torna-se uma profecia autorrealizável. A maioria das alternativas positivas para o futuro aparentemente é uma ilusão, cujas perspectivas de sucesso parecem ingênuas – não vale a pena lutar por uma perspectiva de "chance de sucesso". Quando olho para as propostas atuais de reforma educacional, acho-as estranhamente pouco convincentes, sem saber por quê. Homer-Dixon (2020, p. 234) fornece o *insight* quando diz que muitas dessas propostas são "muito elaboradamente tecnocráticas e demasiado inofensivas para realmente nos motivar". O inofensivo – que grande conceito – oferece algum alívio temporário superficial, mas essencialmente brando, suave, inócuo. Depois de um tempo, nos acostumamos com eles, pois não causam impacto. Eu me sinto assim sobre as políticas de equidade na educação nos últimos 50 anos – muita fanfarra, mas pouco impacto. Tornam-se parte da síndrome da desesperança.

À luz da exploração dos novos direcionadores corretos e do potencial inexplorado (e do compromisso especialmente dos jovens), sinto que chegou a hora de criar inúmeras instâncias de "esperança aprendida", unindo ideias e pessoas e alavancando-as para cima e para os lados para estabelecer uma nova ordem. Eu admiro a noção de que a razão e o espírito humanos não conhecem limites (e, em qualquer caso, operam bem abaixo de seu potencial). Sabemos que a mudança acontece muito mais rapidamente na esfera social. Homer-Dixon (2020, p. 135) diz: "é em nossos sistemas sociais, não em nossas tecnologias, onde vemos com mais frequência as drásticas mudanças não lineares que são verdadeiramente revolucionárias em escopo e implicações". O autor postula que as esperanças vagas são inúteis, mas a esperança que tem um grau de tangibilidade, que tem uma base para possibilidades concretas, tem uma chance de se firmar. Juntos, os quatro direcionadores podem nos proporcionar essa oportunidade.

A esperança fundamentada em ações concretas é essencial. Mazzucato (2022) afirma: "desafios são os grandes objetivos [que] precisam ser reunidos em diferentes setores". E então a conclusão poderosa: "em vez de apenas falar sobre propósito e valor das partes interessadas, devemos pensar o que significa incutir propósito em um sistema, não apenas em corporações, mas em um sistema, para afetar o trabalho público e privado de novas maneiras" (GIRIDHARADAS, 2020).

Esperança com "tangibilidade", "propósito incutido": em suma, a esperança pode ser uma estratégia se estiver atrelada a uma visão convincente que é **experienciada**. Os direcionadores corretos oferecem muitas oportunidades para criar novas instâncias de "esperança aprendida" individual e coletiva. Eles representam um portal através do qual podemos entrar e formar um novo ecossistema – integrado e sinérgico, com potencial ilimitado. Dado um paradigma massivamente desacreditado que encontramos dia após dia, o melhor caminho a seguir pode ser usar os quatro direcionadores corretos para criar novas realidades e bolsões de massas críticas, que devolvem a esperança ao seu devido lugar – como um ato de vontade que cria um futuro melhor, em vez de estar relacionado ao que acontece com você. Se essa visão se consolidar, a mudança do sistema ocorrerá mais rápido do que qualquer um de nós poderia imaginar.

## REFERÊNCIAS

ARNADE, C. *Dignity*: seeking respect in back row America. New York: Sentinel, 2019.

BENTLEY, T.; SINGHANIA, A. *Leading through crisis*: resilience, recovery and renewal. Strawberry Hills: ACEL Monograph, 2020.

BOUSHEY, H. *Unbound*: how inequality constricts our economy and what we can do about it. Cambridge: Harvard University, 2019.

BROUSSARD, M. *Artificial unintelligence*: how computers misunderstand the world. Cambridge: MIT, 2018.

CHRISTAKIS, N. *Apollo's arrow*: the profound and enduring impact of coronavirus on the way we live. New York: Little, Brown, 2020.

CHRISTIAN, B. *The alignment problem*: machine learning and human values. New York: W. W. Norton, 2020.

CLINTON, J. *Love builds brains*. Edmonton: Tall Pine, 2020.

EUBANKS, V. *Automating economic equality*. New York: St. Martin's, 2017.

FREELAND, C. *Plutocrats*: the rise of global super-rich and the fall of everyone else. Toronto: Anchor House, 2012.

FULLAN, M. *Choosing the wrong drivers for whole system reform*. Melbourne: Center for Strategic Education, 2011. (Seminar Series, 204). Disponível em: https://michaelfullan.ca/wp-content/uploads/2016/06/13396088160.pdf. Acesso em: 2 mar. 2022.

FULLAN, M. *Nuance*: why some leaders succeed and others fail. Thousand Oaks: Corwin, 2020.

FULLAN, M. *System thinkers in action*. London: Department for Education and Skills; National College for School Leadership, 2004. Disponível em: http://www.michaelfullan.ca/wp-content/uploads/2016/06/13396063090.pdf. Acesso em: 2 mar. 2022.

FULLAN, M.; GALLAGHER, M. J. *The devil is in the details*. Thousand Oaks: Corwin, 2020.

FULLAN, M.; QUINN, J. MCEACHEN, J. *Deep learning*: engage the world change the world. Thousand Oaks: Corwin, 2018.

FULLAN, M. et al. *Education reimagined*: the future of learning: a collaborative effort between 'New Pedagogies for Deep Learning' (NPDL), and Microsoft Education. Redmond: Microsoft, 2020. Disponível em: https://edudownloads.azureedge.net/msdownloads/Microsoft-EducationReimagined-Paper.pdf. Acesso em: 2 mar. 2022.

GIRIDHARADAS, A. TODAY: Live conversation with Mariana Mazzucato. *The.Ink*, 2021. Disponível em: https://the.ink/p/today-live-conversation-with-mariana. Acesso em: 2 mar. 2022.

GOLDIN, C.; KATZ, L. *The race between education and technology*. Cambridge: Harvard University, 2008.

HARGREAVES, A. Large-scale assessments and their effects: The case of mid-stakes tests in Ontario. *Journal of Education Change*, v. 21, p. 393–420, 2020a. Disponível em: https://link.springer.com/article/10.1007/s10833-020-09380-5. Acesso em: 2 mar. 2022.

HARGREAVES, A. Austerity and inequality; or prosperity for all? Educational policy directions beyond the pandemic. *Educational Research for Policy and Practice*, v. 20, p. 3–10, 2020b. Disponível em: https://link.springer.com/article/10.1007/s10671-020-09283-5. Acesso em: 2 mar. 2022.

HARGREAVES, A.; O'CONNOR, M. *Collaborative professionalism*. Thousand Oaks: Corwin, 2018.

HATTIE, J.; SMITH, R. (ed.). *10 mindframes for leaders*. Thousand Oaks: Corwin, 2020.

HOLMES, W.; BIALIK, M.; FADEL, C. *Artificial intelligence in education*. Boston: Center for Curriculum Redesign, 2019.

HOMER-DIXON, T. *Commanding hope*: the power we have to renew the world in peril. Toronto: Alfred Knopp, 2020.

KIRP, D. *The college dropout scandal*. New York: Oxford University, 2019.

KORETZ, D. *The testing charade*: pretending to make schools better. Chicago: University of Chicago, 2017.

KUHN, T. *The structure of scientific revolutions*. Chicago: University of Chicago, 1962.

LEWIS, A.; DIAMOND, J. *Despite the best intentions*. New York: Oxford University, 2015.

LUCKIN, R. *Machine learning and human intelligence*. London: UCL Institute of Education, 2018.

MACHIAVELLI, N. *The prince*. New York: PT Collier, 1992.

MALIN, H. *Teaching for purpose*: preparing students for lives of meaning. Cambridge: Harvard University, 2018.

MARKOVITS, D. *The meritocracy trap*. New York: Penguin, 2019.

MAZZUCATO, M. *Mission economy*: a moonshot guide to changing capitalism. New York: Penguin, 2022.

MAZZUCATO, M. *The value of everything*: making and taking in the global economy. New York: Hachette Book Group, 2018.

MCGAW, B.; LOUDEN, W.; WYATT-SMITH, C. *NAPLAN review final report*. Sydney: State of New South Wales (Department of Education); Brisbane: State of Queensland (Department of Education); Melbourne: State of Victoria (Department of Education and Training); Canberra: Australian Capital Territory. 2020. Disponível em: https://naplanreview.com.au/pdfs/2020_NAPLAN_review_final_report.pdf. Acesso em: 2 mar. 2022.

MEHTA, J. *The allure of order*. New York: Oxford University, 2013.

MEHTA, J.; DATNOW, A. Changing the Grammar of Schooling: An Appraisal and a Research Agenda. *American Journal of Education*, v. 126, n. 4, p. 1–8, 2020.

MILLIGAN, S. School learning and life. *In*: UNIVERSITY OF MELBOURNE CONFERENCE NETWORK OF SCHOOLS, 2020, Melbourne. *Presentations* […]. Melbourne: University of Melbourne, 2020a.

MILLIGAN, S. Future Proofing Australian Students with 'New Credentials', *Pursuit*, 29 jun. 2020b. Disponível em: https://pursuit.unimelb.edu.au/articles/future-proofing-australian-students-with-new-credentials. Acesso em: 2 mar. 2022.

MILLIGAN, S. et al. *Recognition of learning success for all*. Melbourne: Learning Creates Australia, 2020. Disponível em: https://www.learningcreates.org.au/media/attachments/2020/12/07/lca_success_paper_re-design_final9r2.pdf. Acesso em: 2 mar. 2022.

NATHAN, L. *When grit isn't enough*. Boston: Beacon, 2017.

NG, P. T. *Learning from Singapore*. New York: Routledge, 2017.

O'CONNELL, M.; MILLIGAN, S.; BENTLEY, T. *Beyond ATAR*: a proposal for change. Melbourne: Koshland Innovation Fund, 2019.

ORGANISATION FOR ECONOMIC COOPERATION AND DEVELOPMENT. *TALIS*: the OECD teaching and learning international survey. Paris: OECD, 2018. Disponível em: https://www.oecd.org/education/talis/. Acesso em: 2 mar. 2022.

PUTNAM, R.; GARRETT, S. *The upswing*: how America came together a century ago and how we can do it again. New York: Simon and Schuster, 2020.

QUINN, J. et al. *Dive into deep learning*: tools for engagement. Thousand Oaks: Corwin, 2020.

RAWORTH, K. *Doughnut economics*: 7 ways to think like a 21st century economist. White River Junction: Chelsea Green, 2017.

RINCÓN-GALLARDO, S. *Liberating learning*: educational change as social movement. New York: Routledge, 2020.

SANDEL, M. *The tyranny of merit*: what's become of the common good. New York: Farrar, Straus and Giroux, 2020.

SINGHANIA, A.; HARD, N.; BENTLEY, T. *Unleashing the power of the collective in education*. Melbourne: RMIT University; Social Ventures Australia, 2020. Disponível em: https://apo.org.au/node/308693. Acesso em: 2 mar. 2022.

SMITH, A. *The wealth of nations*. New York: Penguin Classics, 1999.

TAYLOR, R. et al. *Competencies for the 21st century*. Boston: Center for Curriculum Redesign; Brookings Institution, 2020.

TOUGH, P. *The years that matter the most*. Boston: Houghton Mifflin Harcourt, 2019.

WILIAM, D. *Embedded formative assessment*. 2. ed. Bloomington: Solution Tree, 2018.

WILIAM, D. Curriculum, pedagogy & assessment, in that order, *In*: ASSOCIATION OF SCHOOL AND COLLEGE LEADERS CONFERENCE, 2020, Birmingham. *Keynotes* […]. Birmingham: ASCL, 2020. Disponível em: https://www.dylanwiliam.org/Dylan_Wiliams_website/Presentations_files/2020-03-13%20ASCL%20keynote.pptx. Acesso em: 2 mar. 2022.

WILKINSON, R.; PICKETT, K. *The inner level*: how more equal societies reduce stress, restore sanity, and improve everyone's well-being. London: Penguin, 2019.

WILSON, E. O. *The meaning of human existence*. New York: W. W. Norton, 2014.

WILSON, E. O. *The origins of creativity*. New York: W. W. Norton, 2017.

## Leitura recomendada

FULLAN, M. System change in education. *American Journal of Education*, v. 126, n. 4, p. 653–666, 2020.

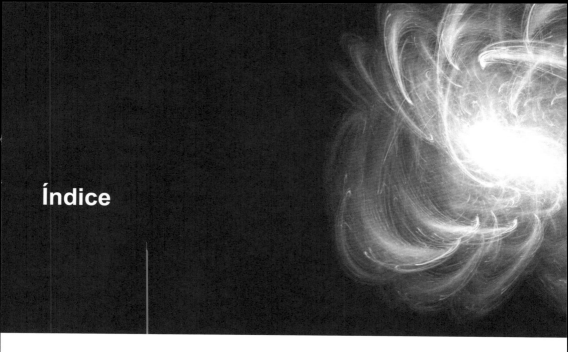

# Índice

**A**
*Achieving Coherence in District Improvement* (Johnson et al.), 13
Agenda da estratosfera, 74
Allensworth, E., 53-54
Ambientes de sala de aula, 90-92
    *Veja também* Cultura de aprendizagem
Anderson, Liz, 97-99
Aprendizagem profunda. *Veja* Cultura de aprendizagem

**B**
Bender Sebring, P.B., 53-54
Bond, James, xv, 97-99
Boston Consulting Group, 60
Boyle, Alan, 14, 18
Braun, H., 8-9
Brown, Jerry, 6-7
Brown, Tim, 82
Bryk, Anthony, 53-54, 63-64

**C**
California Office of Reform in Education (CORE), 6-7
Caminho crítico de ensino-aprendizagem (TLCP)
    modelo, 61-63, 62 (figura)
Campbell, Davis, 8-10
Capital, desenvolvimento de, 5-6, 51-54
Capital de decisão, 51-52
Capital humano, 51-52
Capital social, 5-6, 51-52
"Choosing the Wrong Drivers for the Whole System" (Fullan), xiii, 3
Ciência da melhoria, 63-64
City, E., 104
Cochrane Collegiate Academy, 95-97
Coerência, definições de, 1-3
Cohen, Jared, 77
Comunidade de aprendizagem profissional, 58-61
Comunidades de aprendizagem em rede, 65-67
Comunidades de melhoria em rede (NICs), 63-64
Construção de capacitação
    avaliação de, 93-96
    desenvolvimento de professores, 48-51, 54-57
    liderança e, 5-6, 8-9, 47-51, 55-57
    pedagógico, 5-6

processo colaborativo e, 53-57
seis estratégias de desenvolvimento, 23-26, 32-34
Cultura de aprendizagem
 ambientes de sala de aula, 90-92
 clareza de metas, 78-83
 competências de aprendizagem profunda, 75-77, 76 (figura), 78-83, 80-81 (figura), 102 (figura)
 estrutura da aprendizagem acelerada, 97-100
 integração de tecnologia, 77-79
 modelagem, 51-53
 modelo de aprendizagem do aluno, 88-91, 89 (figura)
 sistemas de orientação educacional, 83-85
Cultura escolar, 47-51, 53-54
 *Veja também* Prática colaborativa

## D

Davis, WG, 88-89
Definição de metas
 abordagem colaborativa, 21-22
 clareza na, 78-83
 desenvolvimento de estratégias, 21-23
 engajamento e compromisso, 23-24
 transparência, 20-22
DeMaeyer, Lawrence, 30-31
Desempenho, aluno. *Veja* Desempenho do aluno
Desempenho do aluno
 avaliação de, 86-88
 competências de aprendizagem profunda, 78-83, 80-81 (figura)
 engajamento e, 73, 87-89
 *feedback*, importância de, 86-87, 89-90
 função do diretor em, 51-53
 modelos de aprendizagem e, 88-91, 89 (figura), 96-100
 *Veja também* Cultura de aprendizagem
Desenvolvimento profissional
 ciência de melhoria, 63-64
 construção de capacitação, 48-57
 estrutura de capital, 51-54
 processo colaborativo em, 58-61

redes de aprendizagem profissional (PLNs), 64-70
Dewey, John, 82
Direção focada
 definição de metas, 26-34
 desenvolvimento de estratégia, 23-26, 35-39, 41-43
 exemplos de casos de, 33-43
 foco de aprendizagem, 19-24, 75-76
 liderança para a mudança, 26-53
 orientado para o propósito, 17-19
 visão geral, xiv-xv, 3, 11, 18 (figura), 44 (figura)

## E

Easton, JQ, 53-54
Educação no século XXI,
 plano de desenvolvimento para, 48-51
Edwards, Mark, 99-100
Eficácia coletiva, 54-55, 58, 65-66, 86
Elmore, Richard, 104-108
Engajamento. *Veja* Desempenho do aluno
Estrutura da Coerência,
 considerações pedagógicas, 12
 elementos-chave de, 5, 11-12, 11 (figura)
 liderança, 13, 121-129, 131 (figura)
 *Veja também* Direção focada; Prática colaborativa; Responsabilidade
 visão geral da ferramenta de avaliação, 125-126 (figura)
 visão geral de, xiii-xv, 2-3
Estrutura de aprendizagem acelerada, 97-100, 98 (figura)
Ética, 81-82

## F

Fiarman, S., 104
Fluxo, criação de, 25-26
Formulação de políticas, coerência em, 5-7
*Freedom to Change* (Fullan), 70
Fullan, Michael, xiii, 3, 22-23, 39, 50-51, 73, 81-82, 124-127

## G

Garden Grove Unified School District, 7-9, 31-32, 41-43, 114-117
Grossman, Allen, 13

## H
Hadfield, Chris, 69-70
Hargreaves, Andy, 8-9, 14, 18
Harris, Alma, 14, 18
Hastie, R., 70
Hattie, John, xvi, 54-55, 74, 84, 86, 90-91
Higgins, Monica, 13
Huffington, Ariana, 81-82

## I
Integração de tecnologia, 4-5
    eficácia de, 77-79, 91-94
    envolvimento do aluno e, 87-89
Integração digital. *Veja* Integração de tecnologia

## J
Jenkins, L., 73
Johnson, Susan Moore, 13, 100

## K
Kirtman, L., 22-23, 124-127

## L
Leana, Carrie, 5-6
Lewin, Kurt, 13
LFTM (liderança a partir do nível intermediário), 8-9, 33-40
Liderança
    a partir do nível intermediário, 8-9, 33-40
    alunos-líderes, 50-54
    características eficazes de, 13-14, 127 (figura)
    construção de capacitação, 5-6, 8-9, 32-34, 48
    desenvolvimento de propósito, 18-19
    estratégias de puxar e empurrar, 31-33
    mentalidade de crescimento, 47-51
    na Estrutura da Coerência, 13, 121-129, 131 (figura)
    prática colaborativa, 64-67
    processo de mudança, 26-32
    *Veja também* Responsabilidade
    visão direcional, 28-29
Lloyd, C., 51-52
Luppescu, S., 53-54

## M
Mafi, Gabriela, 7-9
Mapp, Karen, 13
Marietta, Geoff, 13
Mayer, Andreas, 28-29
McGuinty, Dalton, 108
Modelo de aprendizagem do aluno, 88-91, 89 (figura)
Modelo de caminho crítico de ensino--aprendizagem, 61-63
Mooresville School District, 99-100

## N
Napa Valley Unified School District, 93-94
Novas pedagogias para aprendizagem profunda
    *Veja também* Cultura de aprendizagem; Parcerias pedagógicas
    visão geral, 77-79
November, Alan, 92-93

## O
Objetivo, desenvolvimento de, 17-19
Ontário Focused Intervention Partnership, 38-40, 61-63, 108-109
Oportunidade de ouro da Califórnia (Fullan), 6-7

## P
Padrões Estaduais de Núcleo Comum, 52-53, 75, 82
Parcerias pedagógicas
    dando *feedback*, 86-87
    eficácia coletiva em, 86
    modelo de aprendizagem do aluno, 88-91, 89 (figura)
Park Manor Senior Public School, 96-100
Pedagogia, capacitação em, 5-6
Peel District School Board, 30-31
Pinchot, Michelle, 31-32
Pittsburg Unified School District, 29-30
Política "traga seu próprio dispositivo" (BYOD), 87-88
Prática colaborativa
    capital social, 5-6, 12
    construção de capacitação e, 53-57
    definição de metas e, 21-22

liderança e, 64-67
mentalidade de crescimento, 47-51
modelo de caminho crítico de ensino--aprendizagem, 61-63, 62 (figura)
para a mudança organizacional 28-31, 57-61, 57 (figura)
parcerias de aprendizagem, 58-61
redes de aprendizagem pessoal, 66-68
transformação do sistema, 64-66
visão geral de, xiv-xv, 11-12, 45-47, 46 (figura), 71 (figura)
Processo de mudança
construção de capacitação, 5-6, 32-34
esforço colaborativo, 64-70
fase de difusão, 28-31
fluxo, 28-29
inércia, 25-26
inovação, 24-26, 28-32
mentalidade, 13, 74
resistência, 25-26
superficialidade em, 24-25
tecnologia e, 77-78
visão direcional, 28-29
Professores. *Veja* Desenvolvimento profissional

**R**
*Realizing the Power of Professional Learning* (Timperley), 52-53
Redes. *Veja* Desenvolvimento profissional; Prática colaborativa
Redes de aprendizagem pessoal (PLNs), 66-68
Resolução de problemas e políticas *ad hoc*, 5
Responsabilidade
e coerência, 4, 12-13, 119 (figura)
e desempenho, 10
exemplos de casos de, 38-40, 114-117
externa, 111-117
interna, 104-112
Rincón-Gallardo, S., 39
*Rise of Robots* (Ford), 129-130
Robinson, V., 51-52
Rosa, Daniel, 4, 103
Rowe, K., 51-52

Rubik, Erno, 91-92

**S**
Schmidt, Eric, 77
Schwalm, Laura, 7-8, 114-117
Scott, G., 81-82
6Cs de competências de aprendizagem profunda, 78-83, 80-81 (figura), 86-87
Shackleton, Ernest, 45
Simplexidade, definição de, xv, 84-85, 121
Sistemas de orientação instrucional, 83-85, 96-97
   *Veja também* Cultura de aprendizagem
Smarter Balanced Assessment Curriculum (SBAC), 117
St. Aloysius Elementary School, 107
*Stratosphere* (Fullan), 97-99
Sunstein, C., 70
Sweeney, Patrick, 65-66

**T**
Teitel, L., 104
*The New Digital Age* (Schmidt & Cohen), 77
*The Principal* (Fullan), 50-51
*The Second Machine Age* (Brynjolfsson & McAfee), 129-130
*The unexpected path to creative breakthroughs* (Brown), 82
*Thrive* (Huffington), 81-82
Timperley, Helen, 52-53
Transparência, 20-22

**V**
*Visible Learning* (Hattie), 54-55
*Visible Learning for Teachers* (Hattie), 54-55, 74

**W**
*Who Owns the Learning?* (November), 92-93
*Wiser* (Sunstein & Hastie), 70

**Y**
York Region District School Board, 20-21, 32-34

**Z**
Zavadsky, H., 109